Renate Kreibich

FOLGEN EINER FLUCHT

Renate Kreibich

Folgen einer Flucht

Leben im Zwielicht des Kalten Krieges

wjs

1. Auflage

Schutzumschlag: Dorén + Köster, Berlin
Satz: Dorén + Köster, Berlin
Druck und Bindung: fgb, freiburger graphische betriebe
Printed in Germany

ISBN: 978-3-937989-62-4

www.wjs-verlag.de

INHALT

Für Rolf

VORWORT

Meine Berichte aus den Zeiten des Kalten Kriegs sind persönliche Erlebnisse von mir und meiner Familie. Alle geschilderten Ereignisse habe ich, auch in ihren Details, so beschrieben, wie sie sich tatsächlich abgespielt haben. Alle Personen und Orte werden mit ihren wirklichen Namen genannt. Die meisten Menschen, die uns in diesen Berichten begegnen, leben noch.

Lange Zeit habe ich gezögert, meine Aufzeichnungen zu veröffentlichen. Denn es sind viele private und persönliche Erlebnisse und natürlich auch sehr subjektiv wiedergegebene Empfindungen, Einschätzungen und Bewertungen dabei. Aber dahinter liegen Erfahrungen, die höchst politisch und von allgemeiner Bedeutung für das Zusammenleben in einem demokratisch verfassten Gemeinwesen sind.

Was mich letztlich innerlich überzeugte, das Buch zu veröffentlichen, ist die Tatsache, dass äußere Konfliktsituationen – in diesem Fall die Irrationalitäten des Kalten Krieges zwischen Ost und West – alle normalen Maßstäbe, auch in demokratischen Gemeinwesen außer Kraft setzen können.

Renate Kreibich, 2010

1. BULGARIENREISE 1963

Im Frühjahr 1963 erregte eine kleine Zeitungsnotiz meine Aufmerksamkeit, ja sie elektrisierte mich geradezu. Da stand: »Ab 1. Juni werden Direktflüge von Frankfurt am Main nach Varna in Bulgarien angeboten.« Bulgarien wolle seine Strände an der Schwarzmeerküste nun auch für Westtouristen öffnen. DDR-Bürger mit guten Beziehungen zu einem Reisebüro hatten dagegen schon länger die Möglichkeit, eine dieser begehrten Reisen an die Sonnenstrände Bulgariens zu erhalten.

Ich lebte nun bereits zwei Jahre im »Westen«, genauer gesagt, in West-Berlin. Seit meiner Flucht kurz nach dem Mauerbau im August 1961 hatte ich meine Familie in Dresden – meine Eltern, meinen Bruder mit seiner Frau und vor allem meine geliebte Großmutter – nicht mehr gesehen.

Alle nach dem Mauerbau geflohenen DDR-Bürger galten als Republikflüchtlinge und hatten sich dadurch nach geltendem DDR-Recht strafbar gemacht. Für uns in West-Berlin war es nicht nur unmöglich, in die DDR einzureisen, sondern auch die Durchreise durch die DDR war für »Republikflüchtlinge« nicht gestattet. Somit musste jeder Aufenthalt außerhalb Berlins mit einem Flug nach Hannover, Frankfurt oder München begonnen werden. Wollten wir mit dem Auto reisen, musste es von Freunden durch die DDR gefahren werden. In Berlin hatte sich bereits ein Netzwerk von jungen Leuten etabliert, die für gutes Geld Autos nach Westdeutschland überführten.

Ich studierte zu dieser Zeit an der HfbK, der Hochschule für bildende Künste in Berlin und fand mein Leben trotz aller Belastungen durch meine DDR-Vergangenheit und die engen gefühlsmäßigen Bindungen an Dresden wunderbar und aufregend.

Ich erinnere mich an ein ständiges, herrliches Gefühl der Freiheit trotz des Eingeschlossenseins. So war ich begeistert, als im Juni 1963 John F. Kennedy und Willy Brandt an »meiner« Hochschule vorbeifuhren. Wir jubelten ihnen zu.

Am Abend kam ich, wie meistens, mit meinem Verlobten Rolf wieder zum Abendessen im Internationalen Studentenheim zusammen. Ich konnte mich nicht erinnern, ihn in den letzten zwei Jahren jemals so freudig, ja euphorisch erlebt zu haben. Er hatte auf dem Campus der Freien Universität die Rede John F. Kennedys und die Verleihung der Ehrenbürgerschaft der Universität an den amerikanischen Präsidenten miterlebt. In Ergänzung zur Rede vor dem Schöneberger Rathaus waren die Ausführungen des amerikanischen Präsidenten in der FU Berlin hauptsächlich der Entspannungspolitik im Ost-West-Konflikt gewidmet. Nach all dem Kriegsgerassel in Ost und West und vor allem seit dem Bau der Mauer am 13. August 1961 zeigte diese Rede neue Perspektiven in Richtung Entspannung, Eindämmung des Wettrüstens und Abbau des Misstrauens zwischen West und Ost auf. So sagte Kennedy damals:

»Das neue Europa des Westens – ein dynamisches, vielfältiges und demokratisches Europa – muss auf die Völker im Osten eine stetig wachsende Anziehungskraft ausüben. Und wenn die Möglichkeit einer gütlichen Einigung in Erscheinung tritt, dann werden wir im Westen klarstellen, dass wir keinem Volk und keinem System feindlich gegenüberstehen, solange diese ihr eigenes Schicksal bestimmen, ohne andere in ihrer freien Wahl zu hindern. Auf beiden Seiten werden Wunden zu heilen sein, wird Misstrauen beseitigt werden müssen. Die Unterschiede des Lebensstandards müssen ausgeglichen werden, aber nach oben, nicht nach unten. Faire und wirksame Abkommen müssen, um

Der Besuch des amerikanischen Präsidenten John F. Kennedy in Berlin 1961

dem Wettrüsten ein Ende zu machen, erreicht werden. Diese Änderungen werden nicht heute oder morgen kommen, aber wir müssen in unseren Bemühungen um eine wirkliche Lösung unablässig fortfahren.«

Ich verhehle nicht, dass wir nach diesem 26. Juni 1963 erstmals Glücksgefühle hatten und die Hoffnung verspürten, es könne doch eine reale Chance geben, allmählich aus der gefährlichen Sackgasse des Kalten Krieges herauszukommen, der uns in West-Berlin tagtäglich durch die Ereignisse an der Mauer präsent war. Das ging wahrscheinlich den meisten West-Berlinern so, denn anders konnten wir uns damals nicht erklären, dass 1,3 Millionen Menschen, mehr als die Hälfte der Bevölkerung West-Berlins, auf der Straße war, um John F. Kennedy und Willy Brandt zuzujubeln – spontan, ohne Zwang und verordnete »Winkelemente«, wie die Fähnchen im Osten genannt wurden.

Manches erschien mir im Westen anfangs allerdings merkwürdig und gewöhnungsbedürftig, auch an meiner

Rolf und Renate Kreibich zur Zeit ...

neuen Freiheit in der Hochschule. Gewohnt, dass mein Studienalltag in der DDR morgens um 7 Uhr begann und bis abends 19 Uhr dauerte, fand ich es jetzt äußerst luxuriös, in der Kunsthochschule erst ab 9 Uhr morgens zu arbeiten. Meine Kommilitonen und Freunde erschienen allerdings selten vor 11 Uhr und dann auch nur, um schnell ins nahe gelegene Café am Steinplatz zu verschwinden und dort auf ihre Inspirationen zu warten, wie sie mir versicherten. Mit meinem Arbeitseifer, der allerdings der puren Lust an der Malerei entsprang, hatte ich schnell meinen Spitznamen weg: »Unsere kleine Beamtin«.

Unmittelbar nach meiner Flucht hatte ich eines der begehrten Zimmer im Internationalen Studentenheim Eichkamp bekommen, einer aus meiner damaligen Sicht wunderbaren Wohnstätte mit lebensfrohen, kameradschaftlichen und selbstbewussten Studentinnen und Studenten. Ich genoss das Zusammensein mit jungen Leuten aus der ganzen Welt – die Satzung schrieb schon damals fünfzig Prozent

... der Vorbereitungen für das Fluchtunternehmen

ausländische Studenten und Studentinnen vor, die unbeschwert lebten, studierten und jobbten und deren Lässigkeit und Eloquenz mir damals, nach Jahren des Drills während meiner ungeliebten Lebensmittelchemie-Ausbildung in der DDR, enorm imponierten.

Nicht nur, dass mir vieles famos und neu vorkam, von manchen Dingen und Verhaltensweisen hatte ich tatsächlich überhaupt keine Ahnung, was manchmal zu kuriosen Begebenheiten führte. So kaufte ich eines Tages im Supermarkt ein in Folie eingeschweißtes Hühnchen und steckte es, in der Annahme, dass man das im Westen so machte – denn wozu sollte man sonst ein Hühnchen in Folie einpacken? – mitsamt der Folie in den Backofen der Studentenküche. Nicht nur, dass das Hühnchen nach kurzer Zeit eine eklige Glasur hatte und ein geradezu bestialischer Gestank in der Küche hing; überdies hatte ich den neuen Ofen verdorben. Die Reaktionen reichten von prustenden Lachsalven über mitleidiges Grinsen bis zum Vogelzeigen.

Das Internationale Studentenheim Eichkamp mit seiner praktizierten Selbstverwaltung, seinen demokratischen Strukturen und dem Pluralismus der Meinungsbildung habe ich mit Staunen und großem politischen Gewinn erlebt. Das war auch der Ort, von dem aus Fluchthilfe in größerem Stil betrieben wurde. Konnte man die ersten Tage nach dem Mauerbau noch mit einem Westberliner und dann noch einige Zeit mit einem westdeutschen Pass von West- nach Ost-Berlin gelangen, so wurden schon bald Visa eingeführt, die eine weitaus größere Barriere für Flucht und Fluchthilfe darstellten. Nur Ausländer konnten weiterhin ohne Visum, also nur mit ihrem Reisepass, nach Ost-Berlin einreisen. Viele unserer ausländischen Kommilitonen betätigten sich deshalb ganz selbstverständlich als Kuriere oder stellten ihre Pässe für die Flucht von DDR-Bürgern zur Verfügung.

Wie man in Eichkamp schnell herausfand, galt ich als grafisch begabt, eine Eigenschaft, die hoch im Kurs stand und für Fluchthilfeunternehmen immer wichtiger wurde. Schon nach kurzer »Einarbeitungszeit« hatte ich eine gewisse Routine im Fälschen von Pässen, sodass ich seit August 1961 monatelang damit beschäftigt war. Auch wenn es mir nach einer gewissen Zeit keinen Spaß mehr machte, fälschte ich weiter, denn ich empfand das als eine selbstverständliche Verpflichtung. Auch ich hatte ja von der Hilfsbereitschaft anderer Studenten profitiert. So konnten wir noch vielen Menschen zur Flucht verhelfen, überwiegend Freunden und deren Familienangehörigen. Irgendwann hatte ich das alles gründlich satt. Ich wollte nur noch leben, leben ...

Überdies wusste ich, dass mich das Thema Fluchthilfe auch ganz persönlich noch einmal beschäftigen würde. Vor meiner Flucht von Dresden in Richtung West-Berlin hatte ich meinem Bruder nämlich das Versprechen gegeben, ihn zu gegebener Zeit aus der DDR zu holen, denn auch er wollte auf keinen Fall sein ganzes Leben im Osten verbringen.

Wann aber würde der richtige Zeitpunkt dafür gekommen sein? Das wusste niemand.

Nun also diese Zeitungsnotiz: Direktflüge von Frankfurt am Main nach Varna! Mir war auf Anhieb klar, dass sich damit die Möglichkeit für ein Wiedersehen mit meiner Familie, zumindest mit meinen Eltern, eröffnete.

Doch zunächst musste ich die Sache mit Rolf besprechen, mit dem ich seit zwei Jahren verlobt war und der viele Fluchthilfen strategisch entwickelt, geplant und organisiert hatte. Er war angesichts der Risiken nicht gerade begeistert, begann aber trotzdem sogleich, sich mit dem Thema zu beschäftigen. Allerdings stand von vornherein fest, dass das in erster Linie meine Angelegenheit war und ich – wenn überhaupt – allein nach Bulgarien reisen würde. Sollte mir etwas zustoßen, musste er sich vom Westen aus um mich kümmern, denn es lag auf der Hand, dass ein Treffen zwischen Ost- und Westdeutschen in Bulgarien natürlich die Stasi auf den Plan rufen und dass es am Goldstrand von Varna von Stasi-Leuten nur so wimmeln würde. Eine höchst unbehagliche Vorstellung.

Eine Reise mit eigener Identität kam somit nicht infrage. Nur wessen Identität konnte ich annehmen? Aus Gründen der Sicherheit musste der Reisepass diesmal echt sein, das hieß mindestens mein richtiges Passbild haben.

Unsere Freunde, die in West-Berlin studierten, aber häufig aus anderen Bundesländern kamen, waren durchweg politisch interessiert und bestens mit Ost-West-Verhältnissen vertraut. Es war deshalb nicht schwierig, ein paar von ihnen in das Vorhaben einzubeziehen.

Regina, Pharmaziestudentin aus Westfalen und Winfried, der an der Freien Universität Politische Wissenschaft studierte, erklärten sich ohne Bedenken bereit, uns zu helfen. So beantragte Regina in ihrem Geburtsort Heek im Kreis Ahaus mit meinem Passbild einen neuen Reisepass. Das ging problemlos und kurz darauf buchte ich mit »meinem« neuen Pass eine Reise nach Bulgarien, wobei ich mich zeitlich nach meinen Eltern richten musste, die den Reisezeitraum von Dresden aus natürlich nicht frei wählen konnten. Der gemeinsam gefundene Anreisetag war schließlich der 13. September 1963.

Da Rolf und ich kurz zuvor verregnete Ferien in Holland verbracht hatten, war die Aussicht auf Sonne in Bulgarien durchaus verlockend, wenn auch nicht ganz angstfrei.

Ich begann einstweilen, mich mit meiner neuen Identität zu beschäftigen. Ganz wohl war mir nicht bei dem Gedanken, dass meine Freundin Regina aus einem winzigen Ort kam, wo sich alle kannten und wo sie während der Semesterferien, also just zu dem Zeitpunkt meiner Reise nach Bulgarien, in einer Apotheke arbeiten würde.

Am 13. September 1963 brachte mich Rolf zum Frankfurter Flughafen. Im Abfertigungsraum, schon durch eine Scheibe von ihm getrennt, sodass wir uns nur noch mit Blicken verständigen konnten, war mir sehr unbehaglich zumute. Die Zoll- und die Passkontrolleure schienen mich zu beobachten, und ich hatte das Gefühl, als wüssten sie bereits, dass ich nicht diejenige war, für die ich mich ausgab. Jetzt galt es aber, die Nerven zu behalten.

Plötzlich kamen drei Herren in schwarzen Anzügen freundlich lächelnd auf mich zu. Einer von ihnen hielt einen riesigen Blumenstrauß in der Hand, ein anderer einen Karton, der von einem weißen Zierband mit großer Schleife umflochten war. Der Dritte sprach mich in gebrochenem Deutsch an: »Fräulein Krause, wir sind sehr erfreut, dass wir Sie als zehntausendste Besucherin der neu eröffneten Saison in unserem schönen Land am Schwarzen Meer begrüßen können. Wir haben viele schöne Überraschungen für Sie vorbereitet und hoffen, dass Sie einen wunderbaren Aufenthalt bei uns in Bulgarien haben werden.«

Fotoapparate klickten. Ich war perplex.

In diesem Moment schreckten mich vor allem die »schönen Überraschungen«. Was hatten die mit mir vor? Was würde unter diesen Umständen aus dem Treffen mit meinen Eltern werden? Und was mochte wohl Rolf denken, der die ganze Szene durch die Trennscheibe zum Abfertigungsraum beobachtete? Ich hatte den Eindruck, dass er richtig blass geworden war.

Nun überreichte man mir den Blumenstrauß und den Karton, der sich alsbald als Riesenbonbonniere entpuppte.

Natürlich glaubte ich keinen Augenblick daran, dass ich wirklich die zehntausendste Besucherin war. Viel wahrscheinlicher war es, dass man mich auserkoren hatte, weil ich mich aus bulgarischer Sicht als junge, alleinreisende Frau für diese Rolle besonders gut eignete.

Oder war alles nur ein Trick, und man hatte längst herausgefunden, dass meine Identität nicht echt war? Sollte das aber nicht der Fall sein: Konnte diese Ehrung nicht sogar ein Schutz für mich sein? Denn wenn man mich schon so herausstellte, würde man mich ja sicher auch öffentlich präsentieren wollen und dann wäre es fatal, wenn ich nicht diejenige wäre, für die ich mich ausgab. Aber welche Überraschungen würden mich wohl noch erwarten? So oder so war die ganze Sache ein ziemliches Desaster. Wie sollte ich in dieser Situation reagieren?

Da man mich so freundlich begrüßt hatte, lächelte ich erst einmal. Anpassung an die neue Lage war jetzt höchstes Gebot. Der erste Akt der »Ehrung« bestand darin, dass ich von den anderen Passagieren getrennt wurde und einen auffällig sächsisch sprechenden Reisebegleiter bekam. »Aha, Stasi«, dachte ich. Mit Sicherheit eine richtige Vermutung. Ich überlegte, ob er sich wohl Gedanken darüber machte, was eine allein reisende 23-jährige Frau ausgerechnet in Bulgarien suchte. Rimini wäre doch naheliegender gewesen, bestimmt auch lustiger.

Der Auftakt der »Überraschungen« wurde bereits auf dem Flughafen zelebriert: eine lautstarke und Aufmerksamkeit heischende Ansprache an die Fluggäste nach Bulgarien und die Überreichung der Riesenbonbonniere für die zehntausendste Besucherin Regina Krause aus Heek in Deutschland. Zudem erhielt ich eine Flasche Rosenöl, dessen Wert ich gar nicht einschätzen konnte, eine handbestickte bulgarische Seidenbluse von erlesener Schönheit, die damals allerdings höchst antiquiert auf mich wirkte, einige Jahre später aber das Prachtstück jeder Garderobe gewesen wäre. Da hatte sie meine Schwiegermutter aber bereits abgetragen. Über die Bonbonniere hat sich die Putzfrau im Hotel dann sehr gefreut.

Erheblich größere Sorgen bereiteten mir nunmehr einige Aktivitäten, die mir die drei Herren in den dunklen Anzügen freudestrahlend antrugen: einen Eselsritt in die Berge, um ein berühmtes Kloster zu besichtigen, ein großes Dinner mit den Honoratioren der Region und der Stadt Varna sowie bekannten Kulturschaffenden des Landes, die Begrüßung von Hundertjährigen, ein Interview mit Radio Varna – und als besondere Überraschung eine Verlängerungswoche nach Istanbul mit dem Schiff über das Schwarze Meer. Was sollte ich um Gottes Willen in Istanbul, und noch dazu allein? Und wie konnte ich Rolf nur informieren, dass ich nicht nach zwei, sondern erst nach drei Wochen zurückkehren würde?

Süßsauer winkte ich ihm durch die Glaswand zu, beladen mit Blumenstrauß und Riesenbonbonniere. Er wirkte verstört und blieb, wie mir schien, ganz ratlos zurück.

Nach ein paar Stunden Flugzeit landeten wir im sonnigen Varna. Doch zunächst musste ich mit meinem sächsischen Begleiter erst einmal warten, bis alle Passagiere die Maschine verlassen hatten. Dann erst waren wir dran: mein freundlicher Sachse im schwarzen Anzug und ich im kurzen Sommerkleid. Ich stand oben auf der Gangway. Unter mir, am Ende der Treppe, fand ein ziemliches Gerangel statt. Ich sah Kameras, eine Volkstanzgruppe, Musiker und viel Presse. Das alles war schon sehr komisch und zugleich eine echte

Herausforderung. Ich setzte also mein charmantestes Lächeln auf und schritt die Gangway hinab.

Später habe ich in Varna die Szene in der bulgarischen Wochenschau sehen können: Ein Flugzeug landet, die Tür öffnet sich – und ein breit lächelnder Chruschtschow, der zu gleicher Zeit in Bulgarien eingetroffen war, watschelt die Gangway herunter. Dann ein Schnitt: Ein zweites Flugzeug landet, die Tür öffnet sich – und ich schreite die Gangway hinab. Ich fand, dass ich einen etwas erfreulicheren Anblick abgab als der dicke, glatzköpfige Generalsekretär der KPdSU – auch wegen der Musiker und der Volkstanzgruppe.

Eine ganze Schar dunkelblau gekleideter Herren, darunter der Bürgermeister von Varna, begrüßten mich aufs herzlichste. Die bulgarische Wochenschau filmte mich und die Presse interviewte mich. Damit hatte ich erst einmal kein Problem. Ich musste nur immerzu wiederholen, wie sehr ich mich freute, dieses überaus interessante und schöne Land kennenzulernen.

Doch dann kam zu allem Überfluss auch die deutsche Presse! Man wollte wissen, woher ich denn käme, und da die meisten Journalisten das kleine Heek in Westfalen gar nicht kannten, musste ich erklären, in welcher Gegend es lag, obwohl ich den Ort und das westliche Münsterland nie gesehen hatte. Es dauerte nicht sehr lange, bis die gefürchtete Frage kam: »Fräulein Krause, was wollen Sie denn eigentlich in Bulgarien? Und was erwarten Sie von diesem Urlaub?« Ich hörte deutlich den ironischen Unterton des Reporters der »Westfälischen Rundschau«, ausgerechnet der Regionalzeitung für »meinen« Geburtsort.

Zum Glück nahm mich die Volkstanzgruppe in ihre Mitte, und schon schunkelte ich in ihrem Rhythmus unter dem blauen Himmel Bulgariens. Wie sich doch das Leben in wenigen Stunden verändern kann!

Die Fotoapparate klickten unaufhörlich. Ich stellte mir vor, dass mein Bild mit der Volkstanzgruppe am nächsten Tag in der »Westfälischen Rundschau« abgedruckt sein würde. »Fräulein Regina Krause aus Heek ist die 10 000. Besucherin der neu eröffneten Touristensaison zwischen Bulgarien und der Bundesrepublik Deutschland«, würde dort vielleicht stehen. »Sie wurde bei der Ankunft von den Honoratioren in Varna und einer bulgarischen Volkstanzgruppe fröhlich begrüßt und wird nun drei unvergessliche Ferienwochen am Schwarzen Meer verbringen.«

Unvergesslich, dachte ich, tatsächlich. Und Regina arbeitete zur gleichen Zeit in Heek in der Apotheke, wo jeder jeden kannte und niemand von Reginas zweiter Identität in Bulgarien wusste.

Was würden ihre Eltern sagen? Was würde sich in ihrem Dorf abspielen? Und was würden Rolf und Winfried tun?

Es kam, wie ich befürchtet hatte: Regina Krause, abgelichtet mit meinem Bild in der Westfälischen Rundschau. »Das ist doch nicht unsere Regina! Was macht die denn in Bulgarien?«, fragten die Bürger von Heek verwundert. »Sie hat doch gestern noch in der Apotheke gearbeitet.«

Rolf und Winfried reagierten sofort. Regina musste umgehend Heek verlassen und nach Berlin zurückreisen, während die beiden die entsetzten Eltern beruhigten. Das war offensichtlich erfolgreich, denn in Heek verstummten allmählich die beunruhigenden Fragen, wie mir Rolf und Winfried später berichteten.

Ich bekam am Goldstrand ein besonders schönes Appartement und wurde noch am Ankunftsabend zum Festessen in einer großen schwarzen Tatra-Limousine abgeholt. Diesmal brachten mich sechs – wiederum in dunkle Anzüge gekleidete – Herren zum besten Haus am Platz, dem Hotel Astoria. Ich hatte an diesem Tag keine Gelegenheit mehr, meinen Eltern, die schon einige Tage vorher angereist waren, eine Nachricht zukommen zu lassen, um ihnen meine Ankunft zu signalisieren und die prekäre Situation und meine herausgehobene Rolle zu erklären.

oben: Renate Kreibich wird auf dem Flughafen Varna von einer bulgarischen Volkstanzgruppe begrüßt

rechts und unten: Wiedersehen mit den Eltern in Bulgarien 1963

Die Unterbringung in den Hotels war im Übrigen nach Ost- und Westbürgern streng getrennt. Nur wenige Restaurants konnten gemeinsam besucht werden. Dazu gehörte das Hotel »Astoria«.

Ich schritt also am Abend im »kleinen Schwarzen« mit meinen Begleitern in das Hotelrestaurant und erblickte zu meinem größten Erstaunen meine Eltern, die in einiger Entfernung allein an einem Tisch saßen. Wie ich später erfuhr, hatten sie zunächst, wie vereinbart, in ihrem Hotel auf mich gewartet und waren, als ich nicht ankam, zielstrebig in jenes Hotel gegangen, das von Ost- und Westdeutschen gemeinsam besucht werden konnte. Ein Wiedersehen nach über zwei Jahren, das jetzt, in dieser Situation, keinesfalls ein Wiedersehen werden durfte.

Allmählich wuchs ich in meine Rolle hinein: Als sich unsere Blicke trafen, sah ich ein kurzes, erstauntes Entsetzen in den Augen meiner Mutter und Angst bei meinem Vater. Beide glaubten wohl, ich sei festgenommen worden. Unser Auftritt – die schwarz gekleideten Herren und ich im Cocktailkleid – machte das zwar eher unwahrscheinlich, aber umso bühnenreifer.

Obwohl sie nicht wussten, was hier gespielt wurde, verhielten sich meine Eltern intuitiv richtig, indem sie kein Zeichen des Erkennens von sich gaben. In dieser Hinsicht waren DDR-Bürger gut geschult. So ging ich mit meiner Eskorte an ihnen vorbei, ohne sie weiter zu beachten.

Da am nächsten Tag mein Programm beginnen sollte, musste ich unbedingt eine Möglichkeit finden, um meinen Eltern eine Nachricht zukommen zu lassen. Es war sehr wahrscheinlich, dass sie sich große Sorgen machten, insbesondere nach dem Auftritt am vergangenen Abend im Hotel Astoria.

Als ich am darauffolgenden Tag, zwischen den Terminen »meines Programms«, endlich eine Gelegenheit fand, zu ihnen zu gehen, lag meine Mutter weinend auf dem Bett, während mein Vater, sichtlich erschüttert, sie zu beruhigen versuchte. Dass sie mich gesund und munter sahen, tröstete sie vorerst etwas über ihre Angst und meine falsche Identität hinweg. Ich versprach, meine Programmverpflichtungen so kurz wie möglich zu halten, damit wir uns so oft sehen könnten, wie wir es uns gewünscht hatten.

Tatsächlich wehrte ich mich nach zwei Tagen gegen die immer neuen Terminvorschläge und bestand darauf, meinen Tagesablauf selbst zu gestalten, was mir die ansonsten immer freundlichen Begleiter allerdings nur äußerst ungern zugestanden. So traf ich mich an den kommenden Tagen mit meinen Eltern regelmäßig am Strand. Das war bei den vielen Strandurlaubern am unverfänglichsten und fiel bei den zahlreichen Badebekanntschaften und Sandburgbauern am wenigsten auf. Nachdem wir alle Ereignisse der letzten zwei Jahre durchgehechelt hatten und meine Eltern mir ausführlich von meiner Großmutter, meinem Bruder Peter und meiner Schwägerin Hannelore berichtet hatten, erzählten sie äußerst bewegt über den Schock des Sommers 1961 – den Bau der Mauer und die Aussicht auf eine unbestimmte Zeit unserer Trennung. Sie waren auch damals, gerade zum Zeitpunkt des Mauerbaus, im Urlaub in Bulgarien gewesen, und da sie wussten, wie sehr ich an Rolf hing, der schon ein Jahr vor dem Mauerbau nach West-Berlin abgehauen war, konnten sie sich denken, dass ich alles versuchen würde, um mit ihm zusammenzuleben. Und tatsächlich: Als sie nach Dresden zurückkamen, hatten sich ihre schlimmsten Befürchtungen bestätigt. Ich war nicht mehr da – kein Abschied, keine letzte Umarmung. Und niemand wusste zu jener Zeit, ob und wann man seine Verwandten im anderen Teil Deutschlands jemals wiedersehen würde.

Für mich war trotzdem die Flucht die einzig denkbare und wünschenswerte Option – und wie sich herausstellte, auch die wichtigste Entscheidung meines Lebens. Für meine Eltern bedeutete Flucht allerdings Kummer und Schmerz.

Meinem Bruder Peter hatte ich vor meiner Flucht nach West-Berlin das Versprechen gegeben, ihn und Hannelore nach dem Westen zu holen, sobald die Familienverhältnisse in Dresden das zulassen würden. Das betraf zu diesem Zeitpunkt vor allem meine in unserem Haushalt lebende 85-jährige Großmutter, die ich sehr liebte und die keinesfalls allein gelassen werden durfte. Dass meine Mutter schon ein Jahr später an Krebs erkranken würde und die ganze Familie in Dresden vier weitere qualvolle Jahre mit der Krankheit leben musste, war nicht vorhersehbar. Das Versprechen, das ich Peter gegeben hatte, konnte nun zwar nicht eingelöst werden, blieb aber natürlich bestehen.

Die Tage am Strand von Varna waren trotz der Anspannung überwiegend heiter. Das Meer war glasklar und hatte eine herrliche Brandung. Die Sonne schien den ganzen Tag, sodass ich schon bald tiefbraun war. In dieser Atmosphäre konnte ich sogar zeitweilig die Angst vergessen, die ich ansonsten unausgesetzt empfand. Schon kleine Ausflüge mit meinen Eltern in die Umgebung machten mich unruhig, obwohl es keine konkreten Anhaltspunkte für eine ständige Bespitzelung gab. So fühlte ich mich am Strand noch am sichersten. Von meinen Eltern verlangte ich, dass sie mich – wenn überhaupt – mit »Regina« ansprechen sollten, was natürlich öfter gründlich schief ging. Jeder Mann, der mich freundlich ansprach, geriet sofort unter Stasi-Verdacht.

Überdies beunruhigte es mich, dass ich keine Informationen darüber besaß, was sich inzwischen in Deutschland an der »Heimatfront« ereignet hatte. Hatte die »Westfälische Rundschau« tatsächlich über mich berichtet? Und welche Folgen konnte das haben? Nicht zuletzt machte mir auch die zusätzlich geschenkte Verlängerungswoche nach Istanbul einige Sorgen. Ich weiß nicht mehr, wie Rolf und Winfried erfahren hatten, dass ich erst eine Woche später zurückkommen würde. Telefonieren war damals praktisch unmöglich und auch nicht angebracht, denn ganz sicher wurden alle Telefongespräche abgehört. Nur indirekt konnte man somit meinen verlängerten Aufenthalt in Bulgarien dem Bericht der »Westfälischen Rundschau« entnehmen. Wie auch immer: Rolf wusste Bescheid.

Für meine Eltern verlief das Treffen am Goldstrand sicher anders als erwartet, denn intuitiv vermied ich eine zu große Nähe und Herzlichkeit und vor allem weitgespannte Zukunftsgespräche, obwohl sie sich das so sehr gewünscht hatten. Ich wusste, dass am Ende dieses Aufenthaltes wieder die Trennung stand und die Ungewissheit, ob, wann und wo wir uns wiedersehen würden. Die ganze Zeit in Bulgarien hatte ich Angst vor dem Abschied, vor überbordenden Gefühlen und der Festlegung, ein konkretes Wiedersehen in Aussicht zu stellen und überhaupt etwas Tröstliches in dieser für sie so trostlosen Situation zu sagen. Ich fürchtete die Tränen meiner Mutter und die Sprachlosigkeit meines Vaters. Ich war zu jung und zu unerfahren, um der Situation wirklich gewachsen zu sein.

Vor allem wollte ich zurück in mein eigenes Leben, das mir damals alles bedeutete: meine Liebe, mein Studium, die Freunde – und Berlin, das ich vom ersten Tag an interessant und faszinierend fand und mit dem mich schon nach kurzer Zeit viel mehr verband als jemals mit Dresden. Und was ich zu diesem Zeitpunkt noch nicht wusste: In weniger als drei Monaten sollte ich verheiratet sein.

Insofern war das Zusammensein immer auch unausgesprochen von dem bevorstehenden Abschied überschattet. Als meine Eltern Bulgarien einige Tage darauf schließlich mit all den Gefühlsausbrüchen verließen, die ich befürchtet hatte, empfand ich ein Gefühl der Leere, gleichzeitig aber auch so etwas wie Erleichterung. Obwohl ich doch ziemlich viel für dieses Wiedersehen riskiert hatte, blieben ein schlechtes Gewissen und Traurigkeit.

Als ich abends in Varna das Schiff bestieg, das mich nach Istanbul bringen sollte, wurde ich schon im Hafen seekrank.

So musste ich gleich den ersten Abend mit elenden Gefühlen in einer nicht gerade komfortablen Kabine verbringen. Ich hatte keine Ahnung, wie ich die kommende Woche allein in einem islamischen Land überstehen sollte.

An Bord befanden sich überwiegend ältere Ehepaare, vor allem Holländer. Am nächsten Morgen konnte ich mich mit der Besatzung unterhalten, und als wir in den Bosporus einfuhren und sich die ganze Pracht Istanbuls mit den vergoldeten Minaretten, den Türmchen und Brücken vor uns ausbreitete, erfuhr ich von dem bulgarischen Kapitän des Schiffes, dass er schon dreizehn Jahre von Varna nach Istanbul fahre, die Stadt aber noch nie betreten habe. Er und seine gesamte Besatzung hatten die verlockende Silhouette Istanbuls immer nur vom Schiff aus gesehen, ohne jemals den Fuß auch nur auf die Hafenmauer gesetzt zu haben. Es war der Besatzung streng untersagt, an Land zu gehen.

Geschlafen wurde an Bord, wo man auch das Frühstück und das Dinner einnahm. Ansonsten waren wir uns weitgehend selbst überlassen. Da ich als Studentin nicht mehr viel Geld besaß, dachte ich in meiner Naivität, dass man sich die Stadt einfach erlaufen könne. Aber nicht nur, dass mir die Hitze Istanbuls zu schaffen machte und mir bald die Füße brannten, ich hatte auch nicht darüber nachgedacht, wie provokativ die damalige westliche Minirockmode hier wirken musste und wie völlig unüblich es war, dass junge Frauen allein durch die Stadt gingen. Ständig hielten neben mir Autos, deren Fahrer mich »freundlicherweise« mitnehmen wollten. Wie ich es letztlich geschafft habe, die Stadt doch recht gut kennenzulernen, ist mir noch heute ein Rätsel. Als ich Jahre später unter »normalen« Bedingungen und in Begleitung meines Mannes wieder in Istanbul war, erinnerte ich mich nicht nur lebhaft an meine damaligen Erlebnisse und Gefühle, sondern hatte auch den Eindruck, mit der Stadt einigermaßen vertraut zu sein.

Der Aufenthalt in Bulgarien und der glückliche Ausgang des heiklen Unternehmens bestärkten mich darin, dass man nur etwas Fantasie entwickeln und die Nerven behalten musste, um das DDR-Regime zu täuschen. So perfekt und alles kontrollierend, wie sich das System nach außen darstellte, war es wohl doch nicht. Zuviel Angst war einfach hinderlich. Deshalb hatte ich mich entschlossen, der Ost-West-Situation so zu begegnen, wie sie nun einmal war und sie in Zukunft so offensiv wie möglich zu unterlaufen.

Meine Eltern hatten mir in Varna unter anderem berichtet, dass man in Dresden den genauen Zeitpunkt meiner Flucht nach West-Berlin, die ja nach dem Mauerbau erfolgt war, ganz offensichtlich nicht kannte. Denn Dresden hatte ich ja schon im Juli 1961 verlassen und mich danach drei Wochen in Mecklenburg und Ostberlin aufgehalten. Trotzdem war ich mir nicht sicher, ob die Stasi nicht doch darüber informiert war, dass ich erst nach dem Bau der Mauer geflüchtet war. Denn am 13. August war ich noch in Templin und am 14. August in Ost-Berlin gewesen, wo ich Freunde getroffen hatte und somit auch gesehen worden war. Unklar war außerdem, ob nicht über das Notaufnahmelager in Marienfelde, das alle DDR-Flüchtlinge durchlaufen mussten, Informationen in Richtung Osten durchgesickert waren. Diese Befürchtung war durchaus berechtigt, denn in den siebziger Jahren stellte sich heraus, dass es dort von Stasi-Spitzeln nur so wimmelte. Es war also ungewiss, welche Informationen über meinen Fluchtzeitpunkt im Osten existierten. Das war insofern wichtig, als die Republikflucht nach dem Bau der Mauer als besonders schwerwiegende Straftat galt.

So konnte ich erstmals das für Weihnachten 1963 vom West-Berliner Senat mit der DDR ausgehandelte Passierscheinabkommen nutzen, um meine Familie in Ost-Berlin zu treffen. Darin war glücklicherweise festgelegt worden, dass alle West-Berliner mit einem gültigen Personalausweis einen Passierschein beantragen und damit gefahrlos nach Ost-Berlin ein- und wieder ausreisen konnten.

Im Mai 1964 starb meine Großmutter, ohne dass wir uns noch einmal wiedergesehen hatten. Nach ihrem Tod fanden meine Eltern unter ihrer Matratze zahlreiche Briefe von mir, die ich ihr im Laufe der Jahre geschrieben hatte, nebst den Resten aus meinen Paketen: verschimmelte Schokolade, vertrocknete Birnen und Bananen. Manchmal hatte sie sich noch in ihrem hohen Alter hingesetzt und mir in ihrer altmodischen Sütterlinschrift Briefe geschrieben, die ich nur mit Mühe entziffern konnte. Es waren rührende, wunderbare Bekenntnisse von Nähe und Liebe zu mir.

Einen Monat später erkrankte meine Mutter an Gebärmutterkrebs. Nach der Operation ging es ihr nicht nur körperlich, sondern vor allem psychisch sehr schlecht. Meine Gedanken kreisten nun zunehmend um die Frage, wie ich meiner Familie helfen könnte und welche Möglichkeiten es gab, sie wiederzusehen. Trotz der neuen Passierscheinregelung nahm ich deshalb Kontakt zu den »Freiheitlichen Juristen« auf. Das war eine vom Bundesministerium für Gesamtdeutsche Fragen geförderte Institution. Sie beriet Ostflüchtlinge in Reiseangelegenheiten und in allen Fragen im Umgang mit den DDR-Behörden und aus ihr ging später das »Institut für Gesamtdeutsche Aufgaben« hervorging. Sie residierten in einer Zehlendorfer Villa, an der ich heute fast täglich vorbeigehe und die in nichts mehr an konspirative Ost-West-Zeiten und die »Spionageprozesse« erinnert, die damals die Bundesrepublik erschütterten. Die zweistöckigen Häuser wurden nach dem Fall der Mauer wunderbar restauriert, und jetzt wohnen in dem noblem Ambiente ganz normale Familien.

Die »Freiheitlichen Juristen« legten eine Akte für mich an und berieten mich jahrelang hinsichtlich der geplanten Reiseaktivitäten in die DDR. Manchmal war ich erstaunt über die unkonventionellen Vorschläge, mit denen man mich in der

Regel eher ermunterte, in die DDR zu reisen, als mich davor zu warnen. Das entsprach natürlich meinen eigenen Wünschen und Intentionen, und so war ich jedes Mal froh, auch den offiziellen Segen der Behörden bekommen zu haben.

An eine entscheidende Forderung hielten wir uns aber immer: Rolf musste in West-Berlin bleiben, um mich im Ernstfall wieder aus der DDR herauszuholen.

Meine Mutter wurde infolge ihrer Krankheit im Sommer 1964, also im Alter von 54 Jahren, frühberentet. Bis zu diesem Zeitpunkt hatte sie als kaufmännische Leiterin der gesamten Buchhaltung des »Volkseigenen Betriebes Weizenin« gearbeitet, einem Großbetrieb der Getreide- und Stärkeverarbeitung in Dresden. Da zu jener Zeit in der DDR eine interne Regelung in Kraft getreten war, derzufolge Rentner vier Wochen im Jahr zu Verwandten im Westen reisen durften, profitierte nun glücklicherweise auch meine Mutter davon und besuchte uns im Frühjahr 1965 in West-Berlin. Ich sah ihrem Besuch mit gemischten Gefühlen entgegen. Trotz der engen Familienbindungen hatte ich mich meinen Eltern innerlich schon seit Jahren entfremdet. Zum einen hatten sie sich sehr gegen meinen lange gehegten Wunsch gewehrt, nach dem Westen abzuhauen; zum anderen hatte ich einen Mann geheiratet, mit dem sie gar nicht einverstanden waren. Rolf war ihnen viel zu unkonventionell und unbequem. Obwohl er selbst mit diesen Widerständen und Problemen zum Glück souveräner umging als ich, gab es doch durchaus problematische Situationen und Gereiztheiten in diesen vier Wochen, auch wenn wir uns alle Mühe gaben, die Spannungen so gering wie möglich zu halten. Für meine Mutter war es wohl das Wichtigste zu sehen und zu erleben, dass ich in Westberlin »geordneten« Verhältnissen lebte.

Im Herbst 1966 besuchte sie uns ein zweites Mal. Zu ihrer großen Freude war ein paar Wochen zuvor unsere Tochter Miriam geboren worden, ihr erstes Enkelkind – und das einzige, das sie kennenlernen sollte. Außerdem hatte sie inzwischen auch Rolf ins Herz geschlossen, zumal er nun diplomierter Physiker war und am Institut für Hochpolymerforschung der Max-Planck-Gesellschaft in Berlin-Dahlem, den früheren berühmten Kaiser-Wilhelm-Instituten, arbeitete, also einen »ordentlichen« Beruf hatte. Auch zwischen mir und meiner Mutter schlossen sich allmählich einige Wunden.

Meine Anstrengungen, den Kontakt zu meiner Familie in der DDR soweit wie möglich aufrecht zu halten, hatte allerdings auch kuriose Seiten: Im Sommer 1967 hatte ich mir in den Kopf gesetzt, unsere Tochter in der Kreuzkirche in Dresden taufen zu lassen. Nach Rücksprache mit den »Freiheitlichen Juristen«, die das Anliegen zwar bizarr, prinzipiell aber für nachvollziehbar und unterstützenswert hielten, machte ich mich an das doch etwas abstruse Unterfangen. Zunächst ging es darum, ein Einreisevisum zu bekommen. Viel schwieriger war es allerdings für meine Familie, die hierfür erforderliche Aufenthaltserlaubnis zu erwirken. Ich weiß nicht mehr, wie es letztlich gelungen ist, alle Genehmigungen zu erhalten. Jedenfalls klappte am Ende alles reibungslos.

An einem strahlend schönen Sommertag wurden Miriam und ich von meinem Bruder am berühmt-berüchtigten Grenzübergang Bahnhof Friedrichstraße in Ost-Berlin abgeholt. Miriam war gerade ein knappes Jahr alt. Sie saß äußerst vergnügt in ihrem neuen knallroten und exotisch schönen Sportwagen und genoss die überschwänglichen Begrüßungen und Zuwendungen in Dresden.

Die Taufe wurde wie geplant in der symbolträchtigen Dresdner Kreuzkirche feierlich, aber im kleinen Kreis der Verwandten vollzogen. Ich war hoch beglückt, weil wir dem DDR-Regime wieder einen kleinen Schritt der Annäherung abgetrotzt hatten. In unseren Augen war diese Taufe auch eine Form von Protest gegen das DDR-Regime.

Der Zustand meiner Mutter verschlechterte sich im Laufe des Jahres 1967 zusehends. Im Herbst besuchte ich sie wieder für wenige Tage in Dresden. Es war ein einmalig schöner, goldener Oktober, der allerdings ganz von der Krankheit meiner Mutter überschattet war.

»Das ist mein letzter Herbst«, sagte sie zu mir. Ich war gänzlich unfähig, mit dieser Äußerung umzugehen, und widersprach vehement, obwohl ich wusste, dass sie wohl Recht hatte. Wir kannten die Prognose der Ärzte, und deshalb schnitt mir ihre Wehmut und ihr liebevoller Umgang mit ihrem Enkelkind Miriam besonders ins Herz.

Mit meinem Bruder Peter und seiner Frau Hannelore führte ich während dieses Aufenthaltes in Dresden lange Gespräche. Peter erinnerte mich dabei mehrfach an mein Versprechen, sie nach dem Westen zu holen, und ich hatte keinen Zweifel, dass der Zeitpunkt wahrscheinlich schon bald auf uns zukommen würde. Nur, wie sollte man das machen? Wie sollten wir auf dem Höhepunkt des Kalten Krieges drei Personen gleichzeitig über die am besten bewachte Grenze der Welt bringen. Dass mein Vater allein in Dresden zurückbleiben könnte, war undenkbar.

Im Januar 1968 bekam ich nochmals für drei Tage ein Notfallvisum. Meine Mutter hatte eine Urämie und lag bereits im Koma. Gleich nach meiner Ankunft fuhr ich mit meinem Vater ins Krankenhaus und musste Miriam in die Obhut meines Bruders Peter und seiner Frau Hannelore geben. In der völlig fremden Umgebung ohne jeden vertrauten Menschen brüllte sie wie am Spieß und klammerte sich an den Koffer, das einzige, was sie kannte und was sie mit ihrer Mama verband.

Am nächsten Tag hat mich meine Mutter noch einmal für kurze Zeit erkannt. Es war das letzte Mal. Sie starb am 20. Februar 1968 unter so entsetzlichen Schmerzen, dass selbst die Schwestern schockiert waren. Morphin war damals in der DDR Mangelware und wurde – auch aus Unwissenheit – nur sporadisch gegeben, was nach heutiger Erkenntnis die Schmerzen eher erhöht als dämpft.

2. »SPIONAGE FÜR EINE FREMDE MACHT« 1980

Wie vor jeder Reise verbrachte ich am 20. März 1980 eine unruhige Nacht. Am nächsten Tag wollten wir für zwei Wochen nach Ceylon reisen, wie das heutige Sri Lanka damals noch hieß. Wir waren beide urlaubsreif, denn wir hatten in den Monaten zuvor beruflich und politisch äußerst angespannt gearbeitet. Rolfs Mutter war aus Heidelberg bereits in Berlin eingetroffen, um sich während unserer Abwesenheit um die Kinder zu kümmern. Denn inzwischen war auch unser Sohn Mirco geboren, sodass die Großmutter dringend gebraucht wurde.

Ich lag früher als sonst hellwach im Bett, als ich unsere 13-jährige Miriam laut rufen hörte: »Mama, hier sind lauter fremde Männer in meinem Zimmer!«

Wir wohnten seit sieben Jahren in einem Einfamilienhaus in Berlin-Schlachtensee. Miriams Zimmer lag im ersten Stock zur Straßenseite. Mein erster Gedanke war, dass sie einen Albtraum gehabt hatte, und so lauschte ich, ob sie noch etwas sagen würde. Ich hatte nicht die geringste Ahnung, dass das Untergeschoss unseres Hauses zu dieser Zeit schon vom Staatsschutz strategisch besetzt war. Doch nur Sekunden später drängten sechs oder sieben Beamte, darunter eine Frau, in unser nur wenige Quadratmeter großes Schlafzimmer. Rolf schlief nach wie vor tief und fest, sodass ich ihn erst wecken musste. Ein verrückter Anblick, wie er völlig ratlos auf die Ansammlung von Menschen starrte. In diesem Augenblick kam auch Miriam ins Zimmer, gefolgt von zwei oder drei weiteren Leuten, die über eine Leiter in ihr Schlafzimmerfenster eingestiegen waren. Mir war klar, dass hier etwas Ungeheuerliches vor sich ging. Aber was?

Kaum zur Besinnung gekommen, aber völlig ruhig – wir lagen ja beide noch in den Betten – nahmen wir eine erste Erklärung des offensichtlich höhergestellten Staatsschutzbeamten entgegen. Er hielt Rolf ein Papier mit einem amtlichen Briefkopf und Siegel vors Gesicht und erklärte in schneidigem Tonfall, dass gegen uns »ein richterlicher Beschluss zu einer Hausdurchsuchung« vorläge und dass wir »unter dem Verdacht der Spionagetätigkeit für eine fremde Macht« stünden. Wir waren perplex. Gleichwohl dürften wir in diesem Moment eher komisch als ängstlich oder gar wütend ausgesehen haben.

Ich stand ganz ruhig auf, natürlich im Schlafanzug. In Rolfs Arbeitszimmer, das direkt vor dem Schlafzimmer lag, drängte sich ein weiterer Pulk von Staatsdienern, die bereits begonnen hatten, die Bücherregale und Schreibtischschubladen zu durchsuchen.

Ich sah auf die Uhr. Es war 5.40 Uhr.

Ich war empört. »Warum haben Sie nicht geklingelt ? Was soll das Ganze? Und warum sind Sie in das Kinderzimmer eingestiegen?« Etwas anderes fiel mir in dieser kafkaesken Situation nicht ein.

Die kurzen, bürokratischen Antworten waren harsch bis rüde, jedenfalls empfanden wir das so. Rolf blieb trotz der massiven Bedrängung ruhig in seinem Bett liegen und sagte zunächst gar nichts. In dieser Situation wurde schnell deutlich, dass die Staatsschutzbeamten offensichtlich mit gänzlich anderen Reaktionen gerechnet hatten.

Der Vorgesetzte drückte Rolf die Dokumente der »Staatsanwaltschaft bei dem Kammergericht Berlin« und des »Kammergerichts« in die Hände und bedeutete ihm, dass er endlich begreifen möge, in welch prekärer Lage wir uns befänden. Rolf nahm, noch immer gelassen, die Dokumente,

Das Reihenhaus in der Goethestraße, in das am 20. März 1980 die Beamten des Staatsschutzes eindrangen

setzte sich im Schlafanzug auf den Bettrand und las nun laut, sodass ich gut mithören konnte – und natürlich auch der ganze Tross der Staatsbeamten und Staatsbeamtinnen.

»Beschluss: Geschäftsnummer : E R 21/ 80 10 Js 155/ 79. In dem Ermittlungsverfahren gegen 1) Rolf Dieter Kreibich, geboren am 2. Dezember 1938 in Dresden, 2) Renate Kreibich, geborene Fischer, geboren am 5. Juni 1940 in Zwickau, beide wohnhaft in Berlin 37, Goethestr. 33 c wegen des Verdachtes der geheimdienstlichen Agententätigkeit: Auf Antrag der Staatsanwaltschaft bei dem Kammergericht wird die Durchsuchung beider Beschuldigten, ihrer Sachen einschließlich ihnen gehörender Kraftfahrzeuge, ihrer Arbeitsplätze sowie ihrer Hauptwohnung in Berlin 37, Goethestr. 33 c (37 c) und ihrer Nebenwohnung in 6900 Heidelberg, Blütenweg 25, nebst den dazugehörigen Kellerräumen und sonstigen Nebengelassen, sowie der jeweiligen Arbeitsstätten gestattet ... Beide Beschuldigten stehen in dem Verdacht, sich einer nach Paragraph 99, Absatz 1 StGB strafbaren geheimdienstlichen Agententätigkeit schuldig gemacht zu haben.«

Hier unterbrach Rolf, schaute zu mir und sagte: »Wie findest Du das? Was ist hier eigentlich los?«

Ich entsinne mich noch genau, dass der Wortführer der Staatsschutzbeamten, Oberstaatsanwalt Bensen, wie sich später herausstellte, der uns gerade noch schroff aus den Betten beordert hatte, nun wenigstens zu der Erklärung bereit war, man hätte geklingelt, aber niemand hätte darauf reagiert. Glaubhaft war das allerdings nicht, denn ich hatte ja schon länger wach gelegen. Unsere anhaltende Gelassenheit schien die Ermittler aber völlig irritiert zu haben, denn der anfangs rüde Ton wurde etwas gemäßigter.

»Sind Sie Herr Rolf Dieter Kreibich und Frau Renate Kreibich-Fischer?«

Im Schlafanzug, nunmehr zwischen den ermittelnden Beamten und einer Beamtin stehend, bestätigten wir diese wichtige Frage. Rolf fragte noch einmal energisch, was das Ganze eigentlich solle. Der Vorgesetzte zeigte seine Dienstmarke und nochmals das Papier mit dem großen Dienstsiegel: »Staatsschutz! Wir haben einen Hausdurchsuchungsbefehl auf Anordnung der Generalstaatsanwaltschaft Berlin und auf Beschluss des Kammergerichts.«

»Was wird mir vorgeworfen?«, wollte Rolf wissen.

»Nicht Ihnen allein, gegen Ihre Frau wird ebenfalls ermittelt.«

Wir schauten uns beide verdutzt an und mussten dann prustend lachen. Dass sich das Verfahren und der Verdacht auch auf mich bezog, war uns ganz entgangen. Der Beamte wiederholte noch einmal: »Sie werden beide der geheimdienstlichen Agententätigkeit für eine fremde Macht beschuldigt.«

»Was heißt fremde Macht?«, fragte Rolf, ohne eine Antwort zu erhalten. »Hat das irgendetwas mit der DDR zu tun?«

Das wurde zwar nicht bestätigt, aber auch nicht verneint. Allerdings verrieten ihre Mienen, dass diese Frage ins Schwarze getroffen hatte. Ich war fast erleichtert: Das also sollte der Grund für diese Überfallaktion sein? Dann konnte es sich nur um eine Verwechslung oder allenfalls um eine Verleumdung handeln. Ich versuchte, mich mit Rolf zu verständigen. Aber man hatte uns schnell voneinander getrennt, und der Oberstaatsanwalt untersagte uns jegliches Gespräch miteinander. Da gegen uns beide ermittelt würde, dürften wir keinen Kontakt mehr haben. »Ich muss Sie darauf hinweisen, dass ab sofort keine Unterhaltung mehr zwischen Ihnen stattfinden darf, die nicht unmittelbar den Ermittlungen dient.«

Rolf sah mich fragend an und murmelte noch: »Mandat?« Ich verstand sofort. Im Juni sollte die innerparteiliche Wahl der Abgeordnetenkandidaten der SPD für den Deutschen Bundestag stattfinden, und Rolf war bereits von seinem Heimatkreis Berlin-Charlottenburg als Bundestagskandidat für die Wahl auf dem Berliner Landesparteitag nominiert worden. Da er sich in den vergangenen Jahren als Präsident der Freien Universität Berlin und kritischer Geist in der Partei einige politische Gegner gemacht hatte, lag die Vermutung nahe, dass diese Nacht- und Nebelaktion damit im Zusammenhang stehen könnte.

Ich sah meine Tochter verloren im Zimmer stehen, nahm sie an mich und sagte ihr eindringlich: »Was immer auch hier gespielt wird und was auch auf uns zukommen mag – auch auf dich und Mirco –, wir haben nichts von dem getan, was uns vorgeworfen wird. Lass Mirco schlafen, aber wecke bitte die Oma auf und bereite sie auf die vielen Menschen hier vor.«

Die Szene hatte sich mittlerweile in unser Wohnzimmer im Erdgeschoss verlagert. Wir waren noch immer in Schlafanzug und Bademantel, und in allen Zimmern wurde gesichtet, gesammelt, in Beutel gepackt und beschriftet.

Meine Schwiegermutter schlief im Souterrain und kam jetzt angesichts des sich nach unten verlagernden Lärms nach oben.

Erst später stellte sich heraus, dass der Tag vor unserer Abreise nach Ceylon ganz bewusst für diesen Coup gewählt worden war, weil aus der Sicht der Staatsanwaltschaft »Fluchtgefahr« bestand. Ich habe mich manchmal gefragt, ob die Ermittler ernsthaft glaubten, dass wir ohne unsere Kinder nach Asien geflüchtet wären?

Als ich ins Bad gehen wollte, begleitete mich die Untersuchungsbeamtin. Auf meine verdutzte Frage, was sie denn hier wolle, erklärte sie mir, dass sie mich nirgendwo allein lassen dürfe. Daraus ergab sich eine erste große Schwierigkeit in der neuen Situation: Was macht man, wenn man in Anwesenheit fremder Personen nicht pinkeln kann?

»Ist Ihnen das nicht peinlich?«, fragte ich.

»Ich mache nur meine Arbeit.«

»Mir wäre es trotzdem peinlich«.

Sie zuckte mit den Schultern.

Anschließend wusch und schminkte ich mich wie immer. Die Beamtin verfolgte jede meiner Bewegungen und inspizierte alle Schminkutensilien. Rolf hatte ich zwischendurch aus den Augen verloren.

Schließlich fanden wir uns alle im Wohnzimmer wieder. Ich zählte die Anwesenden durch. Siebzehn wildfremde Leute befanden sich in unserem kleinen Haus. Dazu wir fünf: Rolf, seine Mutter, Miriam, Mirco und ich.

Meine Schwiegermutter stand mitten im Wohnzimmer bei Miriam. Sie wirkte so klein und verstört und tat mir unendlich leid. Aber als ich ihr erklärte, dass die gegen uns erhobenen Vorwürfe aus der Luft gegriffen seien, antwortete sie mit erstaunlich fester Stimme: »Hätt' ich sowieso nicht geglaubt.«

Praktisch, wie sächsische Frauen sind, fing sie sofort an, Kaffee zu kochen, und bald zog ein angenehmer Duft durchs Haus, der das ganze Szenario noch absurder erscheinen ließ. Sollten wir jetzt etwa mit diesen Leuten Kaffee trinken?

Als ich Rolf später fragte, was ihm in dieser Situation durch den Kopf gegangen war, sagte er, er hätte zuerst gedacht, dass die Sache etwas mit mir zu tun haben könnte. War es denkbar, dass ich irgendeine Verbindung zur Stasi gehabt hatte, von der er nichts wusste? Aber das war für ihn völlig ausgeschlossen. Wir lebten schon so lange zusammen und hatten gerade im Hinblick auf die DDR-Vergangenheit so viel gemeinsam erlebt und durchlebt, dass diese Möglichkeit ausschied. Viel plausibler schien ihm der Zusammenhang mit dem von ihm angestrebten Bundestagsmandat und mit seiner siebenjährigen Tätigkeit als Universitätspräsident. In den sechziger und siebziger Jahren war das ein hochpolitisches Amt gewesen und Rolf der erste gewählte Präsident, der das neue, vom Senat und vom Abgeordnetenhaus von Berlin mehrheitlich verabschiedete Berliner Universitätsgesetz umsetzen wollte und musste und dabei von links wie rechts gleichermaßen massiv angefeindet wurde. In der aufgeheizten Atmosphäre der Studentenunruhen und ihrer terroristischen Ausläufer in den siebziger Jahren mussten wir damit rechnen, dass noch lange »alte Rechnungen« beglichen werden würden.

Viel später, während meiner Arbeit als Psychoonkologin im Krankenhaus, wurde mir einiges noch klarer: Wenn ich mich mit meinem Namen vorstellte, passierte es nicht selten, dass man mich fragte: »Kreibich? Haben Sie etwas mit dem ehemaligen Präsidenten der Universität zu tun, der damals die Studentenrevolte unterstützt hat?« Kaum einer der Patienten wusste noch, dass Rolf ein von den Mehrheitsparteien politisch gewolltes und verabschiedetes, also ganz demokratisch zustandegekommenes Gesetz umgesetzt hatte, dabei selbst höchst gefährdet gewesen, sogar mehrfach tätlich angegriffen worden war und lange Zeit Polizeischutz gegen die extremistischen Attacken von Links- und Rechtsaußen benötigt hatte.

Eine andere Spur führte ihn in Richtung des Instituts für Zukunftsforschung, wo er seit 1979 als Wissenschaftlicher Direktor und Geschäftsführer arbeitete. Dort wurden zwar gesellschaftlich interessante und politisch relevante Projekte bearbeitet, aber was hatten die mit der DDR und etwaigen Stasikontakten zu tun? Und warum wurde vor allem auch gegen mich ermittelt? In diesem Umfeld gab es nirgends Anhaltspunkte für Verwechslungen oder Denunziationen.

Somit blieb fast nur noch Rolfs jahrelanges politisches Engagement in der SPD. Er war immer ein streitbarer und unbequemer Genosse gewesen, hatte die Anerkennung der Oder-Neiße-Linie, später die Ostpolitik und die Bildungspolitik der SPD mit konzipiert und schrittweise auch innerparteilich mit umgesetzt. Das alles war aber schon längst offizielle Staatspolitik und durch Verträge und Gesetze abgesichert. Somit blieb nur seine Kandidatur für den Deutschen Bundestag, die seine Gegner sicher verhindern wollten. Aber das alles ergab trotzdem noch keinen rechten Sinn und erklärte vor allem nicht, warum auch mir »geheimdienstliche Agententätigkeit für eine fremde Macht« vorgeworfen wurde.

Zum Glück behielten wir an diesem Morgen und trotz des bedrohlichen Aufmarsches der Staatsgewalt und der Besetzung des Hauses die Nerven. So forderten wir zuallererst und unabhängig voneinander die sofortige Hinzuziehung von Rechtsanwälten. Von den Ermittlern waren wir nicht darauf hingewiesen worden, dass das unser natürliches Recht war.

Da gegen uns beide ermittelt wurde, mussten wir uns getrennte Anwälte nehmen, aber wir hatten natürlich Bedenken, die uns bekannten und für politische Strafsachen zuständigen Anwälte morgens um sechs Uhr aus den Betten zu holen. So riefen wir zunächst unseren Freund und Nachbarn Volker Hucklenbroich an, der auch sofort kam und uns ersten rechtlichen Beistand leistete. Hucklenbroich war damals nicht nur ein bekannter Berliner Rechtsanwalt, sondern auch ein prominenter Politiker der FDP, der die politischen Entscheidungen im Rahmen einer SPD-FDP-Koalition in Berlin wesentlich mitbestimmte. Er staunte nicht wenig, als er sah, was bei uns im Haus vor sich ging. Wir kannten uns auch familiär recht gut, und er hatte als Abgeordneter und Sprecher des Haushaltsausschusses zahlreiche Anhörungen mit dem Unipräsidenten Kreibich erlebt.

Inzwischen hatte der größte Teil der Mitarbeiter des Staatsschutzes die routinemäßige Sammlung von »Beweismaterial« emsig weitergeführt. Sie packten ihre großen Plastiksäcke zum Abtransport aus und fingen an, im ganzen Haus Gegenstände einzusammeln, Akten zu durchwühlen und Schränke und Kommoden auszuräumen. Schlichtweg alles, was verdächtig schien, wurde inspiziert und vieles davon konfisziert. Als sie schließlich auch die Glühbirne aus der Lampe über unserem Esstisch herausschraubten, fragte ich halb amüsiert, was man damit bezwecke.

»Mit solchen Glühbirnen kann man Mikrofilme entwickeln«, erhielt ich zur Antwort.

»Ah so!« Ich konnte ein Schmunzeln nicht unterdrücken.

Dann ging ich mit der Staatsschutzbeamtin im Schlepptau in das Zimmer unseres siebenjährigen Sohnes Mirco und versuchte, ihn zu trösten und ihn, so gut es ging, auf die in den nächsten Stunden zu erwartenden Ereignisse vorzubereiten. Er war noch müde, aber sichtlich verstört und verstand natürlich gar nichts. Erst später stellte sich heraus, dass er mehr begriffen als angenommen und unter den martialischen Szenen im Haus und der in den nächsten Tagen folgenden Hektik am meisten gelitten hatte. So entwickelte er kurze Zeit nach dem Überfall im Gesicht ein nervöses Zucken, das uns über ein Jahr lang ziemliche Sorgen machte.

Die Situation und die Atmosphäre in unserem Haus war mittlerweile eigenartig ambivalent. Auf der einen Seite die geschäftigen Handlanger der Ermittler, die überall in Schränken, Lampen, Vasen, hinter Bildern, Plastiken, Büchern, Wanduhren, unter Sesseln und Sofas, in Sekretären und Hifi-Geräten herumwühlten; auf der anderen Seite die Staatsschützer, Kontrolleure und Aufpasser, die die Szene und uns eher feindselig beobachteten. Dazwischen meine Schwiegermutter, die Kaffee und Saft servierte. Im Hintergrund standen die Kinder, die alles fassungslos betrachteten. Rolf und ich waren zu dieser Zeit noch immer ruhig und äußerlich gelassen, zumal wir beide zu erkennen glaubten, dass ein paar der Ermittler und den leitenden Staatsanwalt erste Zweifel hinsichtlich der überfallartigen Durchsuchungsaktion befielen.

Hucklenbroich, der nicht nur ein Berliner Staranwalt, sondern auch ein glänzender Redner und ein stadtbekannter humorvoller Politiker war, flößte der geballten Staatsmacht trotz seines kleinen Wuchses sofort Respekt ein und vermittelte uns ein gewisses Gefühl von Sicherheit. Jetzt waren wir nicht mehr allein, und das Vorgehen der Staatsmacht stand unter einer gewissen Kontrolle.

Zwar konnte auch Hucklenbroich nicht verhindern, dass wir schließlich abgeführt und getrennt nach Tempelhof in die Räume des Staatsschutzes gebracht wurden, aber immerhin erreichte er, dass unsere persönlichen Rechtsanwälte verständigt wurden. Rolf hatte engen Kontakt zu Gert Roos, einem der damals bekanntesten Anwälte Berlins und langjährigen Vorsitzenden des Berliner Anwaltvereins, der sich sofort bereit erklärte, gemeinsam mit seinem Kanzleikollegen, Dr. Thomas Baumaier, das Mandat für Rolf zu übernehmen. Ich bat Dr. Wolfgang Büsch, den ehemaligen Innensenator von Berlin, mich anwaltlich zu vertreten. Auch er war sofort bereit, sich mit uns beim Staatsschutz in Tempelhof zu treffen.

Bevor wir zur Vernehmung abtransportiert wurden, riet ich meiner Schwiegermutter, sich gegenüber den Kindern wie immer zu verhalten, also zunächst einmal mit ihnen zu frühstücken und sie dann in die Schule zu schicken. Zu diesem Zeitpunkt wusste ich natürlich nicht, ob und wann wir wieder zurückkehren würden. Und vor allem hatte ich keine Ahnung, dass die Nachricht von der Hausdurchsuchung und unserer Verhaftung wegen »des Verdachts der Spionagetätigkeit für die DDR und die Stasi« dank einer gezielten Indiskretion der Staatsanwaltschaft bereits die Schlagzeilen der Morgennachrichten und Zeitungen beherrschte. Die »Bild« brachte die Meldung als Headline in großen Lettern auf der Titelseite, ebenso die »B.Z.« des Springer-Konzerns.

Ganz sicher hätte ich unsere Kinder mit diesem Wissen nicht in die Schule geschickt. Wie wir später erfuhren, hat glücklicherweise die Lehrerin von Mirco, Frau Kluge, ihrem Namen alle Ehre gemacht und die Neugier der von ihren Eltern über unsere »Verhaftung als Ostspione« informierten Kinder unterbunden und den Unterricht wie immer durchgeführt.

Miriam hatte es im Werner-von-Siemens-Gymnasium dagegen wesentlich schwerer, denn sie bekam das geballte Misstrauen und die Vorverurteilung durch die Lehrer und Schüler, aber vor allem auch durch deren Eltern, zu spüren. Sie erfuhr in dem als konservativ geltenden Gymnasium weder eine Abschirmung durch die Lehrer noch eine Unterstützung durch die Schulleitung.

Wir beide wurden – in gebührender »Begleitung« – in mehreren Autos getrennt nach Tempelhof zum Staatsschutz gebracht. Ich hätte Rolf gern noch einen Kuss gegeben und ihm etwas Tröstliches gesagt, aber wir wurden behandelt, als wären dem Staatsschutz zwei ganz fette Fische ins Netz gegangen.

Während der Fahrt wurde nicht gesprochen. Es war ein grauer, ungewöhnlich kalter Märztag. Ich sah aus dem Fenster und war vergleichsweise gefasst. Ich versuchte, meine Gedanken zu ordnen und mich auf das zu konzentrieren, was mich wahrscheinlich erwarten würde. Aber was konnte das sein? Ich hatte keine Ahnung. Immerhin spürte ich eine Art Kampfeswillen und Wut. Die sollen mal kommen, dachte ich. Sie werden sich an mir die Zähne ausbeißen.

Das Gebäude in Tempelhof, in dem der Staatsschutz untergebracht war, gehört zu den berühmten Bauten des Flughafens Tempelhof, und wie in allen öffentlichen Amtsgebäuden herrschte auch hier in den langen, düsteren Korridoren der typische Geruch nach altem Linoleum und Bohnerwachs.

Auf dem Flur traf ich zu meiner Erleichterung Rechtsanwalt Wolfgang Büsch, der schon vor uns eingetroffen war. Ich erklärte ihm, was vorgefallen war, während er mich auf meine Rechte, insbesondere auf mein Aussageverweigerungsrecht, hinwies. Ohne dass er mich direkt danach fragte, spürte ich, dass er wissen wollte, was von der ganzen Sache zu halten sei. So schilderte ich ihm die Situation noch einmal ausführlicher, beteuerte unsere Ahnungslosigkeit hinsichtlich des Überfalls in unserem Haus und versicherte ihm, dass wir unschuldig waren.

Dann wurde ich auch schon zum ersten Verhör gerufen, an dem der Anwalt nicht teilnehmen durfte, was ich nicht wusste und was mich zunächst irritierte. Was mir aber bei aller Dramatik sofort auffiel: Das Vernehmungszimmer war ungewöhnlich hässlich, schreckliche Farben und Farbkombinationen. Die Tische und Schränke aus »Senatseiche« – wie die öffentliche Möblierung in den Verwaltungen von den Berlinern spöttisch genannt wurde. Auf den Fensterbrettern stand jeweils ein Kaktus – ansonsten ein Wandkalender und gähnende Leere im Zimmer.

»Nehmen Sie doch Platz«, forderte mich der Beamte auf.

Es wurden noch einmal die Personalien aufgenommen. Die Protokollantin saß hinter einer alten mechanischen Schreibmaschine der Firma Wanderer und begann zu tippen.

»Sie sind bereit auszusagen?«

»Ja, aber nur unter bestimmten Bedingungen.«

»Und welche wären das?«

»Zuerst möchte ich wissen, was uns konkret vorgeworfen wird und wer uns verleumdet oder denunziert hat.«

Wider Erwarten schien der Ermittler damit einverstanden zu sein. Er machte auf mich von Anfang an den Eindruck, als würde ihn die ganze Angelegenheit nicht besonders interessieren. Einen Agentenjäger hatte ich mir anders vorgestellt. Irgendwie fühlte ich mich ihm in dieser prekären Situation überlegen.

»Also«, begann er, »gegen Sie hat Herr Heinz Ludewig aus Dresden ausgesagt.«

»Heinz Ludewig?« Ich konnte es nicht glauben. Es erschien mir so aberwitzig, so fern jeder Möglichkeit. An alles hatte ich gedacht, an fast jede mir bekannte Person, und zahllose Konstellationen waren mir durch den Kopf gegangen. Aber das?

Ich muss sekundenlang wie gelähmt dagesessen haben. Meine Gedanken überschlugen sich. Vor allem aber eins machte mich fassungslos: Was würde Rolf nur von dieser Posse halten? Er wusste ja nicht einmal, wer Heinz Ludewig war.

»Soll das wirklich der Denunziant sein? Sie haben diesen Verrückten als Zeugen? Wissen Sie, dass mein Mann diesen Herrn gar nicht kennt? Sie stürzen uns hier in ein Verfahren, das uns vernichten kann – und das aufgrund der Aussage eines Verrückten und notorischen Lügners, der sehr wahrscheinlich enge Kontakte zum Staatssicherheitsdienst der DDR hatte?«

Ich war plötzlich hilflos und spürte, wie zum ersten Mal Panik in mir aufstieg. Was sollte aus Rolf und unserer Familie werden, wenn die Aussagen eines Heinz Ludewig eine solche Staatsaktion auslösen konnten?

Heinz Ludewig war ein Bekannter meiner Eltern in Dresden, den auch ich recht gut kannte. Er war Betriebsleiter bei VEB Weizenin (Volkseigener Betrieb Weizenin), jenem Betrieb, in dem auch meine Mutter arbeitete und der zu einer sogenannten VVB gehörte, einer Vereinigung Volkseigener Betriebe. Auch mein Vater leitete als Wirtschaftskontrolleur im Auftrag der Firma VEB Weizenin sieben halbstaatliche kleine und mittlere Betriebe, die der VVB angegliedert waren. Meine Eltern standen also in einem ganz normalen Arbeitsverhältnis zu Ludewig, hatten allerdings auch private Kontakte zu ihm. Ludewig war strammer SED-Mann und Autodidakt in Sachen »Lebensmittelchemie« und »Chemie«, der allerdings auf diesen Gebieten große Ambitionen hatte, ständig bahnbrechende Patente ankündigte und behauptete, vor revolutionären Durchbrüchen auf dem Stärkesektor und im Energiebereich zu stehen. Aus wissenschaftlicher Sicht war er nichts weiter als ein Hochstapler.

Aber er hatte exzellente Kontakte zu höchsten Staats- und Stasikreisen, mit denen er oft genug prahlte. Für meine Eltern und mich gab es schon damals kaum Zweifel, dass er als Werksleiter eines so großen VEB-Betriebes solche Kontakte hatte, von seiner Qualifikation her jedoch völlig ungeeignet war, ein solches Unternehmen zu führen. Gleichwohl konnte er dort dank seiner Parteimacht auch für DDR-Verhältnisse ungewöhnlich viel selbständig entscheiden und durchsetzen. Er war eine äußerst schillernde Persönlichkeit und konnte Menschen schnell für seine Zwecke einspannen, sie aber ebenso schnell wieder fallen lassen. Über den Umfang der Kontakte zu meinen Eltern wusste ich nicht viel, denn als 17-Jährige interessierte ich mich herzlich wenig für die Belange eines VEB-Betriebes. Trotzdem war ich als geschulte DDR-Bürgerin in Ludewigs Gegenwart immer ein wenig auf der Hut, weil mir irgendetwas an ihm suspekt erschien. Als ich schon längere Zeit in West-Berlin lebte, erfuhr ich über meinen Bruder Peter, dass Ludewig Anfang der siebziger Jahre bei höchsten Staatsstellen der DDR offensichtlich in Ungnade gefallen war und den Posten als Werksleiter verloren hatte. Später soll er eine kleine Drogerie in Freital, einem Vorort von Dresden, geführt haben.

In dieser Zeit bekam ich einmal eine merkwürdige Postkarte von ihm, die die indirekte Aufforderung enthielt, ich solle nach Dresden kommen, um mit ihm Kontakt aufzunehmen. Ich hatte dieser Sache keine weitere Bedeutung beigemessen und die Karte irgendwann weggeworfen. Im Nachhinein blieb aber ein ungutes Gefühl zurück, weil ich nicht reagiert hatte.

Daran konnte ich mich jetzt wieder erinnern.

Heinz Ludewig spielte noch eine andere Rolle in meinem Leben: Als ich 1958 nach dem Abitur nicht den von mir gewünschten Studienplatz für bildende Kunst in Halle an der Kunsthochschule Burg Giebichenstein bekommen konnte, hatte ich mich danach geweigert, eine beliebige andere Arbeit anzunehmen. Stattdessen wollte ich vorerst gar nichts machen, was allerdings in der DDR nicht möglich war. Auch meine Eltern hatten mich vom Kunststudium in Halle abgehalten und sehr nachdrücklich bedrängt, einen »ordentlichen Beruf« anzustreben, also am besten Ingenieurin oder Technikerin zu werden. Am günstigsten erschien das im Bereich der Lebensmittelchemie. Aufgrund der Intervention meiner Eltern ließ mich der Werksleiter Ludewig – offenbar unter Zuhilfenahme seiner Beziehungen – schließlich noch verspätet zum Studium an der Fachschule, der späteren Ingenieurschule für Lebensmitteltechnologie in Dippoldiswalde am Rande des Erzgebirges, delegieren, wofür ich allerdings weder Interesse noch die Begabung hatte.

Die schillernde Figur Heinz Ludewig erschließt sich am besten durch seine eigenen Aussagen, die er gegenüber dem Staatsschutz gemacht hat und die ich später bei der Akteneinsicht nachlesen konnte. Im Teil 7, in dem ich die »Affäre« nach Aktenlage beschreibe, befinden sich interessante und amüsante Ausführungen Heinz Ludewigs bei den Staatsschutzbehörden, unserem einzigen und schwerwiegenden Belastungszeugen.

Erst allmählich, im Laufe der Ermittlungen, erkannte ich die politische Dimension der Staatsaktion gegen uns. Denn wie sich viel später bei der Akteneinsicht immer deutlicher herausstellte, hätte der Zeuge Ludewig für den Staatsschutz eigentlich so unglaubwürdig sein müssen, dass seine Aussagen für niemanden mit auch nur mittelmäßigem Verstand zur Aufnahme eines Verfahrens ausgereicht hätten. Aber es kam anders, denn für die Staatsmacht zählte nur die formale Legitimation, wenn auch eine äußerst zweifelhafte: Im Rahmen der Terroristenfahndung Mitte der siebziger Jahre wurden – von der Bevölkerung fast unbemerkt – zahlreiche Veränderungen an verschiedenen Rechtsgrundsätzen und Gesetzen vorgenommen, die gravierende Folgen hatten. So auch die Dominanz des Legalitätsprinzips gegenüber dem Opportunitätsprinzip. Danach konnte jeder Bürger einen anderen wegen beliebiger »Beobachtungen« oder »Vermutungen« verdächtigen und dem Staatsschutz Meldung machen, ohne dass er bei bewusster oder nichtbewusster Falschaussage dafür zur Verantwortung gezogen werden durfte. Entscheidend war nunmehr, dass die Strafverfolgungsbehörden die Verpflichtung hatten, auch schon bei geringsten Verdachtsmomenten oder Verdächtigungen und ohne Strafanzeige von Amts wegen zu ermitteln. Mit dieser Prioritätensetzung wollte man damals vor allem der RAF (Rote Armee Fraktion) und der Baader-Meinhof-Terroristen habhaft werden. Spionageverdächtigungen und Bezichtigungen der Agententätigkeit für eine fremde Macht gegen mich beziehungsweise unsere Familie waren natürlich nicht in erster Linie im Hinblick auf mich, sondern auf Rolf interessant, der eine bekannte politische Person im damaligen Berlin war. Besonders seine Bewerbung um ein Mandat für den Bundestag empfanden seine Gegner als Provokation.

Ich war nach dieser Eröffnung mit der Bekanntgabe des Zeugen Ludewig allerdings sehr besorgt, was sich wohl in dem anderen Verhörzimmer abspielen mochte. Rolf würde das alles gar nicht verstehen.

»Mein Mann kennt Herrn Ludewig doch gar nicht«, wiederholte ich. »Alles, was dazu zu sagen ist, kann nur ich Ihnen beantworten!«

l.: Öffnung des Grenzübergangs in der Berliner Oberbaumbrücke
r.: Weihnachten 1963: Wartende vor der Antragsstelle für Passierscheine

Der Beamte erwiderte nichts, es schien ihn nicht zu interessieren. Stattdessen begann er mit dem Verhör.

»Sie sind 1961 aus der DDR geflüchtet?«

»Ja.«

»Wann?«

»Am 14. August.«

»Wie? Nach dem Mauerbau?«

»Ja, mit falschen Papieren. Das habe ich aber alles schon mehrfach ausgesagt. Ich habe das Bundesnotaufnahmeverfahren durchlaufen. Sie haben sich doch sicher auf das Verhör vorbereitet.«

»Sie haben dann im Internationalen Studentenheim in Eichkamp gewohnt. Dort haben Sie einige Zeit aktiv Fluchthilfe betrieben.«

»Ja, war das etwa verboten? Wir haben auch die S-Bahn boykottiert.«

Ein wenig ungeduldig erläuterte ich unsere damaligen Aktivitäten und schilderte die Situation unmittelbar nach dem Mauerbau, von der mein Gegenüber keine Ahnung zu haben schien.

»Mir scheint, dass Handlungen, die 1961 ausdrücklich politisch vom Senat von Berlin und der Bundesregierung gebilligt und staatlich geduldet wurden, jetzt plötzlich als kriminell gelten«, erklärte ich schließlich.

Der Ermittler ging nicht darauf ein.

»Sie sind dann Weihnachten 1963, zum ersten Passierscheinabkommen, nach Ost-Berlin gereist – und das, obwohl Sie nach dem Bau der Mauer geflohen sind und das illegale Verlassen der DDR bis 1972 nach DDR-Gesetzen strafbar war. Haben Sie eine Erklärung dafür?«

Ich sah aus dem Fenster und erinnerte mich genau an die damalige Situation, an meine Freude, dank des ersten Passierscheinabkommens zwischen dem Senat von West-Berlin und der DDR nun endlich eine Möglichkeit zu bekommen, meine Dresdner Familie wiederzusehen. Und an das Gefühl der Trennung nach ein paar Stunden des Wiedersehens unter eigentlich unwürdigen Umständen in einer Kneipe im Ostsektor Berlins und an den Kummer, der allen bei der Trennung in den Gesichtern stand. Und nun sollte ich dem Vertreter des Staatsschutzes, dem die ganze Vernehmung eher lästig zu sein schien, die Gründe schildern, die mich damals bewogen hatten, einen ganz legalen, für mich allerdings nicht ganz risikofreien Weg für das Wiedersehen mit der Familie wahrgenommen zu haben.

»Ich wollte meine Eltern, meinen Bruder und meine Schwägerin wiedersehen, die ich seit« – hier stockte ich – »1961 nicht mehr gesehen hatte. Und da habe ich das erste vom Senat von Berlin mit der DDR ausgehandelte Passierscheinabkommen genutzt. Was ist daran so ungewöhnlich oder gar strafbar? Wir haben uns damals bei den Behörden erkundigt und so weit wie möglich abgesichert.«

In diesem Augenblick erlebte ich noch einmal das Gefühl von Angst und Einsamkeit, das ich damals inmitten der Tausenden von Menschen empfand, die an dem kalten Dezembermorgen 1963, beladen mit Paketen und Tüten, über die Oberbaumbrücke liefen – das erste Wiedersehen mit den Verwandten und Freunden in greifbarer Nähe. Die »humanitäre Geste der Regierung der DDR«, so stand es in allen Ost-Zeitungen, hatte uns ein kurzes und für die meisten auch schmerzliches Wiedersehen ermöglicht, denn in jener Phase des Kalten Krieges gab es nicht die geringsten Anzeichen dafür, dass ein solches Abkommen in absehbarer Zeit noch einmal zustande kommen würde.

Die meisten Ost-Verwandten warteten gleich hinter dem schmalen Durchgang der Brücke, und ich beobachtete die schluchzenden Menschen, die sich in den Armen lagen, als wollten sie sich nie wieder loslassen.

Natürlich wusste ich um meine Gefährdung und hatte Angst. Aber ich hatte ja einen Passierschein bekommen, und da »unerwünschte Personen« in der Regel gar nicht erst einreisen durften, gab mir das eine gewisse Sicherheit. Außerdem hatte ich in West-Berlin die »Freiheitlichen Juristen« konsultiert, ob ich die Reise mit meiner Biographie wagen könne. Zu meiner Überraschung hatte man mich dort regelrecht ermutigt zu reisen, sofern die DDR einen Passierschein ausstellen würde.

Ich hatte mich mit meiner Familie in Berlin-Grünau verabredet, also ziemlich weit vom Zentrum entfernt. Die S-Bahn brauchte damals vom Bahnhof Warschauer Straße hinter der Oberbaumbrücke bis Grünau im Südosten von Berlin fast 40 Minuten. Der Treffpunkt war ein ungemütliches, bescheidenes Lokal, in dem es zum Glück nicht viele Gäste gab. Trotzdem witterte ich an jedem Tisch einen Stasispitzel. Das Wiedersehen war tränenreich. Auch ich musste fürchterlich heulen. Meiner Mutter hatte ich den Kummer über die ausweglose Situation gleich auf den ersten Blick angesehen.

Für mich war die Begegnung auch deshalb so traurig, weil meine geliebte Großmutter nicht dabei sein konnte. Sie war zu dieser Zeit schon sehr gebrechlich und starb nur wenige

Monate später, ohne dass ich sie noch einmal wiedergesehen hatte. Ich hatte keine Gelegenheit mehr gehabt, ihr meine Flucht in den Westen zu erklären. Obwohl ich ihr ganzer Lebensinhalt war und ihr versprochen hatte, bis zum Tod bei ihr zu bleiben, war ich einfach aus ihrem Leben verschwunden.

Mit diesen Gedanken und Gefühlen versuchte ich meinem Vernehmer gleichwohl ruhig zu antworten: »Es ist Ihnen doch sicher bekannt, dass im Passierscheinabkommen vereinbart wurde, dass alle diejenigen, die einen Passierschein erhalten, von den DDR-Behörden unbehelligt bleiben. Natürlich hatte ich trotzdem Angst und ich wusste, dass ein gewisses Risiko vorhanden war.«

»Sie sind auffällig häufig in die DDR gereist und dann immer allein. War Ihnen nicht bewusst, dass das für Sie gefährlich war?«

»Ich habe das nicht ohne Absicherung getan.«

»Was heißt Absicherung?«

»Ich war stets vorher bei den ›Freiheitlichen Juristen‹, später im ›Gesamtdeutschen Institut‹ und habe mir dort Rat eingeholt. Beiden Institutionen kann man ja wohl nicht gerade Nähe und Wohlverhalten gegenüber der DDR unterstellen. Da existiert auch eine Akte über mich. Die kennen Sie doch sicher?«

Oder vielleicht doch nicht? Sollten die Staatsschützer so wenig auf dieses Verhör vorbereitet sein? Oder waren sie sich ihrer Sache so sicher? Dann schien das alles für uns ja noch gefährlicher zu sein.

»Was wollen Sie eigentlich? War das etwa strafbar?« Langsam geriet ich in Wut.

»Sie haben doch offenbar keine Ahnung von dem Fall, den Sie ermitteln. Was soll denn die ganze Fragerei? Anstatt dass Sie mir meine Schuld nachweisen, soll ich hier meine Unschuld beweisen? Das ist doch die Umkehrung unseres rechtsstaatlichen Prinzips. Und was hat das alles überhaupt mit dem Vorwurf der Spionagetätigkeit für eine fremde Macht zu tun?«

Ich war jetzt äußerst aufgebracht, denn mir schien, dass hier ganz offensichtlich im Nebel herumgestochert wurde.

Der Vernehmer reagierte nicht auf meinen Wutanfall. Allmählich begriff ich, dass mir offenbar ein nur mittelmäßig qualifizierter Beamter gegenübersaß, der weder von der Sachlage noch von der politischen Situation zu Beginn der sechziger Jahre genauere Kenntnisse hatte. Ja, manchmal hatte ich den Eindruck, als benötigte er erst einmal Nachhilfe über die Zeit des Mauerbaus.

Der Vormittag zog sich endlos mit vielen belanglosen Detailfragen und der Klärung eigentlich allgemein bekannter Tatsachen hin. Ich wartete noch immer darauf, dass nun endlich das Kaninchen aus dem Hut gezogen würde. Mit fortschreitender Zeit verspürte ich zwar keine Wut mehr, dafür aber eine grenzenlose Leere, Ernüchterung und bald auch bleierne Müdigkeit.

Es blieb meine Sorge um Rolf. Würde man ihm glauben, dass er Ludewig gar nicht kannte und sich an viele Einzelheiten aus der Zeit der Passierscheinabkommen und der Treffen mit meiner Familie gar nicht mehr erinnern konnte? Schließlich lagen viele ereignisreiche Jahre dazwischen.

»Im Mai 1967 waren Sie mit Ihrer Tochter in Dresden.«

»Ja.«

»Was war der Anlass?«

»Die Taufe meiner Tochter in der Kreuzkirche in Dresden.«

»Finden Sie das nicht eher unglaubwürdig?«

»Ein Spleen, wenn Sie so wollen. Meine Mutter war sehr krank, wir wollten ihr diese Freude machen. Es gibt Unterlagen über die Taufe.«

»Ihr Mann war wieder nicht dabei.«

»Nein. Das war ein Teil unserer Sicherheitsüberlegungen. Einer musste bei diesem unberechenbaren System immer

Renate und ihr Bruder Peter bei Miriams Taufe in Dresden 1967

im Westen bleiben, um den anderen notfalls wieder herauszuholen. Aber meine Eltern und meine Schwägerin mit meinem Bruder waren dabei. Die können Sie befragen.«

Das Thema Taufe wurde nicht weiter vertieft. Stattdessen fragte man mich jetzt ausführlich nach einzelnen Personen und meinen Beziehungen zu ihnen aus. Es handelte sich um alte Freunde aus Dresden, um Bekannte aus Ost und West und vor allem aus dem Internationalen Studentenheim Eichkamp, von denen einige inzwischen rund um den Globus verstreut lebten. Zu den meisten hatten wir gar keinen Kontakt mehr. Gleichwohl erinnerte ich mich während der Befragung wieder sehr deutlich an viele Einzelheiten, vielleicht deshalb, weil diese Zeit so voll mit besonderen Ereignissen und emotionsgeladen gewesen war.

Inzwischen war es Mittag geworden. Ich verspürte aber keinen Hunger. Uns wurde auch nichts angeboten, noch nicht einmal ein Getränk. Ich sprach kurz mit meinem Anwalt, der mir einige Hinweise für den weiteren Verlauf des Verhörs gab. Inzwischen hatte Rechtsanwalt Büsch auch mit Rolfs Anwalt Joachim Roos gesprochen und bestätigt, dass Rolf zu den Vorhaltungen seines Vernehmers kaum etwas aussagen konnte – zumal er in der Zeit von 1961 bis 1980 sehr intensiv mit ganz anderen Dingen wie Studium, Dozententätigkeit, Leitung des Soziologischen Instituts und der Universität, der Politik und schließlich der Zukunftsforschung beschäftigt gewesen war. Er hatte viel für den Sozialdemokratischen Hochschulbund und die SPD gearbeitet und war als Institutsratsvorsitzender im Soziologischen Institut der FU und später als Uni-Präsident jahrelang fast rund um die Uhr mit anderen Themen und Problemen befasst. Wir besprachen zwar die grundlegenden Dinge miteinander, insbesondere auch die Reisen in die DDR. Aber die persönlichen »Ostkontakte« und die Verbindungen zu meiner Familie in Dresden waren in erster Linie meine Sache.

Ob das zu Schwierigkeiten im Sinne von Unglaubwürdigkeit führen könnte, was ich befürchtete, konnte mir mein Anwalt nicht beantworten. Ich bat ihn noch, zu Hause anzurufen und nachzufragen, wie es unserer Großmutter und den Kindern ginge und ihnen mitzuteilen, sie sollten sich nicht zu große Sorgen machen. Wir würden sicher bald wieder zu Hause sein.

Rolf beschäftigten zu diesem Zeitpunkt ganz andere Gedanken. Es war skeptisch, ob die Generalstaatsanwaltschaft, der Verfassungsschutz, das Bundeskriminalamt und die politische Führung der Stadt angesichts des Medienrummels, den die »Spionageaffäre« ausgelöst hatte, jemals zugeben würden, sich geirrt zu haben. Und würden uns die demokratischen Strukturen und der Rechtsstaat zu unserem Recht verhelfen? Denn letztlich wussten nur wir, dass die Vorwürfe von Anfang an unsinnig und daher unhaltbar waren. Und wer steckte eigentlich hinter dieser spektakulären, überfallartigen Aktion?

In einer fast schon trägen Eintönigkeit begann dann das Nachmittagsverhör. Der Ermittlungsbeamte fragte jetzt nach Details von Fluchthilfeunternehmen, an denen ich beteiligt war. Auch hier war seine Ahnungslosigkeit umwerfend, ja sie beängstigte mich regelrecht, denn ich stellte mir vor, dass ein solches Ausmaß an Unkenntnis am Ende des Verfahrens möglicherweise kaschiert werden musste. Dass die ganze Angelegenheit tatsächlich zu einem peinlichen Reinfall der Staatsanwaltschaft und des Staatsschutzes werden würde, konnte ich mir in dieser Situation noch nicht vorstellen.

Im Folgenden ging es dann um zwei Fluchttunnel, die Freunde von uns gegraben hatten und an denen wir am Rande beteiligt gewesen waren. Darüber war ausführlich in der Presse berichtet worden, und der »Spiegel« war schon damals erheblich besser informiert gewesen als »mein« Vernehmer heute. Außerdem gab es sogar einen Film über diesen Tunnelbau.

Irgendwann am späten Nachmittag – es war schon fast dunkel und ich nahm an, dass das Verhör bald zu Ende sein würde – kam der ermittelnde Beamte dem ich nicht zutraute, Überstunden zu machen, auf den für ihn offensichtlich zentralen Punkt.

»Sie und Ihr Mann haben im Juli 1968 Ihre Verwandten aus Dresden nach dem Westen gebracht. Nach der Aussage von Herrn Ludewig erfolgte dies mit Hilfe der Stasi. Es handelte sich dabei um Ihren Vater, Herrn Albert Fischer, Ihren Bruder, Herrn Peter Fischer, und Ihre Schwägerin, Frau Hannelore Fischer.«

Das also ist des Pudels Kern, dachte ich.

»Was meinen Sie damit?«, fragte ich schockiert. »Wieso mit Hilfe der Stasi?«

Trotz der überraschenden Vorhaltung blieb ich äußerlich einigermaßen ruhig, auch wenn mir tausend Gedanken durch den Kopf schossen. Wie sollte ich meinem Gegenüber nur die komplizierte Geschichte von der Flucht meiner Familie erklären, die doch schon wesentlich intelligentere Menschen überforderte? Warum hatte man uns nicht einfach über den Ablauf der Flucht befragt?

3. FLUCHTPLÄNE 1968

Um die Geschichte verständlich zu machen, musste ich weit ausholen. Während ich die Einzelheiten erzählte, kam es mir vor, als hätten die Ereignisse eben erst stattgefunden. Im August 1961 – kurz nach dem Mauerbau – hatte ich durch die Flucht nach West-Berlin meine Familie verlassen. Die Möglichkeit eines Wiedersehens war zu diesem Zeitpunkt – wie für die meisten Menschen in Deutschland – völlig ungewiss. Von meinem Bruder Peter und seiner Frau Hannelore wusste ich seit langem, dass sie die DDR verlassen wollten. Auch meine Eltern wollten nach dem Mauerbau und meiner Flucht nicht mehr im Osten bleiben. Auch wenn darüber nicht gesprochen wurde, spürten sie natürlich, dass der Tag, an dem auch Peter und Hannelore nicht mehr da sein werden, nicht mehr allzu fern sein würde.

Der Bau der Mauer aber hatte alle Pläne, in den Westen zu fliehen, erst einmal zunichte gemacht. Zudem war meine alte und gebrechliche Großmutter, die seit dem Kriegsende in unserem Haus lebte, ein zwingender Grund, vorerst alle Fluchtgedanken aufzugeben. Sie wäre unweigerlich in einem Heim gelandet und hätte ohne jegliche familiäre Bindung und Pflege dort vegetieren müssen.

Trotz dieser schweren Hypothek hatten wir in den Jahren 1962 und 1963 mehrere Versuche unternommen, die gesamte Familie nach West-Berlin zu holen, aber die Gefahren, dass an der Flucht Beteiligte zu Schaden kommen könnten, waren einfach zu groß gewesen, weshalb wir unser Vorhaben mehrmals hatten abbrechen müssen. Das war zu einer entsetzlichen Belastung für die ganze Familie geworden. Die gescheiterten Aktionen und die Rückfahrten von Berlin nach Dresden hatten alle Beteiligten derart traumatisiert, dass wir weitere Bemühungen erst einmal aufgaben.

Die DDR hatte die Sicherung der Grenze mit Absperr- und Kontrollgürtel und dem Todesstreifen mittlerweile derart perfektioniert, dass die innerdeutsche Grenze fast unüberwindbar war. Wenn noch einmal an einen Fluchtversuch gedacht werden sollte, müsste er wohl außerhalb Deutschlands erfolgen. Soweit bestand in der Familie Einigkeit. Aber gleichzeitig wurde das Fluchtproblem mit unserer alten und von Monat zu Monat pflegebedürftigeren Großmutter immer komplizierter. Schon der Gedanke, sie allein in Dresden zurückzulassen, verursachte mir jedes Mal schweres Herzklopfen, und so legte ich alle weiteren Fluchtpläne erst einmal auf Eis. Und nach ihrem Tod im Mai 1964 erkrankte im Juni meine Mutter an Krebs. Peter und Hannelore akzeptierten die Entscheidung, alle weiteren Fluchtpläne vorerst gänzlich aufzugeben, sofort, um sich weiterhin um den Zusammenhalt der Dresdner Familie zu kümmern. In dieser Zeit hatte ich oft ein schlechtes Gewissen, denn ich selbst lebte nicht einmal zweihundert Kilometer von Dresden entfernt weitgehend unbeschwert und frei im Westen.

Es ging mir tatsächlich gut: Ich hatte 1966 die Abschlussprüfung und 1967 die Meisterschülerprüfung an der HfbK, der Hochschule für bildende Künste in Berlin, bestanden und konnte nun noch weitere zwei Semester an der wundervollen Hochschule arbeiten, was ich in vollen Zügen genoss. Nie wieder war das berufliche Leben so heiter und unbeschwert wie in dieser Zeit. Zusätzlich hatte ich eine freiberufliche Arbeit in der Nähe von Zürich bekommen. Für die damals weltweit bekannte Hifi-Firma Thorens entwarf ich das Gerätedesign für die Unterhaltungsindustrie, was mir nicht nur viel Spaß machte, sondern zum ersten Mal auch ein richtiges Einkommen bescherte und natürlich viel attraktiver war als das viele Jobben über die studentischen Arbeitsvermittlungen der TUSMA an der Technischen Universität oder der Heinzelmännchen an der Freien Universität. Dort konnte man nur mehr oder weniger »niedere Arbeiten« bekommen, die mit den eigentlichen Qualifikationen nichts zu tun hatten. Ich erinnere mich an endloses Tütenkleben, an das Abfüllen von Rollmöpsen in Gläser, an Kneipenjobs und Hostessendienste auf Messen und Open-Air-Veranstaltungen in der Waldbühne oder dem Olympiastadion. Nun waren die Reisen nach Zürich eine gute Gelegenheit, das Biotop West-Berlin von Zeit zu Zeit zu verlassen und einen Einblick in eine Welt zu bekommen, die weit weg von Mauer, Stacheldraht und Kaltem Krieg war.

In Berlin hatten wir viele Freunde, hauptsächlich durch unser Leben im Studentenheim, durch das Studium, die politischen Aktivitäten und die Mitbewohner im Corbusierhaus, in dem ja auf relativ engem Raum ungefähr 1500 Menschen lebten. Wir feierten dort gern lange Nächte hindurch, ebenso an anderen Orten, wie dem »Zinnober«, dem berühmten Faschingsball an der HfbK, wo das akademische Leben weitgehend beschwerdefrei pulsierte und nahtlos in Vergnügen überging.

Im August 1966 wurde unsere Tochter Miriam geboren. Rolf promovierte mit einem eher mageren Stipendium am Fritz-Haber-Institut der Max-Planck-Gesellschaft über ein physikalisches Thema zur Entropie bei der Entwicklung von Hochpolymeren, von dem ich bis heute noch kaum etwas verstanden habe. Ich erhielt zu dieser Zeit noch ein Meisterschüler-Stipendium nach dem Honnefer Modell und konnte auch schon erste Bilder verkaufen. Außerdem hatte ich den Job in der Schweiz. So hatten wir das Gefühl, dass es uns auch materiell richtig gut ging – die Ansprüche hielten sich ohnehin in Grenzen. Im Vergleich zu unserem Lebensstandard und dem grauen Umfeld im Osten fühlten wir uns jedenfalls wie Gott in Frankreich.

Im Herbst 1967, als die Krebserkrankung meiner Mutter schon weit fortgeschritten war, wurde mir bewusst, dass die Zeit gekommen war, mein Versprechen, meinen Bruder Peter und seine Frau Hannelore nach dem Westen zu holen, einzulösen. So begannen Rolf und ich ein weiteres Mal, über Fluchtpläne nachzudenken und konkrete Vorbereitungen zu treffen.

Am 20. Februar 1968 starb meine Mutter. Ich erhielt für mich allein eine kurze Aufenthaltsgenehmigung in Dresden. Die Trauerfeier fand in einem kleinen Kreis statt. Anwesend waren nur die Familienmitglieder und einige Arbeitskollegen, auch Heinz Ludewig und seine Frau. Die Stimmung war äußerst bedrückend, und mir erschien der Osten und besonders Dresden nun noch viel grauer als vor dem Mauerbau.

Kaum zurück in West-Berlin, machte ich mich intensiv an die Fluchtpläne. Rolf war zu dieser Zeit politisch sehr engagiert und mit seiner wissenschaftlichen Arbeit und einem zweiten Studium in Soziologie und Wirtschaftswissenschaft mehr als ausgelastet. Wir hatten deshalb Mühe, unser Leben so zu organisieren, dass wir wenigstens einen Teil der privaten Sphäre retten konnten. Trotzdem beteiligte sich Rolf intensiv an der Ausarbeitung von Fluchtplänen und der Durchführung der Flucht. Die extrem eingeschränkten Möglichkeiten und die Schwierigkeiten einer weitgehend gefahrlosen Flucht mehrerer Personen waren uns überdeutlich bewusst. Auf dem Höhepunkt des Kalten Krieges, lange vor dem Abschluss der Ostverträge, war die DDR bekanntermaßen vom allgegenwärtigen Staatssicherheitsdienst beherrscht, und die Grenzen wurden intensiver denn je bewacht. Wenn überhaupt noch Fluchten gelangen, so waren das meistens abenteuerliche Unternehmungen mit großem Risiko, was für uns nicht in Betracht kam.

Die zaghafte Liberalisierung, die sich mit dem Prager Frühling im April und Mai 1968 in der Tschechoslowakei anzubahnen schien, betraf nicht gleichermaßen die DDR, die Sowjetunion und die anderen Ostblockstaaten. Im Gegenteil: Um die Tschechoslowakei zu isolieren, nahmen ringsherum die Feindseligkeiten der sozialistischen Staatengemeinschaft gegenüber einer liberaleren Gesellschaftspraxis durch die Parteiführung der KPČ um Alexander Dubček eher noch zu und gipfelten dann auch bald in der brutalen Beendigung des Prager Frühlings durch Truppen und Panzer der Sowjets im Verbund mit einigen anderen Ostblockarmeen.

Was unsere Pläne betraf, so mussten wir drei Personen möglichst gleichzeitig aus der DDR herausholen, denn meinen Vater allein zurückzulassen, erschien uns völlig ausgeschlossen. Allerdings war er im Alter von 59 Jahren für ein Fluchtunternehmen das größte Problem und Sicherheitsrisiko.

Für meinen Bruder und Hannelore stand hinsichtlich des Fluchtrisikos fest, dass sie notfalls auch für zwei Jahre in den DDR-Knast gehen würden, um dann gegebenenfalls von der Bundesregierung freigekauft zu werden. Das war damals das weithin bekannte durchschnittliche Strafmaß für Republikflüchtlinge. Aber eine Garantie dafür gab es natürlich nicht.

Vor diesem Hintergrund blieben also viele Fragen offen: Mein Vater war insgesamt elf Jahre im Krieg und in sowjetischer Kriegsgefangenschaft gewesen. Also konnten wir nicht damit rechnen, dass er einen längeren Aufenthalt in einem Zuchthaus der DDR unbeschadet überstehen würde. Auch über die seelische Belastung, der Peter und Hannelore in einem solchen Extremfall ausgesetzt gewesen wären, konnten wir nur spekulieren.

Für die Flucht in den Westen gab es damals noch die Möglichkeit, ein mehr oder weniger professionelles Fluchthilfeunternehmen in Anspruch zu nehmen. Abgesehen von den Kosten – es mussten etwa 40 000 D-Mark pro Person gezahlt werden –, stellten diese Unternehmen ein gravierendes Risiko für die Flüchtenden dar: Entweder die »bestellten« Fluchtpersonen kamen durch, dann hatte man großes Glück. Kamen sie nicht, dann gab es für die Verwandten oder Freunde im Westen fast keine Chance herauszufinden, was mit den Flüchtlingen wirklich geschehen war, wohin man sie verbracht hatte und wer oder was für das Scheitern verantwortlich war. Allenfalls konnte man nach Monaten über einen der mehr oder weniger auf Ost-West-Angelegenheiten spezialisierten Anwälte eine Nachricht aus einem DDR-Untersuchungsgefängnis erhalten und etwas über die Situation der Inhaftierten erfahren. Das gezahlte Fluchtgeld wurde selbstverständlich nicht zurückerstattet, denn zu dieser Zeit waren die meisten Fluchthilfeunternehmen bereits kommerziell organisiert und viele arbeiteten unseriös. Einige waren sogar durch Stasispitzel unterwandert. So wurden die Fluchtwilligen häufig schon vor der Flucht observiert und dann direkt an die Staatssicherheit ausgeliefert. Gleichwohl haben viele Menschen in ihrer Verzweiflung auf diese Karte gesetzt und sind für Jahre in DDR-Gefängnissen verschwunden. Später hat es die DDR sogar gezielt darauf angelegt, Fluchtverdächtige zu schnappen, um sie nach einer gewissen Haftzeit für harte Devisen an die Bundesrepublik Deutschland verkaufen zu können. Wir waren uns einig, keinesfalls mit einem solchen Fluchthilfeunternehmen zusammenzuarbeiten. In schwierigen Situationen des Lebens zogen wir es stets vor, uns auf uns selbst zu verlassen.

Ausgerechnet in jenen Wochen wurde ich bei einer Transitfahrt durch die DDR – ich kam nachts allein mit dem Auto aus Heidelberg zurück nach West-Berlin – Zeuge eines Vorfalls, der mich nachhaltig bestärkte, keinesfalls eine Flucht zu planen, bei der es zu gewalttätigen Handlungen kommen könnte. Als ich die ersten Grenzkontrollen bereits passiert hatte und mich vor der letzten Durchfahrt befand, gab der Fahrer des unmittelbar vor mir fahrenden Fahrzeugs plötzlich Gas und raste auf die Grenze nach West-Berlin zu. Im selben Moment gingen die Betonbarrieren hoch, die als letztes Hindernis vor der Ausfahrt in den Westen installiert worden waren. Ich bremste verzweifelt, um nicht zu nah in das Geschehen einbezogen zu werden. Der Fahrer versuchte, das Hindernis zu überwinden, prallte dann aber mit voller Wucht auf die Betonmauer. Das Auto fing Feuer und wurde sofort von einem Dutzend Vopos umringt, die den Brand zu löschen versuchten und den Fahrer erst nach einer für mich schrecklich langen Zeit verletzt aus seinem Wagen zerrten. Es schien erneut eine Ewigkeit zu dauern, bis sich endlich ein Vopo bequemte, den Kofferraum zu öffnen. Weitere Uniformierte kamen angerannt und bildeten eine Sichtblende gegen die folgenden Autos. Trotzdem konnte ich sehen, wie ein Mann aus dem Kofferraum des immer noch brennenden Autos herausgezerrt und weggetragen wurde. Der Fahrer war bereits abgeführt worden.

Der Übergang blieb noch längere Zeit gesperrt, bis das Fluchtauto abgeschleppt worden war. Ich beobachtete das Geschehen aus nächster Nähe und war schockiert vor allem auch darüber, dass sich in den Gesichtern der Vopos nicht die geringste menschliche Regung zeigte. Das hier war eben kein Stück aus dem mittlerweile ferneren Dritten Reich, auch kein Fernseh- oder Bühnenspektakel, sondern realer Alltag im Osten Deutschlands. Die Brutalität des Vorgehens hatte mich derart aufgewühlt, dass ich Rolf noch nachts aus dem Bett holte, um von dem Vorfall zu berichten.

Natürlich wussten wir, dass bei den Kontrollen Spiegel eingesetzt wurden, mit denen der Unterboden und die Radbereiche der Autos kontrolliert wurden, um Veränderungen an den Fahrzeugen erkennen und Umbauten für Flüchtlingsschleusungen entdecken zu können. Zudem wurden Infrarotdetektoren eingesetzt, die die Wärmeabstrahlung von Personen in umgebauten Kofferräumen oder anderen Karosseriebereichen aufspüren sollten. Insofern war ein solches Fluchtunternehmen über die Transitwege der DDR äußerst risikoreich und kam für uns nicht infrage.

Wir wussten damals aber nicht, dass die Autos an der deutsch-deutschen Grenze auch mit radioaktiven Strahlen durchleuchtet wurden. Seit 1978 wurden dabei Cäsium-137-Quellen eingesetzt, die Gammastrahlen erzeugten. Deren Existenz wurde erst nach dem Fall der Mauer bekannt. Bis heute weiß niemand genau, wie viele Menschen durch die Strahlung geschädigt wurden.

Ich erinnere mich sehr genau an unsere nächtlichen Spaziergänge in dieser Zeit. Es waren meistens die gleichen Wege, konzentrische Kreise um »unser« Corbusierhaus und das Olympiastadion. Dabei gab es zwischen Rolf und mir nur noch das eine Thema: die Flucht und ihre Organisation.

Wir mussten etwas finden, das wir ganz allein ausführen konnten. Niemand durfte etwas davon wissen. Nur dann liefen wir nicht Gefahr, von Spitzeln verraten zu werden. Das bedeutete natürlich auch, dass die Verantwortung allein bei uns liegen würde. Ich war froh, dass es hierüber zwischen uns keine Meinungsverschiedenheiten gab. Aber wir wussten auch, dass das zwar eine wichtige Voraussetzung, aber noch lange keine Planung und Logistik war, die uns real weiterbrachte. Immerhin kamen wir fast zwangsläufig zu dem Schluss, dass die Flucht auf keinen Fall über die DDR-Grenze organisiert werden durfte, denn wir waren fest davon überzeugt, dass es nirgendwo so brutal zuging wie an der deutsch-deutschen Grenze. Aber welche Länder und Grenzen kamen überhaupt in Betracht?

Zunächst versuchten wir, die Einreise- und Grenzabfertigungsmodalitäten der verschiedenen Ostblockstaaten zu ergründen, indem wir bei verschiedenen Militärmissionen der »Sozialistischen Staaten« in Berlin-West eine Pro-Forma-Einreise beantragten. Gemäß dem alliierten Status von Berlin gab es seit dem Zweiten Weltkrieg keine Botschaften und Konsulate dieser Länder mehr, sondern nur noch Militärmissionen. Dabei mussten wir nicht nur viel Papierkram und frustrierend lange Wartezeiten und Abfertigungsprozeduren in Kauf nehmen, sondern auch jeden Anschein vermeiden, es könne sich möglicherweise um eine nicht ganz normale Reise handeln. Oft war ich schon im Vorfeld der Aktion enerviert und niedergeschlagen.

Während der nächtlichen Spaziergänge wurden verschiedene Ideen und Pläne geboren, entwickelt und wieder verworfen. Rolf war der Logistiker. Er kam auch auf die entscheidende Idee, die uns auf den richtigen Weg brachte. Eines Tages fragte er mich, ob ich mir zutraute, meine alten »Fälscherfähigkeiten« aus den Studentenzeiten zu reaktivieren.

»Ich habe auch schon daran gedacht, eine Flucht mit falschen Reisepässen zu organisieren«, erklärte ich. »Allerdings sind nicht die Pässe die Schwierigkeit, sondern die Visa.«

Schon nach den ersten Recherchen hatten wir nämlich die ganze Komplexität der Visa-Maschinerie und ihrer Handhabung beim Grenzübergang erkannt: Für Reisen in ein Ostblock-Land wurde immer ein vierfaches Visum ausgestellt: Ein Abschnitt verblieb in der ausstellenden Behörde, also in der jeweiligen Militärmission. Eine weitere Kopie des Visums wurde bei der Einreise und eine dritte bei der Ausreise an den jeweiligen Kontrollpunkten einbehalten. Darin war vermerkt, wo man wann mit wem und wie, also ob man mit dem Auto, dem Motorrad, der Eisenbahn, dem Flugzeug oder dem Schiff eingereist war. Die Kopie vom Ausreisevisum, also den vierten Abschnitt, erhielten die Reisenden bei der Ausreise zurück.

Dieselben Personen, die ausreisen wollten, mussten also auch eingereist sein. Sie nur ausreisen zu lassen, wäre noch recht einfach gewesen, weil dafür nur gefälschte Pässe und gefälschte Visa erforderlich gewesen wären.

Dass die Sache nicht so einfach zu organisieren war, wurde schnell klar. Klar war auch, dass das Unternehmen bei den geringsten Schwierigkeiten an der Grenze scheitern würde. Denn würde man bei der Ausreise am Kontrollpunkt der Einreise nachfragen, ob die Personen tatsächlich eingereist sind, würde der Schwindel sofort auffliegen. Das Risiko war zu groß, vor allem im Hinblick auf meinen Vater. Außerdem hatten wir bei Probefahrten durch die Tschechoslowakei und Ungarn festgestellt, dass die Visa an den Grenzkontrollpunkten sehr genau geprüft wurden und dass dabei viel telefoniert wurde.

Wochenlang knobelten wir an dem Problem. Dabei wurde uns immer bewusster, dass unsere Forderung nach einem risikoarmen Konzept die doppelte Absicherung verlangte – eine fast unüberwindliche Aufgabe. Mir war klar, dass nun vor allem auf mich einiges zukam.

Eines Tages verkündete Rolf, dass er den Gordischen Knoten durchhauen, also die Lösung des Rätsels gefunden habe. Sein Vorschlag war: »Es müssen drei echte Leute einreisen und drei identische Personen wieder ausreisen.«

Ich verstand sofort, was er meinte. »Du meinst, dass drei Leute mit bundesdeutschem Pass einreisen, die natürlich auch wieder ausreisen müssen und dazu noch drei weitere mit den identischen Namen, Pässen und Visa.«

»Ja, genau das meine ich.«

»Klar, dann sind bei der Einreise auf jeden Fall die Visa der drei Personen vorhanden, falls bei der Ausreise aus irgendeinem Grund am Kontrollpunkt der Einreise nachgefragt wird. Fabelhaft. Aber das wird nicht ganz einfach zu machen sein.«

Zu dieser Zeit hatte ich ein weitgehend selbstbestimmtes Leben. Ich arbeitete im Atelier der Kunsthochschule, malte Bilder in Tempera- und mit Emailfarben. Einmal im Monat fuhr ich nach Zürich, um für Thorens zu arbeiten. Ich wohnte bei meinen Freunden auf dem noblen Zürichberg in einem alten Haus mit herrlichem Ambiente und der anregenden Atmosphäre einer Literaturagentur. Es war ein

Ohne sie hätte der Fluchtplan nicht funktioniert: Frank (1. v. l.) und Hanne (3. v. l.) Hirsch, hier bei einem Treffen in der Schweiz

rundum schönes Leben. Miriam blieb in dieser Zeit immer bei Freunden im Corbusierhaus.

Während eines gemeinsamen Skiurlaubs in Flims in der Schweiz sprachen wir zum ersten Mal mit unseren Freunden Hanne und Frank über unser Vorhaben. Auch sie hatten, zum Teil zusammen mit uns, schon unmittelbar nach dem Mauerbau im Internationalen Studentenheim Eichkamp mehrere Fluchten organisiert. Bevor wir die praktische Erprobung des Vorhabens in Angriff nehmen konnten, mussten absolut vertrauenswürdige Menschen gefunden werden, die uns dabei helfen konnten. Denn ganz allein konnten wir den Plan nicht umsetzen.

Besonders günstig war der Umstand, dass ich mit Frank bei Thorens eng zusammenarbeitete. Wir waren seit der Zeit im Studentenheim Eichkamp befreundet und fuhren gemeinsam mit den Kindern in den Urlaub. So hatten wir in den letzten Jahren, auch wegen unserer gleichaltrigen Töchter, viele Gemeinsamkeiten, und die familiären Beziehungen waren im Lauf der Zeit noch enger geworden. Ich war mir ganz sicher, dass sie uns ihre Hilfe nicht versagen würden und eine wesentliche Rolle bei der Organisation der

Flucht meiner Familie spielen könnten. Beide stammten aus der DDR, hatten Verwandte in Magdeburg und Ost-Berlin und kannten somit alle Ost-West-Probleme aus eigener Erfahrung. Nachdem ich das komplizierte Konzept für die Flucht dargelegt hatte, fanden sie unsere Pläne zwar verwegen, aber prinzipiell machbar.

Frank, der als Ingenieur auch über Organisationstalent verfügte, hatte gleich jede Menge Ideen. Am wichtigsten war jedoch, dass er auch die technischen Kenntnisse und die Möglichkeiten besaß, um Visa fast professionell zu fälschen. Allerdings zeigte sich bald, dass wir die praktischen Schwierigkeiten unterschätzt hatten. Es dauerte eine Zeitlang, bis sich Frank in die Technik vertieft hatte und sie so weit beherrschte, dass er mir die wichtigsten Handgriffe beibringen konnte.

Eines war Rolf und mir allerdings von vornherein klar: Die eigentlichen Fluchtrisiken mussten wir ganz alleine tragen. Alle sonst noch beteiligten Personen durften in keiner Weise persönlich an Leib und Leben gefährdet werden.

Nach den nächtlichen Gesprächen und Experimenten mit Frank in Zürich – tagsüber mussten wir natürlich arbeiten – waren immerhin zwei Dinge geklärt: Hanne und Frank würden uns helfen, und Frank würde einen wesentlichen Teil der technischen Voraussetzungen für das Pass- und Visafälschen organisieren, erproben und mir die Technik des Fälschens dann beibringen, denn am Ende war ich es ja, die die Reisedokumente manipulieren musste, um niemand anderen zu gefährden.

Zurück in Berlin, nahmen Rolf und ich die Fluchtpläne zügig in Angriff. Da ich mehr Zeit hatte als Rolf, dachte ich unentwegt über die weitere Durchführung nach: Kein Einkauf mehr ohne Gedanken an die Fluchtpläne, kein Gespräch mehr zwischen uns, in dem wir nicht Einzelheiten erörterten. Aber je mehr praktische Probleme sich auftürmten, desto größer wurde die Angst vor einem möglichen

Scheitern des Unternehmens. Bald mussten wir endgültig entscheiden, ob die Risiken noch in einem angemessenen Verhältnis zum Nutzen standen – und wann die Flucht endgültig stattfinden sollte.

In der Zeit der ersten Vorbereitungen plagten mich ständig Schuldgefühle gegenüber meiner Mutter. Die noch vor wenigen Monaten so gut aussehende und aktive Frau lag jetzt mit ihrer weit fortgeschrittenen Krebserkrankung in einem erbarmenswerten Zustand in einem Dresdner Krankenhaus. Sie litt furchtbare Qualen, und alle Beteiligten wussten, dass sie nicht mehr lange leben würde. Und wir begannen bereits, über die Zeit ihres Todes hinaus zu planen.

Obwohl mein Vater, mein Bruder und meine Schwägerin sich in dieser dramatischen Zeit des Todeskampfes aufopfernd um meine Mutter kümmerten, mussten sie auch das Leben außerhalb des Krankenhauses bewältigen. Im Hinblick auf die Flucht gab es für sie nur die Möglichkeit abzuwarten. Sie mussten sich also ganz und gar auf uns verlassen – eine nicht gerade beneidenswerte Situation.

Ende Februar 1968 reiste ich nach Dresden zur Beerdigung meiner Mutter, deren letzte Lebenstage ganz entsetzlich gewesen sein müssen und deren Tod mir sehr nahe ging. Sie war eine praktische, intelligente und lebenslustige Frau gewesen, aber die vielen Kriegs- und Nachkriegsjahre ohne meinen Vater, allein mit den Kindern, waren ganz sicher ebenso belastend wie die Arbeit im Alltagsgrau der DDR und später dann meine Flucht in den Westen. Glücklicherweise hatten meine Eltern aber ein Talent zum Feiern und Fröhlichsein, und vielleicht erschien mir damals in Dresden auch nur deshalb alles so trostlos, weil ich mit meinem Blick aus dem Westen, aus der fernen Welt des Wohlstands, das Grau des Ostens besonders deprimierend fand. Und wahrscheinlich fühlte ich erst jetzt richtig, dass ich für meine Familie nun erstmals wirklich Verantwortung übernehmen musste.

In den drei Tagen, die mir die DDR-Behörden für die Teilnahme an der Beerdigung genehmigt hatten, sprachen wir nicht über die Flucht. Ich deutete lediglich an, dass wir bei der Arbeit waren und damit rechneten, dass die Sache im Sommer über die Bühne gehen werde. Das war alles. Wie wichtig dieser Zeithorizont im Hinblick auf die politische Großwetterlage war, stellte sich erst später heraus. Das Ende des Prager Frühlings war ja noch nicht in Sicht.

Im Frühjahr 1968 stand der Fluchtplan zwar im wesentlichen fest, aber noch immer waren wir der praktischen Umsetzung keinen entscheidenden Schritt näher gekommen. Immerhin hatte Frank schon alle Utensilien besorgt, die wir zum Fälschen der Pässe und Visa brauchten. Bei jedem weiteren Treffen in Zürich übten wir nun das Herstellen möglichst echter Stempelkopien, denn ich musste nicht nur besser, sondern vor allem auch schneller werden. Schließlich mussten wir damit rechnen, dass die Arbeit am entscheidenden Tag in dem Ostblockland, das wir wählen würden, unter erheblichem Zeitdruck erledigt werden musste. Überdies konnten wir nicht abschätzen, an welchem Ort und unter welchen Bedingungen wir diese recht komplizierten Tätigkeiten durchführen würden.

Inzwischen hatte ich bei den Militärmissionen in Berlin für mehrere Länder Visa beschafft, um die Formalitäten zu vergleichen und herauszufinden, ob es gravierende Unterschiede zwischen den einzelnen Ostblock-Ländern gab. Das war nicht der Fall. Der Warschauer Pakt hatte sich ganz offensichtlich auf ein einheitliches System geeinigt, um die »Friedensgrenze« zum kapitalistischen Westen zu sichern.

Wir blätterten immer öfter in dem großen Europa-Atlas und sahen uns einzelne Länderkarten an, um die Grenzübergänge hinsichtlich ihrer Lage zu Deutschland und Österreich und hinsichtlich ihrer Entfernungen zu größeren Städten einzuschätzen. Sofern Freunde und Bekannte von ihren eigenen Reisen in osteuropäische Länder irgendwelche relevanten Informationen beisteuern konnten, erkundigten wir uns auch bei ihnen über die Modalitäten der Grenzabfertigung. Jeder noch so kleine Hinweis konnte wichtig sein.

Bei einem unserer nächtlichen Spaziergänge um das Olympiastadion kamen wir zu folgendem Schluss: Wenn drei »echte« Personen aus dem Westen einreisen mussten, dann konnten das nur wir und unsere engen Verwandten sein. Denn schließlich war das für alle Beteiligten aus dem Westen die heikelste und riskanteste Aufgabe. Und um sicherzustellen, dass die westlichen Fluchthelfer nicht geschnappt wurden, mussten sie wieder ausgereist sein, bevor die Flucht meiner Familie erfolgte. Außerdem müssen auch jene Personen, die die Flucht organisierten und sich im Transitland aufgehalten hatten, möglichst vor der Flucht wieder in Sicherheit, das heißt im Westen sein. Die Sache wurde also von Schritt zu Schritt komplizierter. Schließlich folgerte Rolf: »Wir brauchen ein Land, in dem es zwei verschiedene Möglichkeiten der Ausreise gibt, die nicht zu weit voneinander entfernt sind.«

Nach unseren Recherchen kamen dafür nur Grenzübergänge in der Tschechoslowakei in Betracht, zum Beispiel Bratislava, wo man sowohl über die Landstraße als auch mit der Eisenbahn oder dem Schiff über die Donau ausreisen konnte. Nur blieb die entscheidende Frage offen, ob man bei der Beantragung der Visa oder später bei der Einreise an der Grenze schon angeben musste, wo und mit welchem Verkehrsmittel man wieder ausreisen werde, dass heißt mit dem Auto, der Eisenbahn oder dem Schiff. Das Problem konnte durch weitere Recherchen, also rein »theoretisch« nicht geklärt werden. Zudem rannte uns die Zeit allmählich davon: Die Tschechoslowakei erschien zu dieser Zeit auch deshalb so verlockend, weil wir annahmen, dass durch den »Prager Frühling« auch eine gewisse Liberalisierung der Verhältnisse an den Grenzen zu erwarten sei. Aber wie lange würde das gehen?

Deshalb machte Rolf schon einige Tage später den Vorschlag, man müsse die ganze Sache durch eine Fahrt in die ČSSR erkunden. Also beantragte ich im Mai 1968 in der Militärmission der ČSSR in Berlin-Dahlem Visa für eine Transitreise mit dem Auto. Gemeinsam machten wir uns daran, das ganze Prozedere der Ein- und Ausreisemöglichkeiten zu ergründen. Wir planten zunächst, mit dem Auto über den Grenzpunkt Waidhaus in Bayern einzureisen, gemeinsam nach Prag zu fahren und schließlich getrennt auszureisen. Während Rolf mit dem Auto über Bratislava nach Wien fahren würde, sollte ich mit dem Zug über den Grenzübergang Cheb/Eger nach Bayern ausreisen. So konnten wir herausfinden, was passieren würde, wenn einer von uns über einen anderen Kontrollpunkt und mit einem anderen Verkehrsmittel ausreisen würde.

Hätten wir nicht unter erheblicher Spannung gestanden, wäre die Reise fast ein Vergnügen geworden. Wir genossen die befreiende Atmosphäre des Prager Frühlings – gelöste, fröhliche Menschen und Musik auf den Straßen in Pilsen, Prag, Brünn und Bratislava, was uns zeitweilig ganz euphorisch machte. Der spürbare Hauch von Liberalisierung beflügelte nicht nur die Tschechen und Slowaken, sondern auch uns. Und die Menschen verhielten sich bereits so, als wäre die Freiheit in greifbarer Nähe. Außerdem war das Wetter strahlend schön, und in Karlsbad fühlten wir uns trotz des scheußlich schmeckenden Brunnenwassers, als befänden wir uns jenseits aller Grenzprobleme und Schießbefehle.

Wir hatten verabredet, dass ich mit dem Zug erst dann ausreisen sollte, wenn Rolf mit dem Auto bereits wieder auf österreichischem Boden war. Hätte es an der Grenze Ärger gegeben, so hätte ich mir immer noch irgendeine Geschichte ausdenken können, warum wir nicht gemeinsam fuhren. Eigentlich konnte nicht viel mehr passieren, als dass man uns einige Stunden oder Tage an der Grenze beziehungsweise in der ČSSR festgehalten hätte.

So beobachtete ich relativ gelassen, wie Rolf mit dem Auto in Bratislava über die große Donaubrücke fuhr, an deren anderem Ende nach etwa 500 Metern bereits der Grenzkontrollpunkt nach Österreich lag. Schließlich bildete ich mir sogar ein, Rolfs Opel schon auf österreichischem Gebiet zu erblicken. Also war alles offenbar problemlos verlaufen.

Wider Erwarten geschah auch in der Eisenbahn nichts: Die tschechoslowakischen Grenzbeamten ließen mich kommentarlos ausreisen. Dass ich mit dem Auto eingereist war und im Visum auch einen entsprechenden Vermerk hatte schien sie nicht zu interessieren – was für unser eigentliches Vorhaben natürlich wunderbar war.

Als wir uns am nächsten Tag in Heidelberg trafen, erfuhr ich, dass Rolfs Grenzübergang weniger erfreulich gewesen war. Er hatte mehr als zwei Stunden für den Grenzübertritt gebraucht, und seine Papiere wie auch sein Auto waren nach allen Regeln der Kunst untersucht worden. Auch die anderen Ausreisenden, ein paar Österreicher und zwei Westdeutsche, hatten schikanöse Kontrollen über sich ergehen lassen müssen. Der Prager Frühling hatte also keinerlei Grenzerleichterungen gebracht. In dem entscheidenden Punkt aber, der getrennten Ausreise an verschiedenen Orten, war der Testlauf erfolgreich verlaufen. Das ermutigte uns zu weiteren Erkundigungen.

Wieder zurück in Berlin, nahmen meine Aufregung und innere Unruhe allerdings wieder zu. Aber es war klar, dass es kein Zurück mehr gab. Die wichtigsten Fragen waren geklärt, auch wenn die Einzelheiten noch komplizierter waren, als wir es uns vorgestellt hatten. Nun hätte ich mich gegenüber meinem Bruder und Hannelore nicht mehr aus der Affäre ziehen können, auch wenn die beiden das sicher angesichts der schwierigen Bedingungen akzeptiert hätten. Wir konnten keine häufigeren Kontakte als früher pflegen, und so fragte ich mich oft, wie ihnen wohl zumute war. Hatten Sie Angst? Wurden sie vielleicht mutlos?

Im Juni 1968 kamen noch weitere Sorgen hinzu, denn inzwischen musste man täglich damit rechnen, dass sich Moskau die Liberalisierung in der ČSSR unter Parteichef Alexander Dubček und Staatspräsident Svoboda und die Hinwendung der KPČ zu einem »Sozialismus mit menschlichem Antlitz« nicht mehr lange mit ansehen würde. Die politisch angespannte Atmosphäre erinnerte uns fatal an diejenige vor dem 13. August 1961, jene sich täglich zuspitzende Krisen- und Kriegsatmosphäre vor dem Bau der Berliner Mauer. Wochenlang hatten wir die Anzeichen für eine dramatische Wende im Ost-West-Konflikt beobachtet und sogar die richtigen Schlüsse daraus gezogen, nur nicht entsprechend gehandelt. Das wollten wir auf keinen Fall noch einmal erleben. Wir müssen uns beeilen, ging es mir unablässig durch den Kopf, sogar sehr beeilen.

Dabei spürte ich wieder das Herzrasen, das mich jetzt öfter befiel. Was vor uns lag, erschien mir wie ein großer Berg, den zu überwinden viel Zeit brauchte. Aber wir hatten nur noch wenig Zeit, wenn wir die Chance wirklich wahrnehmen wollten.

So hatte ich mich nun für einige Zeit aus dem Atelier der Kunsthochschule abgemeldet, um mich nur noch den Fluchtplänen zu widmen. Zudem bat ich meine Schwiegermutter für einige Wochen aus Heidelberg nach Berlin zu kommen, um Miriam zu versorgen und unsere Zweizimmerwohnung im Corbusierhaus zu hüten. Sie war zunächst der einzige Mensch, der in unsere Pläne eingeweiht war, und sie unterstützte unser Vorhaben. Rolf und ich hatten ja auch sie und Rolfs Vater einige Wochen nach dem Mauerbau mit falschen Dokumenten aus Dresden nach West-Berlin geholt. Trotz ihres hohen Alters hatten sie damals von einem Tag zum anderen alles in ihrer Heimatstadt zurückgelassen. Aber es war ihnen viel wichtiger, dem DDR-Regime entfliehen zu können und ihren Kindern nahe zu sein.

Das war ein mutiger Schritt, den wir damals mit unseren jugendlichen Empfindungen und Einschätzungen noch fast für selbstverständlich hielten. Glücklicherweise haben die Schwiegereltern ihre Entscheidung nie im Geringsten bereut.

Wie im Theater musste nun die Rollenbesetzung für die Beteiligung am Fluchtunternehmen vorgenommen werden. Zuerst wurde eine Risikohierarchie aufgestellt: Unabhängig von dem größten Risiko, das die Flüchtenden aus der DDR zu tragen hatten, musste ich das zweithöchste Risiko eingehen. Das hieß, ich musste die kritischsten Aufgaben außerhalb und im Fluchtland, also in der ČSSR, übernehmen.

Darüber hinaus brauchten wir noch die drei »echten« Mitspieler, die nur mit einem möglichst geringen Risiko belastet werden durften. Unser Plan sah nun vor, dass Rolf die Rolle meines »aus dem Westen durchreisenden Bruders« übernahm. Der Part von Hannelore, Peters Frau, sollte von Rolfs Schwester gespielt werden. Das größte Problem war mein Vater, der damals schon fast 60 Jahre alt war. Wir waren entschlossen, Rolfs Schwager Dieter zu fragen, ob er diese Rolle übernehmen würde.

Rolfs Schwester und ihr Mann Dieter lebten mit zwei kleinen Kindern in Dossenheim nahe bei Heidelberg. Dieter bekleidete als Chemiker eine verantwortliche Stelle bei der BASF. Nicht nur, dass er nicht frei über seine Zeit verfügen konnte, auch seine Stellung in einem der größten Unternehmen der Bundesrepublik konnte ein Hinderungsgrund sein, sich an einem solchen Unterfangen zu beteiligen. Und konnten wir die beiden überhaupt fragen, sich auf ein so riskantes Vorhaben einzulassen?

Was uns Mut machte war die Tatsache, dass Rolfs Schwester Anita gemeinsam mit mir am 14. August 1961, also einen Tag nach dem Mauerbau, mit falschen West-Berliner Ausweisen nach dem Westen abgehauen war. Dieter war ebenfalls aus der DDR geflüchtet, allerdings schon 1956 aus Saalfeld in Thüringen.

Wir mussten sie gewinnen, denn sie waren die einzigen, denen wir dieses Ansinnen überhaupt zumuten konnten und bei denen wir ganz sicher waren, dass nichts von unseren Absichten nach außen dringen würde. Wir fuhren also nach Heidelberg, um die Sache zu besprechen.

Anita freute sich wie immer auf unseren Besuch. Am Telefon hatte ich erste Andeutungen gemacht, dass wir etwas Wichtiges zu erörtern hätten. Instinktiv fragte sie, ob es mit den Vorbereitungen für die Flucht zusammenhing, von denen sie zwar prinzipiell wusste, über deren Stand sie aber nicht informiert war. Meinen Bruder Peter kannte sie nur von einer flüchtigen Begegnung in Dresden, seine Frau Hannelore überhaupt nicht. Anita wusste, dass wir schon länger nach Möglichkeiten suchten, um Peter, Hannelore und meinen Vater aus der DDR herauszuholen. Ihr war auch bekannt, dass die Flucht wegen meiner Mutter jahrelang aufgeschoben werden musste, und sie ahnte wohl, dass nun die Zeit zu handeln gekommen sei.

Als wir nach einer langen Fahrt mit den üblichen Grenzkontrollen in Dossenheim ankamen, hielten wir uns nicht lange bei der Vorrede auf.

»Ich habe Euch doch schon vor längerer Zeit von den Fluchtplänen für Peter und Hannelore erzählt«, erklärte ich. »Jetzt ist es bald soweit. Wir brauchen Eure Hilfe.«

»Was habt Ihr denn vor?«, fragte Anita eher neugierig als skeptisch.

Wir erläuterten unseren Plan und berichteten, dass wir die wichtigsten Voraussetzungen schon erkundet hätten. Ich versuchte, ihnen unsere Notlage klarzumachen: »Wir haben schon Peters Cousine und ihren Mann in Siegen um Hilfe gebeten. Denen ist die Sache aber zu riskant.« Tatsächlich hatte ich bei den Siegenern einmal vorsichtig angeklopft.

»Wie gefährlich ist es denn?«, wollte Anita wissen.

»Na ja, etwas am Rande der Legalität wird sich das alles

schon bewegen. Aber ihr schadet ja niemanden, im Gegenteil. Und wir versuchen selbstverständlich, das Risiko für alle so klein wie nur möglich zu halten, insbesondere für die Beteiligten aus dem Westen.«

Dieter erinnerte sich an einen Ausspruch des damaligen Innenministers Hermann Höcherl, der sich einmal schützend vor seine mehrfach am Rande der Legalität operierenden Geheimdienstbeamten gestellt hatte und dem dabei der später zum Politknüller avancierte Satz herausgerutscht war: »Die können auch nicht den ganzen Tag mit dem Grundgesetz unter dem Arm herumlaufen.«

»Dann kann das von uns wohl auch niemand erwarten«, scherzte er.

»Und wir aus dem Westen werden das Land, über das die Flucht organisiert wird, schon verlassen haben, wenn der illegale Grenzübertritt meiner Familie erfolgt«, sagte ich. »Wenn die Flucht fehlschlägt, könnt Ihr euch in der DDR und im gesamten Ostblock allerdings ein paar Jahre nicht blicken lassen«, fügte Rolf ehrlicherweise hinzu.

Anita verstand schnell. Ihr eigenes Risiko war überschaubar. Im schlimmsten Fall ergaben sich Unannehmlichkeiten und die von Rolf genannten Folgen. Die musste man eben in Kauf nehmen. Anita kannte Peter und Hannelore zwar nur flüchtig, sie wollte ihnen aber unbedingt helfen. Kurzum, sie hatte das Gefühl, es müsste getan werden, und der Plan war einleuchtend.

»Wir machen mit.«

»Oh, danke.« Ich war gerührt und glücklich, besonders auch über die vorbehaltlose Bereitschaft von Dieter, der meinen Angehörigen ja nie begegnet war. »Dann müsstet ihr eure Reisepässe als verloren melden und euch neue ausstellen lassen, allerdings mit anderen Passbildern. Anita kann das Bild von Hannelore nehmen. Nur bei Dieter müssen wir den Pass noch selber bearbeiten. Wenn er mit dem Foto meines Vaters ins Rathaus geht, dann fliegt die Sache gleich auf. Und außerdem brauchen wir eure alten Reisepässe, damit wir die Transitvisa für die ČSSR beantragen können.«

Anita und Dieter handelten schnell. Schon wenige Tage später schickten sie uns die alten und neuen Pässe nach Berlin. Die vierteiligen, endlos langen Visa-Antragsformulare wurden für die Tschechische Militärmission in Berlin-Dahlem fertiggemacht und eingereicht. Das war im übrigen jener Ort, zu dem schon wenige Wochen später, am 2. August 1968, der Demonstrationszug von 5000 Berliner Studenten von der Technischen Universität führte, die gegen den zu erwartenden Einmarsch der Warschauer-Pakt-Truppen in die ČSSR protestierten.

Die Hauptrollen waren nunmehr besetzt. Damit waren wir ein gutes Stück vorangekommen. Allerdings merkten wir bald, dass der Teufel wie immer in den zahllosen Details steckte.

Ich begann mit der genauen Auswertung der ČSSR-Erkundungsreise und der Gespräche in Heidelberg. War Rolfs Plan wirklich umzusetzen? Rolf musste also für meinen Bruder Peter, Anita für Hannelore und Dieter für meinen Vater in die ČSSR einreisen. Dieter meldete seinen Pass als verloren und ließ sich einen neuen ausstellen. Da wir das Spiel nicht ein zweites Mal wiederholen konnten, durfte ich also bei den Änderungen keine Fehler machen. Das Foto auszuwechseln und die Stempel nachzumachen, war nicht die schwierigste Prozedur. Aber das Geburtsdatum in einem Reisepass zu ändern, der eigentlich fälschungssicher sein sollte, verlangte schon einige Geduld.

Auch die Visa waren vertrackt und machten uns Kopfzerbrechen. Die Stempel bestanden aus einem wilden Muster von Symbolen und Zahlen und wechselten zudem ständig die Farben, was besonders tückisch war. Wir hatten herausgefunden, dass zu verschiedenen Zeiten und an verschiedenen Tagen rote, blaue und schwarze Stempelfarbe verwendet wurde. Aber da wir das System nicht kannten, das sich dahinter verbarg, hatten wir keine Ahnung, welche Farbe am Tag der Einreise und zu welcher Tages- oder Nachtzeit an der Reihe war. Sollte das am Ende ein unüberwindbares Hindernis sein?

Dann gab es noch ein Problem: Bei Grenzübertritten in der ČSSR, aber auch schon bei Transitreisen durch die DDR, hatten wir immer wieder beobachtet, dass die Visa in der grauen Abfertigungsbaracke hinter der Luke verschwanden und dann offenbar unter eine Lampe gehalten wurden. Wir konnten uns das nur so erklären, dass sich die Farbe der Stempel unter dem schwarz-blauen Licht dieser Lampe in besonderer Weise verändern würde. Aber wie? Rolf hatte den Ausreiseteil seines Visums aus der ČSSR mitgebracht, auf dem ein solcher Stempel in roter Farbe aufgedruckt war. Wie gut, dass er Physiker war und eine bestimmte Vermutung hatte. Mit dem gestempelten Abschnitt des Visums gingen wir zu unserem Freund Norbert Steiner, »Nolli« genannt, der als Chemiker in der Bundesanstalt für Materialprüfung (BAM) in Berlin-Steglitz arbeitete. Rolf kannte ihn aus der gemeinsamen Arbeit am Institut für Hochpolymerforschung des Fritz-Haber-Instituts der Max-Planck-Gesellschaft in Berlin-Dahlem, eines der Folgeinstitute der Kaiser-Wilhelm-Gesellschaft, an denen 1936 Otto Hahn und Lise Meitner die erste Atom-Kernspaltung im Labor nachgewiesen hatten.

Als wir das Visum nachts bei Nolli im Labor der BAM unter eine Quarzlampe hielten, um Gewissheit über das Geheimnis der Stempelfarbe zu bekommen, brachen wir in Freudengeheul aus. Die Grenzstempel strahlten uns förmlich an, sie waren massiv fluoreszierend. Also mussten auch wir der Stempelfarbe eine fluoreszierende Substanz beimischen. Aber in welcher Konzentration? Nolli stellte uns in den nächsten Tagen ein Fläschchen davon her und erklärte uns, in welcher Menge die Beimischung zu erfolgen hatte.

Wären wir diesem Umstand nicht beizeiten auf die Schliche gekommen, so hätte uns das an der »Friedensgrenze« zwischen Ost und West Kopf und Kragen gekostet. Oft noch haben wir uns an die Jubelszene in der BAM und die selbstverständliche Hilfe unseres Freundes Nolli erinnert, den wir schon wenige Jahre später durch ein tragisches Unglück mit einem Sportflugzeug verloren haben.

Das Vorgehen war nun endgültig klar: Die drei »Echten« reisen ein, damit die für die Grenzer vorgesehenen Kontrollabschnitte ihrer Einreisevisa am Einreisegrenzpunkt vorhanden waren. Die drei »Falschen« erhielten vollkommen identische Papiere und sollten kurz nach den »Echten« an einem anderen Grenzübergang aus der ČSSR nach Österreich ausreisen. So ließ sich bei eventuellen Schwierigkeiten bei der Ausreise nachweisen, dass die drei »Falschen« auch eingereist waren. Wie bereits dargelegt, bestanden die Visa nach Einbehalt des ersten Formulars in der Militärmission der ČSSR und der Abgabe eines weiteren bei der Einreise an der Grenze noch aus zwei Formularblättern. Ein weiterer Durchschlag mit den Einreisestempeln und zahlreichen Vermerken musste dann bei der Ausreise abgegeben werden. Die vierte Variante mit den Kopien aller Stempel und Vermerke konnten wir behalten – der wohl größte Fehler im System der so perfekten Grenzkontrollen des Warschauer Paktes. Auch das uns überlassene Formular bekam nämlich die berühmt-berüchtigten farbigen und »leuchtenden« Visastempel. Wir hatten somit eine Vorlage. Für die »Falschen« mussten in der Militärmission Blankoformulare mitgenommen werden, die dann komplett mit allen Stempeln und Vermerken gedoppelt werden mussten. Die größte Schwierigkeit bestand darin, dass nur einer der Stempel, nämlich der der Militärmission, noch im Westen hergestellt werden konnte. Die anderen mussten dann in aller Eile in der Tschechoslowakei angefertigt werden, wobei ich mit wechselnden Farben und Mustern rechnen musste.

Diese Stempel waren also das größte Problem. Sie waren fürchterlich kompliziert und mussten zudem in relativ kurzer Zeit in der ČSSR hergestellt werden, denn die Transitreisezeit durfte keinesfalls über Gebühr überschritten werden. Wir waren uns mit Frank einig, dass hierfür ein professionelleres Verfahren erforderlich war, als wir es noch im Internationalen Studentenheim Eichkamp nach dem Mauerbau angewandt hatten. Außerdem musste ich das Anfertigen der Stempel gut beherrschen, denn im Ernstfall durfte ich keine Fehler machen. Einen zweiten Versuch gab es nicht.

Frank hatte inzwischen die »Fälscherwerkzeuge« zusammengetragen und perfektioniert, indem er das Verfahren selbst immer wieder ausprobierte und verbesserte. Eine besondere Schwierigkeit bestand darin, dass die stark gemusterten und feingliedrigen Visastempel auf dem groben, rauen Papier der Visaformulare an den Rändern der Figuren schwer zu beherrschen waren. Ich war nun häufiger in Zürich und so saßen wir nachts in der improvisierten Dunkelkammer, während uns Hanne mütterlich mit Speisen und Getränken versorgte und mit ermutigenden Worten bedachte, obwohl sie oft hundemüde war und morgens schon um sieben Uhr im Triemli als Anästhesistin am Operationstisch stehen musste.

Die Arbeit war äußerst kompliziert: Zunächst mussten die Stempel, die wir von unserer Probereise auf den Visaformularen mitgebracht hatten, fotografiert und anschließend die Negative auf eine Kupferplatte projiziert werden. Die Teile, die nicht gedruckt werden sollten, deckten wir mit einem Lack ab, die anderen ätzten wir ganz langsam mit verdünnter Salpetersäure, bis sich die Konturen des Stempelmusters mit einer bestimmten Tiefe herausgebildet hatten. Später pressten wir eine selbsthärtende gummiartige Masse in die Vertiefungen. Diese Gummischicht lösten wir vorsichtig von der Kupferplatte und klebten sie auf ein Stempelholz. Alles gelang zu unserer Freude sehr gut. Aber würde mir die Arbeit auch im Land des realen Sozialismus gelingen? Deshalb musste ich üben und noch einmal üben, um die nötige Routine zu erlangen.

Wieder in Berlin, berichtete ich Rolf von den Fortschritten unserer Fälscherkünste. Er war noch immer sehr gelassen und optimistisch, dass das Unternehmen gelingen würde, was für mich äußerst wichtig war. Sein Problem war nur die Zeit, denn er hatte schon damals derart viele berufliche und politische Verpflichtungen, dass wir die vielen Details und Planungen meistens nur während nächtlicher Spaziergänge erörtern und vorantreiben konnten. Was wir zunächst unterschätzt hatten, war die wenig erbauliche Tatsache, dass wir einen erheblichen Teil der Fälscherwerkstatt in »Feindesland« transportieren mussten. Denn nur der aktuelle Stempel und die aktuellen Vermerke sowie die teilweise undefinierbaren Krakel boten die Gewähr dafür, dass die Sache funktionierte. Bei den harten Grenzkontrollen, vor allem der Transitreisenden, die mit dem Auto aus der Bundesrepublik Deutschland reisten, war das eine nicht gerade angenehme Perspektive. Die Einreise und die Kontrolle an der ČSSR-Grenze mit dem verdächtigen Werkzeug im Gepäck und das Kopieren der Stempel in einem Hotelzimmer in Prag oder Bratislava waren zweifellos die neuralgischen Punkte des gesamten Unternehmens.

»Mir ist klar«, sagte ich zu Rolf, als er wieder einmal auf diese Hürde zu sprechen kam, »dass ich das Risiko tragen muss. Denn erstens handelt es sich um meine Familie, zweitens habe ich meinem Bruder das Versprechen gegeben, ohne vorher mit Dir darüber zu sprechen, und drittens dürfen wir uns nicht beide gefährden. Wenn ich geschnappt werde, dann musst Du alles unternehmen, um mich wieder herauszuholen.«

»Ich bin sicher«, erwiderte Rolf, »dass die Sache gelingen wird. Und während der Fluchttage wird sich meine Mutter um Miriam kümmern«. Tatsächlich hatte sich meine Schwiegermutter schon vor Monaten bereit erklärt, uns in jeder ihr möglichen Weise zu helfen, sobald der Zeitplan für die Flucht feststehen würde. Das war für mich eine große Entlastung und Beruhigung – zumal Miriam ihre Großmutter heiß und innig liebte.

So nüchtern wir auch über ein mögliches Scheitern der Flucht sprachen, so sehr beunruhigte uns die Angelegenheit doch. Ich schloss zwar nicht aus, für einige Zeit in einem DDR-Knast zu landen. Aber die Vorstellung einer langen Trennung von meiner Familie belastete mich mehr und mehr, je näher der Fluchttermin rückte. Miriam war noch nicht einmal zwei Jahre alt, und die Möglichkeit, dass ich für lange Zeit von ihr getrennt werden könnte, musste ich schweren Herzens verdrängen. Aber Gespräche über mögliche Eventualitäten zu führen, behagte mir im Prinzip gar nicht. Andererseits hatte Rolf ja Recht: Wir mussten auch Schwachstellen und mögliche Pannen genau durchdenken und – soweit möglich – Gegenmaßnahmen einplanen. Immerhin kannten wir uns im gnadenlosen Ost-West-Grenzgeschäft einigermaßen aus, um die Risiken nüchtern zu sehen und zu beurteilen.

Die Tschechoslowakei erschien uns im Juli 1968 zwar als das einzige Land, in dem man diese Aktion wagen konnte. Andererseits waren die Menschen in der ČSSR von ihrer relativen Freiheit auch gefährlich berauscht, und es war aufgrund der Erfahrungen in der DDR und in Ungarn zu befürchten, dass die gegenwärtige Situation nicht mehr lange anhalten und kein glückliches Ende nehmen könnte. Sogar ein schnelles dramatisches Ende war jeden Tag möglich – wir hatten also große Eile.

Rolf dachte bei dieser Einschätzung vor allem an seine Ausreisebeobachtungen, die er bei unserem »Probelauf« im Mai gemacht hatte: Die Kontrollen in Bratislava hatten sich keineswegs liberalisiert oder gar gelockert, sondern waren gegenüber Reisenden aus dem Westen sogar noch verschärft worden.

Bevor wir uns im Mai in Bratislava bei herrlichem Wetter trennten, beobachteten wir noch, dass viele, vor allem österreichische Touristen, mit einem Tragflügelboot sowjetischer Bauart über die Donau nach Wien zurückfuhren. An Bord herrschten Jubel, Trubel und Ausgelassenheit und so schlussfolgerten wir, dass es angesichts dieser Stimmung und der Tatsache, dass die Kontrollen der ČSSR-Grenzer auf dem Schiff stattfanden, für die Ausreisenden aus dem Westen am günstigsten sein würde, das Schiff zu nehmen. Denn was sollten die Grenzer auf der Donau machen, wenn alle Grenzformalitäten echt und richtig waren, nur der Ausgang ein anderer als der Eingang? Würden sie dann, nach wie vielen Kilometern auch immer, auf der Donau umkehren? Wohl kaum.

Hinzu kam, dass der Übergang auf der Straße nur etwa zehn Autominuten von der Anlegestelle des Tragflügelbootes entfernt war. Das war eine äußerst günstige Ausgangssituation für einen zeitnahen Übergang der Richtigen und der Falschen. Die Westler müssten natürlich zuerst fahren, um erst einmal den Grenzübergang mit dem Schiff sicher passiert zu haben.

Aber wir trauten der Theorie allein nicht.

»Rolf, Du weißt, die Zeit drängt. Trotzdem bin ich dafür, dass wir die Fahrt noch einmal in dieser Weise, also originalgetreu durchführen. Das heißt, wir beide fahren mit dem Auto über die Grenze bei Waidhaus in die Tschechoslowakei und fahren dann nach Bratislava weiter. Ich bringe dich dann zum Donau-Tragflügelboot und du fährst von dort mit dem Schiff nach Wien. Wenn das Schiff außer Sichtweite den Donaubogen verlassen hat und ich ziemlich sicher sein kann, dass es nicht dreht, fahre ich mit dem Auto über die Brücke zum Grenzübergang und wir treffen uns dann in Wien. Wenn das klappt, müsste der Plan auch im Fluchtfall funktionieren.«

Rolf stimmte mir zu, hatte aber erhebliche Terminprobleme. Nach einigem Hin und Her brachen wir zu einer zweiten Probefahrt auf. Das hatte den Vorteil, dass wir uns noch einmal sehr genau mit den Verhältnissen an den Ein- und Ausreisegrenzen vertraut machen konnten. Auch versuchten wir, alle Grenzmodalitäten daraufhin zu beobachten, wie ich mit den Fälschungsutensilien im Auto am besten in die ČSSR einreisen könnte und ob es im Hinblick auf die Verwirklichung unseres Plans irgendwelche Besonderheiten gäbe, die wir bis dahin möglicherweise übersehen hatten.

Wir blieben einige Tage in der Tschechoslowakei, um keinen Verdacht wegen mehrfacher Transitreisen in kurzen Abständen zu wecken. Es war ja noch immer so, dass das Land zu dieser Zeit angesichts der angespannten politischen Lage und der komplizierten Visabedingungen von der Bundesrepublik Deutschland kaum als Transitland benutzt wurde.

Auf der Heimreise von Wien nach Berlin war unsere Stimmung prächtig. Alles hatte reibungslos geklappt. Und in der BAM – der Bundesanstalt für Materialprüfung – feierten wir gemeinsam mit unserem Freund Nolli wieder ein Freudenfest, als wir die Stempel auf den mitgebrachten Visaabschnitten unter der Quarzlampe prüften. Sie leuchteten hell auf, genauso wie unsere damaligen gefälschten Visastempel.

Während der letzten Tage vor der Flucht übte ich mich weiter im Herstellen von Stempeln. Es kam nun vor allem auf Exaktheit und Schnelligkeit an. Fehler sollten unbedingt vermieden werden. Gleichzeitig mussten noch viele andere Probleme gelöst werden: Da die Visastempel an der Grenze ständig aktualisiert wurden – sie wechselten sowohl die Farbe als auch die Symbole und Zahlen –, mussten wir sicherstellen, dass wir zum Kopieren auf der Westseite ein sehr zeitnah gestempeltes und bearbeitetes Visum als Muster hatten. Also musste noch eine weitere Person unmittelbar vor unserer Einreise mit einem Transitvisum ein- und wieder ausreisen.

Wir fragten unseren besten Freund, Klaus Steinmann, ob er diesen Part übernehmen würde. Ich hatte mit ihm mehrere Jahre an der Hochschule für bildende Künste studiert. Wir waren durch unsere Arbeit und viele gemeinsame Erlebnisse und Feten, wie das damals hieß, mit ihm und seiner Frau Gisela eng befreundet. Obwohl seine Aufgabe im Rahmen unserer Fluchtplanung fast risikolos war und Klaus spontan zusagte, war die Sache für Gisela nicht leicht zu verkraften. Sie hatte bis dahin wenig mit Ost-West-Angelegenheiten zu tun gehabt und bekleidete eine leitende Stellung in einem Patentanwaltsbüro. Außerdem musste sie ihren Sohn Mark, der erst vier Jahre alt war und weitgehend von Klaus versorgt wurde, während seiner Abwesenheit allein betreuen. Trotzdem zögerte sie nicht und stimmte zu. Wir waren sehr erleichtert. Jetzt war die Mannschaft komplett.

Während wir im Frühsommer 1968 mit Hochdruck an der Planung und Durchführung der Flucht arbeiteten, vermieden wir jeden direkten Kontakt zu unseren Dresdner Verwandten. Wir hatten verschiedene Codes vereinbart, um uns die nötigsten Informationen zukommen zu lassen. Hin und wieder mussten wir allerdings einen unserer Freunde zu ihnen schicken, um Einzelheiten der Flucht präzise abzuklären, denn Unklarheiten oder Missverständnisse durften keineswegs bestehen bleiben. Nach solchen Informationsreisen fragten wir uns natürlich immer wieder, wie ihnen wohl zumute war. Denn das Fluchtvorhaben wurde immer komplizierter, aber sie konnten nur ausharren und auf eine ungewisse Zukunft hin planen. Nach außen musste zudem das Leben so weitergehen wie bisher, um keinerlei Verdacht einer Fluchtabsicht aufkommen zu lassen. Gleichzeitig sollten sie alle wichtigen Unterlagen wie Zeugnisse, Rentennachweise, Versicherungspolicen, Gehaltsbescheinigungen et cetera zusammentragen, die sie später dringend brauchen würden.

Die geringsten Sorgen machte ich mir um Hannelore, Peters Frau. Sie hatte in ihrem Leben immer eine optimistische Grundhaltung, war fröhlich, offen, äußerst kommunikativ, zupackend und robust in kritischen Situationen. Während wir bei ihr mit einer großen Risikobereitschaft rechnen konnten, waren die beiden Männer eher sensibel und sicher auch ängstlicher, und ich hoffte, dass Hannelore ihnen schon Mut machen würde. Aber auch sie musste ihre Eltern und Geschwister zurücklassen – ohne die Aussicht, jemals wieder Kontakt zu ihnen haben zu können. Ihre Situation war vermutlich ähnlich bedrückend wie meine eigene vor und nach der Flucht in den Westen.

Von Peter wusste ich immerhin, dass er keinesfalls in der DDR bleiben wollte und bereit war, viele Unannehmlichkeiten und notfalls sogar Gefängnis in Kauf zu nehmen. Aber wie würde mein fast 60-jähriger Vater, der nach dem Krieg sechs Jahre in russischer Kriegsgefangenschaft gewesen war, diese nervliche Anspannung vor und während der Flucht verkraften? Wollte er nur mit, um nicht allein in Dresden zurückzubleiben? Würde er sich an das völlig andere Leben im Westen gewöhnen? Was erwartete ihn hier? Da ich früher nie viel über das Leben und die Gefühle meines Vaters erfahren hatte, beschäftigten mich diese Fragen von Tag zu Tag mehr. Immerhin hatte er nach den fürchterlichen Kriegserlebnissen und seinen Erfahrungen in der Gefangenschaft eine gute und allseits respektierte Stellung als Kommanditist mehrerer Klein- und Mittelbetriebe bekommen. Die Wohnung meiner Eltern war für DDR-Verhältnisse schön, außerhalb der Stadt gelegen und geräumig. Andererseits waren viele seiner Verwandten und Freunde gestorben oder nicht mehr in Dresden ansässig. Einige waren schon frühzeitig nach dem Westen geflüchtet, andere im Laufe der Zeit aus Dresden weggezogen, sodass er ohne seine Kinder zwangsläufig vereinsamt wäre.

So nahm ich Kontakt zu seinem besten Freund und alten Kriegskameraden auf. Herbert Lenné lebte in Hannover. Ich kannte ihn gut. Er hatte sich seit der Entlassung aus der Kriegsgefangenschaft Ende 1949 als zuverlässiger Vertrauter der ganzen Familie erwiesen. Immerhin hatten mein Vater und Herbert fünf Jahre härtester Bedingungen in russischen Kohlegruben und in der russischen Landwirtschaft überstanden und sich dort durch eiserne Solidarität und strikte Überlebensstrategien am Leben erhalten. Das wusste ich.

Herbert Lenné war jetzt Direktor der Knappschaft in Hannover. Zu meiner Freude versprach er mir, für meinen Vater eine angemessene und möglichst sichere Arbeit zu finden. Das war eine große Beruhigung, denn mein Vater wollte und musste unbedingt noch einige Jahre arbeiten, auch um nach dem Tod meiner Mutter wieder soziale Bindungen zu knüpfen.

Obwohl die größten Schwierigkeiten noch vor uns lagen, waren wir über jedes Mosaiksteinchen beglückt, das nicht nur die Fluchtaussichten, sondern auch die Zukunftsperspektiven unserer Dresdner im Westen verbesserte.

Der Fluchtplan sah Folgendes vor: Peter, mein Vater und Hannelore würden mit ihrem Auto, einem Trabi, in die Tschechoslowakei einreisen und sollten dann mit allen Westdokumenten als »Westler« mit einem Westauto nach Österreich ausreisen. Also mussten wir für die Fluchtaktion ein Auto kaufen. Wir entschieden uns für ein gebrauchtes Allerweltsauto, einen alten Opel Rekord.

Dass dieses Auto eines Tages vor unserer Tür stand, hatte einen eigenartig stabilisierenden Charakter. Jetzt war klar, dass die »Aktion« wirklich ablaufen würde. Der Opel war auf Rolf zugelassen, denn Peter alias Rolf sollte ihn bei der Ausreise aus der ČSSR fahren und musste somit auch mit geeigneten Fahrzeugpapieren und einem Führerschein auf Rolfs Namen ausgestattet werden. Auch wenn das eher nebensächlich war, mussten auch hierfür echte Papiere beschafft werden. Die Vorbereitungen wurden für uns immer mehr zu einem Full-Time-Job.

Wenige Tage vor dem festgelegten Termin fuhr Klaus Steinmann, der zwar in West-Berlin lebte, aber einen Pass der Bundesrepublik Deutschland besaß, nach Dresden, um die Familie über alle Modalitäten und ihre neue Identität zu informieren. Nun mussten die Dresdner ihre neuen Biographien einstudieren, damit ihnen das Unterbewusstsein in Stress-Situationen möglichst keinen Streich spielte. Klaus nahm auch eine Menge Westklamotten und einige Koffer mit, denn schon ein falsches Etikett im Pullover konnte im Ernstfall zum Verhängnis werden. In dieser Hinsicht waren wir Perfektionisten, damit das ganze Unternehmen nicht an irgendeiner Unbedachtsamkeit scheiterte. Wenn die Flucht trotzdem schief gehen sollte, dann konnte es fast nur noch etwas Unvorhersehbares, Unkalkulierbares sein.

Im Prinzip waren nun alle Vorbereitungen abgeschlossen. Die Pässe und Visa lagen bereit. Die Autos waren präpariert und wurden verteilt. Ich sollte mit dem VW Käfer von Rolfs Schwester Anita mit allen Unterlagen einreisen: mit den gefälschten Pässen und Visa, den noch »umzuarbeitenden« Visa und den technischen Geräten und Hilfsmitteln für die Arbeiten in Prag oder Bratislava. Das war eine Menge Material, das im Käfer versteckt werden musste. Denn natürlich mussten ich damit rechnen, gründlich gefilzt zu werden.

Anita, Dieter und Rolf sollten mit dem eigentlichen Fluchtauto, dem extra angeschafften alten Opel-Rekord einreisen. Klaus Steinmann, der konstruktivistische Maler, besaß einen alten Citroen DS 21, das legendäre Auto mit der markanten Haifischschnauze. Mit dieser ästhetisch zwar wundervollen, aber in die Jahre gekommenen Klapperkiste musste er über die schlechten Straßen Dresdens über Zinnwald-Georgenfeld (Cinovec) in die ČSSR reisen, um nach dem Passieren der Transitstrecke in Rozvadov/Waidhaus nach Bayern wieder auszureisen. Seine wichtigste Aufgabe bestand darin, uns wenige Kilometer hinter der Grenze in Amberg den frisch gestempelten und mit Vermerken versehenen vierten Abschnitt des Visums zu übergeben. Nur mit diesem zeitnahen Muster hatten wir eine Chance, dass das Fluchtunternehmen gelingen könnte.

Der Fluchttermin wurde auf Sonntag, den 28. Juli 1968, festgelegt. Wir wählten bewusst ein Wochenende, da es dann viel touristischen Verkehr vor allem aus Österreich geben würde. Dank der einfacheren Aus- und Einreisemöglichkeiten unternahmen die Österreicher seit einigen Wochen nämlich Ein- oder Zweitagereisen in die ČSSR, um in Bratislava zu bummeln, essen zu gehen oder das gute tschechische Budweiser zu trinken.

Die Abreise meiner Familie aus Dresden sollte wie ein harmloser Wochenendausflug in die Tschechoslowakei aussehen, wie er damals bei DDR-Bürgern durchaus beliebt war. Allerdings benötigten meine Verwandten für den Besuch beim »Brudervolk« auch ein Visum, das sie sich in Dresden ausstellen lassen mussten. Zudem galt: Wenn das »Kontingent« für ein bestimmtes Wochenende ausgeschöpft war, konnten DDR-Bürger kein Visum mehr bekommen. Auch von diesem Risiko erfuhren wir glücklicherweise noch früh genug, sodass die Reise rechtzeitig geplant werden konnte.

In den letzten Julitagen erreichten uns durch verschiedene Quellen, teilweise auch schon über die Medien, höchst beunruhigende Gerüchte, dass es bereits Truppenkonzentrationen in den Grenzbereichen zur ČSSR gäbe und eine Intervention der Warschauer-Paktstaaten unmittelbar bevorstünde. Diese Nachrichten überraschten uns nicht, denn wir hatten schon seit Monaten damit gerechnet, dass sich die Sowjetunion das Treiben in der Tschechoslowakei nicht mehr lange mit ansehen würde. Jetzt war also größte Eile geboten.

Mit den Dresdnern hatten wir vereinbart, dass sie im Falle eines vorzeitigen Abbruchs der Fluchtaktion nach dem Wochenende wieder wie gewohnt an ihren Arbeitsplätzen erscheinen sollten. Rolf hatte für die heißen Tage alle Verpflichtungen abgesagt, Dieter beantragte Sonderurlaub in der BASF, ebenso Frank in seiner Schweizer Elektronikfirma. Rolfs Eltern mussten in Heidelberg die beiden Töchter von Rolfs Schwester und unsere Miriam versorgen.

Wenige Tage vor dem 28. Juni fuhr ich wieder nach Zürich, um gemeinsam mit Frank in Nachtsitzungen ein letztes Mal die Bearbeitung der Papiere zu üben. Von Zürich aus sollte ich dann gleich nach Amberg in die Nähe des bayrisch-tschechoslowakischen Grenzübergangs fahren, um dort von Klaus die neuesten Visastempel und Grenzinformationen in Empfang zu nehmen. Frank wollte nachkommen, um mir in der Nacht vor dem Fluchttermin bei der Fälschung der Visa zu helfen. Unterwegs machte ich einen Abstecher nach Heidelberg, um von Miriam Abschied zu nehmen. Als ich sie so friedlich schlafen sah, überkam mich ein Gefühl, sie nie so sehr geliebt zu haben wie gerade jetzt. Natürlich war ich glücklich, sie zu sehen. Aber erstmals beschlich mich auch ein Gefühl der Angst: Es konnte ja auch ein Abschied auf Jahre sein.

Frank kam, wie immer pünktlich, am nächsten Tag mit dem Auto von Zürich nach Amberg. Wenig später traf auch Klaus ein, der schon Mitte der Woche ein erstes Mal in die ČSSR gefahren war, in Prag übernachtet hatte und dann über Rozvadov/Waidhaus ausgereist war, um für uns die zu dieser Zeit aktuellen Visastempel zu beschaffen. Am Freitag, also am Tag vor der geplanten Flucht, hatte er meinen Verwandten in Dresden die letzten Instruktionen übermittelt. Anschließend war er ein zweites Mal über Zinnwald-Georgenfeld/Cinovec im Erzgebirge in die ČSSR eingereist.

Rolf, Anita und Dieter fuhren am Samstag, den 27. Juli 1968, schon frühzeitig mit dem Opel Rekord von Heidelberg nach Amberg, wo wir uns noch einmal trafen, bevor sie über Waidhaus/Rozvadov nach Pilsen weiterreisten, um sich mit dem von Prag kommenden Klaus zu treffen. Rolf wollte von ihm noch einmal ganz genau über die Einreisemodalitäten, die Stempel und Markierungen informiert werden, um mir seine letzten Erkenntnisse an der Grenze zu übermitteln. Tatsächlich hatte sich wieder einmal die Stempelfarbe von rot auf grün geändert, und so musste Rolf noch grüne Stempelfarbe auftreiben. Aber wo bekam man in Pilsen am Samstag grüne Stempelfarbe? Mit roter, blauer und schwarzer Farbe hatten wir gerechnet, nicht mit grüner. Außerdem lief man Gefahr, sich beim Einkauf verdächtig zu machen. Denn wozu benötigte ein Tourist aus dem Westen Stempelfarbe? Doch das fast Unmögliche gelang.

4. FLUCHT

Das Hotel in Amberg hatte nur acht Zimmer. Frank und ich waren die einzigen Gäste; im Foyer und auf den Fluren herrschte Grabesstille. Das Zonenrandgebiet von Bayern befand sich zu dieser Zeit in einem bedauernswerten Zustand und schien am Rand der Welt zu liegen. Wir hatten zwei Zimmer gebucht – allerdings nicht zum Schlafen, sondern zum Arbeiten. Der Hotelbesitzer und seine Frau begegneten uns von Anfang an mit Misstrauen. Und tatsächlich nahm sich unser Treffen ja sonderbar aus: Da kam zuerst eine junge Frau aus Berlin, dann ein junger Mann aus der Schweiz und schließlich noch ein weiterer Gast aus Berlin. Alle drei reisten mit eigenen Autos an, und statt sich das idyllische 40 000-Seelen-Städtchen mit seinem bedeutenden spätgotischen Rathaus und der berühmten Pfarrkirche St. Georg aus dem 11. Jahrhundert anzusehen, verschwanden die drei bei schönstem Sommerwetter in ihren Zimmern.

Frank baute die gesamte Fotoausrüstung auf dem kleinen Hoteltisch auf. Daneben lagen die Blankoformulare der Visa, das Fotopapier und die anderen Utensilien: Lupen, kleine Pinsel, Stempelfarbe, das Fluoreszenzmittel, Säure und zahlreiche Stifte. Aber bevor wir ans Werk gehen konnten, mussten wir auf Klaus warten, der bei der Ausreise aus der ČSSR am Grenzübergang Rozvadov (früher Rosshaupt)/Waidhaus gründlich gefilzt worden war, nachdem er sich, wie bereits erwähnt, in Pilsen mit Rolf, Anita und Dieter getroffen hatte, um die neuesten Informationen einzuholen.

Als er endlich mit der neuesten Version der Stempel und den sonstigen Eintragungen im Visum bei uns in Amberg eintraf, war es höchste Zeit, die aktuellen Stempel herzustellen. In der Nacht verwandelten sich unsere Hotelzimmer in eine Fälscherwerkstatt. Wir verhängten die Fenster mit unseren Bettlaken, und da nur in einem der beiden Zimmer Steckdosen vorhanden waren, die wir dringend für das Fotogerät und diverse andere Arbeiten brauchten, mussten wir ständig die Zimmer wechseln, so dass wir die ganze Nacht auf den Beinen waren, was natürlich nicht unbemerkt blieb. Mehrfach spitzte ich im Treppenhaus die Ohren und bemerkte, dass das Wirtsehepaar nicht schlafen gegangen war, sondern uns ganz offensichtlich belauschte. Mich beschlich zunehmend Angst, ob die beiden angesichts ihrer ungewöhnlichen Gäste wohl etwas unternehmen würden. Würden sie vielleicht sogar die Polizei verständigen? Sollte unser Fluchtunternehmen schon hier ein Ende finden? Wie würden wir den Beamten erklären, was hier vor sich ging, ohne eine Lawine von Fragen und wahrscheinlich unangenehmen Untersuchungen loszutreten? Bei diesen Gedanken und in Anbetracht unseres knappen Zeitplans bekam ich zum ersten Mal richtig Panik.

Auch nachträglich betrachtet war das eine der heikelsten Situationen, denn zu jener Zeit, Ende Juli 1968, erreichten die Studentenunruhen ihren ersten Höhepunkt, und obwohl Rolf und ich schon »ordentliche Berufe« hatten, hätten wir, jung und lässig gekleidet, für westdeutsche Provinzler durchaus noch Studenten sein können, natürlich radikale. Denn wir hatten ein Berliner Autokennzeichen, und das war zu dieser Zeit, gerade aus bayrischer Sicht, äußerst suspekt. Sollte unsere Aktion etwa schon hier scheitern?

Solche und ähnliche Gedanken und Befürchtungen gingen mir jedenfalls durch den Kopf. Erst als der Morgen graute und das erste Licht durch die Ritzen der Bettlakenvorhänge fiel, waren wir endlich mit den Arbeiten fertig.

Trotz Übermüdung blieben wir hellwach, denn wir waren nach dieser aufregenden Nacht innerlich total aufgedreht.

Klaus war am Abend zuvor abgereist. Er wollte mit seinem klapprigen Citroen entlang der Donau nach Wien weiterfahren, wo wir uns mit den Dresdnern im Hotel »Erzherzog Rainer« verabredet hatten.

Nachdem Frank und ich alle Spuren unserer nächtlichen Arbeit beseitigt hatten, fuhr Frank nach kurzer Morgentoilette und ohne Frühstück zurück nach Zürich zu seiner Familie. Ich musste also die fertigen Stempel, die Stempelkissen, die Stempelfarben, die Blankoformulare für die Visa und die Fotoausrüstung in die ČSSR schmuggeln.

In diesem Moment fühlte ich mich schrecklich einsam: allein gegen den Rest der Welt. Der Countdown lief, und nur noch ein unvorhergesehenes Ereignis hätte den geplanten Ablauf stoppen können. Am Abend wollten wir uns alle im Hotel Jalta in Prag treffen.

Vor meiner Abreise zur Grenze bei Waidhaus/Rozvadov hatte ich noch einige Stunden Zeit, denn wegen meiner gefährlichen Fracht wollte ich erst nachmittags losfahren. An einem Sonnabend war zu erwarten, dass der Andrang an der Grenze am Nachmittag größer sein würde, da die Kurzzeitvisa von vielen Österreichern und den grenznahen Bewohnern Bayerns genutzt werden würden.

Ich kannte den Weg zur Grenze von unseren früheren Reisen. Von Amberg war es nicht weit, sodass ich für die etwa 60 Kilometer mit meinem VW-Käfer nur etwa eine Stunde brauchte. Es war ein herrlicher Sommertag. Die Straße führte durch die schöne Landschaft des Oberpfälzer und des Böhmer Waldes, und ich fühlte mich durch den Wind, der durch die offenen Autofenster wehte, angenehm belebt. Obwohl auf der Strecke bis zur Grenze nur wenig Autoverkehr war, bestätigte sich unsere Vermutung: Während an den Tagen zuvor an dem Grenzübergang meist gähnende Leere geherrscht hatte, sah ich jetzt schon von weitem eine beträchtliche Autoschlange. Offensichtlich wurden die Einreisenden sehr langsam abgefertigt und das konnte bedeuten, dass die Fahrzeuge gründlich gefilzt wurden. Allmählich näherte ich mich dem unmittelbaren Abfertigungsbereich und stellte mich auf eine längere Wartezeit ein.

Jetzt kam es darauf an, die Spur mit dem nettesten Grenzbeamten zu erwischen. An dem von mir gewählten Kontrollpunkt stand ein äußerst gutaussehender junger Uniformierter. Ich fuhr langsam, aber mit forscher Miene heran und reichte ihm mein Bündel Papiere – den Reisepass, das dreifache Visum, Führerschein, Fahrzeugzulassung und grüne Versicherungskarte. Nachdem er die Papiere in die Baracke mit der Quarzlampe gebracht hatte, beschäftigte er sich mit meinem Auto, fixierte aber auch mich auf sehr auffällige Weise. Es kam sicher nicht häufig vor, dass eine junge Frau aus Deutschland allein über diese Grenze fuhr.

Ich begann sogleich einen dezenten Flirtversuch, um ihn von einer allzu intensiven Kontrolle abzulenken. Wir hatten für die konspirativen Sachen zwar ein Versteck zwischen den Rücksitzen und dem Kofferraum ausgebaut, aber bei einer genauen Untersuchung würde es wahrscheinlich nicht unentdeckt bleiben.

Da es offensichtlich war, dass der Grenzsoldat mich attraktiv fand, wurde ich beim Flirten ein wenig kühner, übertrieb es dabei aber wohl, denn nach einer relativ laschen Autokontrolle, bei der er aber strikt darauf achtete, mich nicht schneller abzufertigen als seine Kollegen die anderen Fahrzeuge, winkte er mich durch den Kontrollpunkt und bat mich, an der Seite stehenzubleiben. Er verschwand für kurze Zeit. Als er zurückkam, sagte er zu mir in holprigen Englisch:

»Warten Sie eine halbe Stunde auf mich. Ich lasse mich ablösen, und dann können wir drei wundervolle Tage in Prag verbringen.«

Ich weiß heute nicht mehr, welche Reaktion das bei mir auslöste. Ich weiß nur noch, dass ich mächtig erschrak und das Gefühl hatte, in der Patsche zu sitzen. Ich konnte weder warten noch mit einem Grenzer nach Prag fahren, auch wenn er noch so attraktiv gewesen wäre. Die Zeit drängte. Ich wollte jetzt nur möglichst schnell weiterkommen. »Wäre ja sicher nett mit Dir«, stammelte ich, »aber leider wartet mein Freund in Prag. Vielleicht ein anderes Mal. Gib mir deine Adresse, dann melde ich mich mal...« So einfach war das aber nicht. Denn seine Anschrift durfte er nicht verraten. Was nun? Endlich ließ er mich weiterfahren. Ein letztes Winken, ein schmalziger Blick, ein letztes »Bye, bye«. Ich startete den Motor und war ihn los.

Inzwischen war es schon ziemlich spät geworden, und in den Waldabschnitten wurde es bereits dunkel. Ich hatte noch eine stundenlange Fahrt vor mir und das auf einer Strecke, die mir nachts mit ihren Bergen und öden Ortschaften ziemlich unheimlich war. Die enge und alsbald stockdunkle Straße übertraf meine schlimmsten Erwartungen: Schlaglöcher, keine Randmarkierungen, steile Berg- und Talfahrten und viele Kurven durch kleine Dörfer und Städte.

Ich fuhr also fast wie im Blindflug durch die Nacht und drückte aufs Gaspedal, um die fürchterliche Strecke möglichst rasch hinter mir zu lassen und nach Prag zu kommen, wo die Familie wahrscheinlich voller Unruhe auf mich wartete. Die vereinbarte Zeit von 20 Uhr war längst überschritten. Zum Glück herrschte kaum Verkehr. Ich glaube, ich hätte sie an zwei Händen abzählen können, die mir auf der ganzen Strecke von etwa 300 Kilometern begegnet sind.

Plötzlich tauchte im Scheinwerferlicht eine Katze auf, und kurz darauf schlug etwas hart gegen den Kotflügel. Mir war, als ob mir das Blut in den Adern gefrieren würde. Hatte sie die Straße von rechts oder von links überquert? Ich hämmerte mir ein, das Ereignis weder als schlechtes Omen zu nehmen, noch mich um den Zustand des Tieres zu kümmern. Ich durfte mich doch jetzt nicht von einer Katze aus dem Gleichgewicht bringen lassen, erst recht nicht von einer toten.

Kurze Zeit danach erschrak ich erneut. Wie aus dem Nichts tauchten in meinem Lichtkegel zwei Soldaten in Uniform auf – mit Gewehren im Arm. Sie winkten. Blitzschnell musste ich entscheiden, was ich tun sollte. Nicht anzuhalten erschien mir zwecklos. Wenn sie mich kontrollieren wollten, würden sie wahrscheinlich schießen. Ich hielt also an und verstand im ersten Moment gar nicht, was sie von mir wollten. Schließlich begriff ich erleichtert, dass sie nach Prag mitgenommen werden wollten. Ich ließ sie hinten einsteigen und hatte fortan zwei düstere und schweigende, aber immerhin bewaffnete Mitfahrer in meinem Auto. Sehr gemütlich war die Fahrt nicht – zumal wir uns nicht verständigen konnten. Mehrmals versuchte ich, auf Deutsch, Englisch oder Russisch mit ihnen zu sprechen. Aber alles war vergebens. Meine Begleiter verstanden mich nicht. Sie wiederum redeten in Tschechisch auf mich ein, aber da kapierte ich nicht das Geringste. So fuhren wir also schweigend durch die Dunkelheit. Wäre ich nicht so konzentriert auf das Fluchtgeschehen und dessen Gelingen programmiert gewesen, hätte mich wahrscheinlich die Panik gepackt. Die Fahrt erschien mir endlos, und das ständige Herumkurven um Schlaglöcher und gefährliche Fahrbahnrillen in dieser verflixten Finsternis zermürbten mich. Wenn jetzt noch irgendetwas am Auto kaputt ging – was dann?

Schließlich tauchten die ersten Lichter von Prag auf. Meine unfreiwilligen Fahrtgenossen verabschiedeten sich eher stumm, aber freundlich. Wir waren nun schon irgendwo in den Außenbezirken von Prag. Endlich konnte ich aufatmen.

Die Innenstadt von Prag war voller Menschen. Obwohl es schon nach Mitternacht war, flanierten die Leute auf den Straßen, feierten fröhlich in die Nacht hinein und genossen die ungewöhnliche Freiheit und Freizügigkeit, die sie sich im Frühling erstritten hatten. Die vielen zur Schau gestellten schicken und teilweise schrägen Klamotten unterstrichen das farbenfrohe Bild. Gleichzeitig kam mir das Ganze aber auch wie ein Tanz auf dem Vulkan vor, und angesichts der bitteren Ereignisse wenige Tage später war es das wohl auch gewesen.

Als ich kurz nach Mitternacht das Hotel Jalta erreichte, sah ich Rolf und Peter schon vor dem Eingang stehen. Offenkundig waren sie inzwischen sehr nervös geworden. Im Hotel herrschte fürchterliches Gedränge. Viele Menschen gingen ein und aus und so hatten wir Mühe, den Rest der Familie zu finden. Um sicher zu sein, dass uns kein Spitzel belauschte, kehrten wir nach der Begrüßung zurück auf die belebte Straße. Die Dresdner und Rolf mit den Heidelbergern waren pünktlich in Prag angekommen. Rolf hatte inzwischen für uns ein Zimmer in einem Studentenhotel etwas außerhalb der Stadt gemietet, was für die geplante Nachtarbeit günstig erschien. Zudem war es bei den vielen Touristen schwierig, überhaupt noch eine Bleibe zu finden.

Obwohl es mittlerweile schon weit nach Mitternacht war und wir alle erhebliche Strapazen hinter uns hatten, waren wir recht zuversichtlich und gelassen. Die Atmosphäre in der Stadt hatte uns angesteckt. Als wir in dem dunklen, fast unbewohnten Studentenhotel ankamen, das eher an ein heruntergekommenes Altersheim erinnerte, hatte ich unmäßigen Hunger und verspürte zudem eine bleierne Müdigkeit. Trotzdem musste ich mich nach einer Coca Cola und zwei Scheiben Brot aus dem Reiseproviant mit Rolf an die Arbeit machen. Wir hatten ja noch eine Menge zu erledigen. Die Stempel waren zwar in ihrer Größe und Form nicht verändert worden, aber weil die Farbe auf Grün gewechselt hatte, mussten wir die Visaformulare noch einmal neu »ausstellen«, was eigentlich nicht eingeplant war. Diese Nacht in Prag werden wir nie vergessen, schon deshalb nicht, weil es kurz zuvor noch eine weitere Schwierigkeit gegeben hatte, die uns zum Verhängnis hätte werden können. Nachdem Rolf mit seiner Schwester Anita und ihrem Mann Dieter in dem Opel Rekord, also dem für den nächsten Tag vorgesehenen Fluchtauto, die deutsch-tschechische Grenze in Waidhaus/Rozvadov ohne Komplikationen passiert hatten, inspizierte Rolf bei einem ausführlichen Picknick in den böhmischen Wäldern die Reisepässe und Visa. Die Stempel entsprachen seinen Erwartungen. Sie wiesen die übliche verschnörkelte Wappenform auf, allerdings in grüner Farbe. So musste also, wie bereits berichtet, in Pilsen noch grüne Stempelfarbe gekauft werden.

Als er aber die verschiedenen handschriftlichen Vermerke auf den Visaabschnitten prüfte, überkam Rolf zum ersten Mal leichte Panik, wie er mir später gestand. Was würde passieren, wenn es uns in Prag nicht auf Anhieb gelänge, die zahlreichen Eintragungen und doppelten Unterschriften einigermaßen echt auf die Fluchtvisa zu übertragen? Aber damit nicht genug: Während drei Visa weitgehend die gleichen Schriftzüge und Kritzeleien aufwiesen, befand sich auf dem Papier von Dieter eine zusätzliche Krakelei, wofür es keine Erklärung gab. Was hatte sie zu bedeuten?

Da Rolf den Wagen noch einmal betanken wollte, um eine echte Quittung für die Flüchtlinge zu erhalten, kam er auf die Idee, den Tankwart zu fragen, was der kleine Vermerk auf dem Visum bedeute. Der Mann lachte gleich und sagte in gut verständlichem Deutsch: »Das heißt, das der Besitzer des Passes einen Bart trägt«. Rolf begriff sofort: Dieter hatte einen Bart, mein Vater nicht. Obwohl den Dreien die Knie schlotterten, mussten sie nach dieser Schrecksekunde doch auch herzhaft lachen. Wir mussten den Vermerk auf dem Visum meines Vaters also einfach weglassen. Nicht auszudenken, wenn wir das nicht bemerkt hätten!

Aber zurück zu jener Nacht in Prag: Nach den üblichen Vorsichtsmaßnahmen – Absuchen der Wände, Verstopfen des Schlüssellochs und Verhängen der Fenster – machte ich mich mit Rolf an die Arbeit. Die Nachtschicht verlief nicht ohne Schwierigkeiten. Bisher hatte ich alles allein erledigt, aber Rolf erwartete mit seiner Gründlichkeit und Dominanz, dass alles immer noch besser sein müsse. Meine Nerven lagen blank. Außerdem war ich hundemüde und konnte mich kaum noch auf den Beinen halten. So verbrachten wir eine ziemlich aufreibende Nacht miteinander – und das im feiernden Prag.

Gegen Morgen aber waren wir mit unseren Ergebnissen durchaus zufrieden. Die Fälschungen waren fast perfekt. Besser waren sie mit unseren Mitteln nicht zu machen. Alles andere mussten wir dem Schicksal überlassen.

Nach dem Frühstück machten wir uns an diesem 28. Juli 1968 – ein wundervoller, sonniger Sonntag – in den verschiedenen Autos auf den Weg nach Bratislava: Rolf, Anita und Dieter fuhren im Opel, Peter, Hannelore und mein Vater in ihrem Dresdner Trabi, und ich fuhr den präparierten Käfer.

Auch wenn wir die Anspannung unterschwellig spürten, so waren wir doch fast vergnügt. Wir fuhren wie zur Sommerfrische, erreichten außerhalb von Prag die Autobahn und blieben nun immer auf Sichtweite, um uns bei dem ständig dichter werdenden Ausflugsverkehr nicht aus den Augen zu verlieren – auch wegen unserer ziemlich klapprigen Autos.

Vorher hatten wir das Fluchtauto und die Kleidung meiner Familie noch einmal genau überprüft. Die gesamte Ausstattung musste bis auf die Unterwäsche Westetiketten tragen. Kein einziger Gegenstand durfte aus dem Osten stammen, kein Fahrschein, kein Tankzettel, kein Geldstück. Nichts durfte darauf hinweisen, dass mein Bruder, mein Vater und meine Schwägerin keine Westdeutschen waren.

Am frühen Nachmittag kamen wir in Bratislava an. Obwohl niemandem so recht zum Essen zumute war, hatten wir uns vor dem berühmten Grand Hotel Carlton verabredet, das sowohl Peter und Hannelore als auch mein Vater und meine Mutter von früheren Reisen in die ČSSR gut kannten. Auch wir waren auf unseren »Probereisen« mehrmals dort gewesen. Am Donauufer und in der gesamten Innenstadt wimmelte es wieder von ausgelassenen Menschen. Die Straßencafés, die improvisierten Biergärten und die zahlreichen typischen Ostblock-Kioske und Verkaufsbuden waren von plaudernden, trinkenden und Eis essenden Menschentrauben umlagert. Unverkennbar, dass sich auch viele Touristen in der Stadt aufhielten, was für unser Vorhaben äußerst günstig war. Von der schönen, wenn auch jämmerlich verfallenen slowakischen Hauptstadt mit ihren berühmten Barockkirchen und -palästen nahmen wir an diesem Tag ebensowenig wahr wie von den zahlreichen Reisegruppen, die mit Stadtführern zum gotischen Sankt-Martins-Dom, zum Michaelstor, zum alten Rathaus, zum Theater oder auf das Burgschloss zogen.

Unser Treffen vor dem Carlton-Hotel fand in der Nähe des Haupteingangs auf der von der Donau abgewandten Seite statt. Um an diesem exponierten Ort nicht unnötig aufzufallen, beschlossen wir, in eines der improvisierten Restaurants oder Cafés an der Donaupromenade zu gehen, um einen Imbiss einzunehmen, unsere Henkersmahlzeit sozusagen. Nach dem üblichen Anstehen erhielten wir zwei Tische zugewiesen, die sogar zusammengerückt wurden – ein in der DDR und den anderen Ländern des Ostblocks undenkbares Entgegenkommen. Der Platz war gut gewählt, weil hier Trubel und Heiterkeit herrschten und die gesamte Situation für Außenstehende sehr unübersichtlich und gerade deshalb für uns besonders günstig war.

Unterdessen hatten Peter und Hannelore ihren Trabi in einer ruhigen, etwas abgelegenen Seitenstraße unweit der Donau und der Schiffsanlegestellen abgestellt. Das Gepäck hatten wir schon vorher in den Opel umgeladen. Jetzt musste das Auto aber noch einmal ganz genau nach Hinweisen abgesucht werden, die eine schnelle Identifizierung seines Besitzers ermöglicht hätten. Denn es war ja nur eine Frage der Zeit, bis ein gut gepflegter, herrenloser Trabi aus der

DDR in einer Seitenstraße in Bratislava entdeckt werden würde. Mehr als zwanzig Jahre später erfuhr Peter allerdings aus seiner Stasi-Akte, dass der Trabbi anderthalb Jahre in Bratislava herumgestanden hatte.

Nachdem wir alle Vorsichtsmaßnahmen ein letztes Mal durchgespielt hatten, schlenderten wir getrennt noch ein wenig durch die Stadt, um die Zeit bis zum frühen Abend totzuschlagen. Erst dann wollten wir zur Grenze fahren, weil wir damit rechneten, dass der Rückreiseverkehr österreichischer und deutscher Touristen erst am Abend einsetzen würde. Und so war es dann auch.

Den Opel hatten wir vor dem Grand Hotel Carlton abgestellt. Er war nun ausschließlich mit westlichen Utensilien für Peter, Hannelore und meinen Vater ausgestattet. Die drei sollten eine halbe Stunde nach der Abreise von Rolf, Anita und Dieter mit dem Tragflügelboot über die Donau nach Wien und nach meiner Ausreise über den Donaubrücken-Grenzübergang auf der anderen Seite des Flusses zum selben Kontrollpunkt fahren.

Ich erinnere mich, dass unsere Gespräche während des Spaziergangs durch Bratislava immer einsilbiger wurden. Jeder hing seinen eigenen Gedanken nach und versuchte, die aufkeimende Angst so gut es ging unter Kontrolle zu halten. In wenigen Stunden sollte sich das Schicksal für Jahre, wenn nicht für den Rest des Lebens ganz wesentlich entscheiden. Und das alles hatten wir aus freien Stücken auf uns genommen.

Die Ausreise von Rolf, Anita und Dieter mit dem Schiff gestaltete sich komplizierter als vorhergesehen. Es war unmöglich, irgendwo einen genauen Abfahrtstermin in Erfahrung zu bringen, weder in Deutschland noch in Österreich oder in Prag. Wir hatten nur die vage Angabe, dass ein Schiff am Spätnachmittag oder gegen Abend fahren sollte. Selbst noch in Bratislava hatten wir große Mühe herauszubekommen, ob das Schiff überhaupt und wann es ablegen würde.

Aus Sicherheitsgründen hatten wir festgelegt, dass die »Schiffsfahrer« zuerst ausreisen sollten, um die nur als Helfer Eingesetzten nicht übermäßig zu gefährden. Von diesem Plan durfte nun nicht mehr abgewichen werden, um nicht die ganze Organisation ins Wanken zu bringen. Aber selbst für die drei echten Bundesbürger konnte die Situation recht ungemütlich werden. Waren die Kontrollen noch so, wie wir sie vor drei Wochen getestet hatten, oder hatte der bereits spürbar wachsende Druck der Sowjetunion und der Warschauer-Paktstaaten schon zu einer Verschärfung der Grenzkontrollen geführt? Hatten uns am Ende gar schon die Spitzel der Stasi im Visier?

Zudem waren die drei Personen mit dem Auto eingereist und wollten nun auf einem Schiff ausreisen. War das doch irgendwie vermerkt worden? Hatten wir irgendetwas übersehen?

Für den Fall einer Veränderung der Grenzkontrollen auf dem Schiff sollte das Ganze nur als Ausflug nach Wien deklariert werden, wonach man das Auto selbstverständlich wieder in Bratislava abholen würde – eine nicht sehr überzeugende Erklärung.

Der Opel musste also unbedingt noch so lange stehenbleiben, bis die drei auf der Donau in Richtung Wien verschwunden waren. Natürlich konnte es auch möglich sein, dass man die Grenze erst beim Verlassen des Schiffes in Wien endgültig passiert hatte?

»Wenn sie uns in Wien nicht vom Schiff lassen und nach Bratislava zurückschicken«, sagte Rolf, »dann erklären wir, dass man uns den Opel in Bratislava geklaut hat.« Aber konnten wir mit einer solchen Geschichte Zeit gewinnen? Würde man uns glauben? Über derartige Eventualitäten wurde nicht mehr gesprochen, um nicht noch mehr Angst hochkommen zu lassen.

Etwa fünfzehn Minuten, nachdem das Schiff außer Sichtweite war, sollte ich mit dem Käfer auf der Donaubrücke die

Grenze passieren. Das war auch nicht ganz risikolos, denn ich hatte die Fotoausstattung dabei, die wir auf keinen Fall in der Tschechoslowakei zurücklassen wollten.

Gegen 18.30 Uhr brachte ich Rolf, Anita und Dieter zum Schnellboot, das wohl erstmals in den dreißiger Jahren auf der Wolga eingesetzt worden war und zu den »ruhmreichen Errungenschaften der Sowjetunion« zählte. Aus einiger Entfernung beobachtete ich ihre Abfertigung auf der Anlegerbrücke. Es dauerte ziemlich lange, bis sie an Bord gingen, denn die Kontrolle der zahlreichen, wohl ausschließlich österreichischen Touristen gestaltete sich äußerst langwierig. Die Leute waren fröhlich und einige schienen sogar von dem guten tschechischen Budweiser-Bier beschwipst zu sein. Denen konnte ja auch nichts passieren. Sie hatten einen wunderbaren Sommertag verbracht und wollten nun noch beschwingt auf der schönen, aber dort weniger blauen Donau weiterfeiern.

Als das hell beleuchtete Boot schließlich ablegte und auf der Donau davonglitt, atmete ich erst einmal auf. Einen Augenblick lang beneidete ich die drei. Hatten sie nicht schon alles hinter sich? Am liebsten hätte ich mich jetzt um die Fahrt zur Grenze gedrückt. Aber der Zeitplan musste eingehalten werden. Also stieg ich, nachdem das Schiff im Donaubogen außer Sicht war, mit Herzklopfen – zum letzten Mal, wie ich hoffte – ins Auto und fuhr bei schönstem Sonnenuntergang los. Trotz der vielen Fahrzeuge – es hatte sich eine lange Schlange gebildet – waren die Kontrollen scharf und gründlich. Diesmal schaute mir kein netter junger Mann tief in die Augen, sondern wie üblich starrten unfreundliche Grenzer und Zollbeamte auf meine Reisedokumente, musterten mich genau und prüften dann erneut die Papiere. Dann kam das Auto an die Reihe. Den Kofferraum durfte ich nach kurzer Durchsicht der Koffer und Taschen zum Glück wieder schließen. Dennoch hatte ich den Eindruck, Misstrauen zu erregen. Irgendwie schien meine Transitreise eigenartig zu sein. Aber die Bilder im Reisepass und in den Visaabschnitten waren gottlob ebenso echt wie die im Führerschein, und auch die Stempel und Kritzeleien im Visum waren echt. Schließlich verschwanden die Dokumente in der Grenzbaracke mit der berühmten Quarzlampe, bestanden dort den letzten Test und wurden mir zurückgereicht. Sicher rettete mich der starke Rückreiseverkehr vor einer noch schlimmeren Kontrolle.

Völlig erschöpft fuhr ich auf der österreichischen Seite etwa 500 Meter in Richtung Wien, wendete den Wagen dann und stellte ihn ab, denn wir hatten vereinbart, dass ich hier auf die Familie warten sollte. Unmittelbar hinter dem österreichischen Grenzübergang beschrieb die Straße eine Kurve, sodass ich die tschechoslowakische Grenze von meinem Standort aus nicht sehen konnte. Aber andererseits konnte man mich und meinen VW von der Grenze aus auch nicht sehen.

Bei mir hatte sich inzwischen eine innere Leere, eine Mischung aus Angst und totaler Übermüdung, eingestellt. Ich wusste nicht, ob ich überhaupt noch auf etwas reagieren konnte. Eigentlich wollte ich nur noch schlafen, möglichst bewusstlos sein. So verfiel ich, kurz vor dem Ziel, in eine tiefe Gleichgültigkeit, ja sogar in eine Art Depression. Als ich wieder auf die Uhr sah, bemerkte ich, dass ich schon eineinhalb Stunden wartete. Die Dresdner waren überfällig. Es wurde dunkel, und nach dem herrlichen Sommertag begann es leicht zu regnen.

Ich blieb regungslos in meinem Käfer sitzen. Als ich wieder auf die Uhr schaute, waren schon zwei Stunden vergangen. Noch immer gab es von den Dresdnern keine Spur. Nach etwa drei Stunden der Schockstarre quälte ich mich im Zeitlupentempo aus dem Auto. Es war stockdunkel geworden. Ich lief etwa 300 Meter auf die Grenze zu, bis zu jenem Punkt, von dem aus man die Grenzabfertigungsbereiche auf tschechoslowakischer Seite überblicken konnte.

Der Kontrollpunkt war hell erleuchtet, und die abzufertigenden Autos hatten Standlicht eingeschaltet. Alle paar Minuten fuhr ein Wagen mit Abblendlicht aus dem Grenzbereich in meine Richtung. Schließlich erblickte ich den Opel. Er stand außerhalb der Abfertigungszone, circa achtzig Meter entfernt auf einer öden Parkfläche – abgestellt, leer.

Es gab also keinen Zweifel – irgendetwas war schiefgegangen. Meine Familie musste das Auto verlassen haben und war in der Abfertigungshalle oder sonstwo verschwunden. Inzwischen war es fast 23 Uhr. Mittlerweile regnete es in Strömen, und immer seltener kamen noch Autos über den Grenzübergang. Ich beobachtete die Situation noch eine Weile. Ich hatte jegliches Zeitgefühl und jede Hoffnung verloren. Alles war mir egal.

Dann wendete ich mich ab, ging langsam die Straße zurück zu meinem Käfer und fuhr wie in Trance in Richtung Wien. Nein, eigentlich fuhr nicht ich, sondern ein mir ähnliches Wesen, das gerade noch wusste, dass die Strecke bis Wien etwa sechzig Kilometer betrug – wir hatten ja vorher alles ausprobiert.

Innerlich war ich wie tot. Ich verspürte noch nicht einmal Schuldgefühle. Mich quälten auch keine Fragen. Ich sehnte mich nur nach meiner kleinen Miriam. Jetzt ihren Körper spüren, sie in den Arm nehmen, unerreichbar sein für den Rest der Welt.

Irgendwann erreichte ich Wien. Ich fuhr an die Anlegestelle der Donau-Dampfschiffahrtsgesellschaft. Warum? Was wollte ich hier? Ich wusste nur noch ganz vage, dass ich dort etwas finden könnte. Ich setzte mich auf eine Bordsteinkante und versuchte, wieder zu Sinnen zu kommen. Was sollte, was musste ich jetzt machen? Es war doch alles vereinbart. Auch für dieses Szenario gab es doch einen Plan. Ich wusste nichts mehr. Erst allmählich dämmerte mir, dass wir uns doch alle in einem Hotel in Wien treffen wollten. Aber wie hieß das Hotel, und wie kam ich dorthin? Nichts wusste ich mehr. Ich begriff, dass mir etwas verloren gegangen war, was ich jetzt dringend brauchte: mein Gedächtnis.

Nach einiger Zeit fand ich eine Telefonzelle, in der ein Telefonbuch lag. Vielleicht würde ich mich an den Namen des Hotels erinnern können, wenn ich ihn geschrieben sah? Aber unter der Rubrik »Hotel« gab es Hunderte von Einträgen. Ich ging quälend langsam jede Zeile einzeln durch. Endlich kam mir ein Name bekannt vor: Erzherzog Rainer. Als ich ihn aussprechen wollte, um sicherzugehen, bemerkte ich, dass ich nicht mehr sprechen konnte. Es hatte mir buchstäblich die Sprache verschlagen. Ein unartikuliertes Gekrächze kam aus meinem Mund. Wie sollte ich mich in diesem Zustand anderen verständlich machen? Vielleicht hatte ich einen richtigen Schock? Aber was machte man dagegen? Warum kümmerte sich niemand um mich? Ich kramte lange nach einigen österreichischen Münzen. Irgendwann schaffte ich es, im »Erzherzog Rainer« anzurufen.

Noch heute wundere ich mich, dass man meinem Gestammel entnehmen konnte, dass ich mit Dr. Dieter Müller verbunden werden wollte.

»Mein Gott, Renate«, hörte ich am anderen Ende der Leitung. »Wo steckst du denn? Wir sind in großer Sorge und warten auf dich. Wir haben gerade einen Anruf von Rolf von der Grenze bekommen, dass alle durch sind. Sie sind da, verstehst du? Sie haben es geschafft!«

»Alle sind durch?«

»Ja, alle sind im Westen. Verstehst du nicht? Was ist los mit dir? Wo bist du überhaupt?«

Ich versuchte ihm zu erklären, wo ich mich befand und dass mich jemand holen müsse.

Ich saß am Straßenrand und heulte und heulte. Ich konnte nicht mehr aufhören. Ich glaubte, niemals mehr aufhören zu können.

Sie waren da! Etwas war schiefgegangen. Aber jetzt waren sie da. Statt im Knast waren sie im Westen. Das Leben war von einer Minute zur anderen für alle ein anderes geworden. Ich hatte wieder eine Familie. Und alle hatten geholfen. Was für Freunde! Was für ein Glück! War es wirklich wahr?

In diesem Moment versank ich endgültig in ein Chaos der Gefühle. Der Schock an der Grenze und die jetzige Erleichterung waren zuviel für mich. Als Dieter mich mit dem Taxi abholte, fand er an den Schiffsanlegestellen nur noch ein Häufchen Elend vor. Ganz überwunden habe ich diesen Schock erst Wochen später, als wir längst wieder unseren normalen Tagesabläufen in Berlin nachgingen.

Im Hotel wurden wir freudestrahlend empfangen. Obwohl wir uns erst vor wenigen Stunden verabschiedet hatten, war uns, als hätten wir uns eine Ewigkeit nicht gesehen. Inzwischen war auch der Wiener Freund von Peter und Hannelore, der Schriftsteller Peter von Tramin, ins Hotel gekommen. Sie hatten ihn benachrichtigt. Er war fassungslos, seine DDR-Freunde, die er bisher immer nur in Bulgarien und Dresden getroffen hatte, nun plötzlich in Wien zu sehen. Was aber war an der Grenze passiert? Ich selbst war zu erschöpft, um neugierig auf die Geschichte zu sein. Meine Sinne waren wie blockiert. Aber alle anderen brannten regelrecht darauf, die genauen Einzelheiten der Flucht zu erfahren. Die ganze Gesellschaft im Restaurant bestand darauf, die Geschichten in der richtigen Reihenfolge zu hören. Es war wunderbar. Wir konnten wieder unbefangen miteinander reden, und teilweise ging es sogar sehr laut dabei zu. Aber wen störte das?

Um unseren Tisch bildete sich eine Traube von Zuhörern, denn Hotelbesitzer und Gäste hatten inzwischen mitbekommen, dass hier DDR-Bürger saßen, denen eine Flucht über Bratislava nach Wien gelungen war.

Rolf berichtete als erster. Nach der Ankunft in Wien und dem Betreten österreichischen Bodens waren alle drei erst einmal erleichtert. Anita, Dieter und Rolf hatten ein Taxi genommen und waren zum vereinbarten Treffpunkt im Hotel

Erzherzog Rainer gefahren. Klaus, der schon vorher einmal dort gewesen war, hatte sich mit seinem alten Citroën verabredungsgemäß zur Grenze begeben, um die Flüchtlinge in Empfang zu nehmen.

Die Stimmung war zwar angespannt, aber die Situation schien noch keineswegs beunruhigend. Erst mit der Zeit wurde das Warten für die drei mehr und mehr zur Zerreißprobe. Handys gab es damals noch nicht, und so konnte Klaus von der Grenze keine Informationen übermitteln. Nach 22 Uhr stieg die Unruhe schlagartig an, vor allem bei Rolf, der am besten wusste, dass für einen Erfolg des Unternehmens im Prinzip nur ein glatter Grenzübertritt eine echte Chance bot.

Im Erzherzog Rainer wurden die drei nun immer öfter von dem Hotelpersonal nach ihren Buchungsunterlagen und den Zimmerbelegungen gefragt. Offensichtlich hatte man mitbekommen, dass einige Personen fehlten, und wollte die begehrten Zimmer möglichst schnell weitervermieten. Die Buchungsunterlagen hatten wir aber den Flüchtlingen mitgegeben, weil sie im Notfall als zusätzliches Beweismittel für die Echtheit ihrer Reise nach Wien dienen konnten. Die Zeit verging nun immer quälender, und die Angst wuchs, dass etwas schiefgegangen sein könnte. Es fiel Rolf nicht leicht, weiter zu erzählen. Er schluckte mehrmals, was sonst nicht seine Art ist, und gestand dann, dass er sich von diesem Zeitpunkt an nur noch an die Idee des Doppelübergangs geklammert habe, wohl wissend, dass bei einem Fehler nur noch die Nerven der Flüchtenden zählen würden. Was würden sie tun, wenn die Grenzer Verdacht schöpften? Würden sie unseren Versicherungen, dass alles seine Richtigkeit habe und der Geheimdienst dies an der Einreisegrenze zur ČSSR in Rozvadov nachprüfen könne, Glauben schenken? Und wo war Renate? War sie auch geschnappt worden? Sie hätte doch längst hier eintreffen müssen. Und warum kam Klaus nicht zurück? Anita und Dieter saßen Rolf während dieser Zeit völlig stumm gegenüber.

Die Möglichkeiten, etwas Sinnvolles zu unternehmen, waren erschöpft. Rolf wollte mit dem Taxi zur Grenze fahren. Er hielt das Warten und die Untätigkeit einfach nicht mehr aus. Aber er musste einsehen, dass ein solcher Aktionismus sinnlos war. Zumindest musste die Rückkehr von Klaus abgewartet werden. Und während die drei in angstvoller Erregung warteten, wogte der Lärm der Restaurantgäste, die ausgiebig speisten und wienerisch gestenreich plauderten. Eine kafkaeske Situation.

Endlich traf Klaus ein. Er war sichtlich verstört, und seine Gesichtszüge verrieten auf Anhieb, dass die Flucht schiefgegangen sein musste. Ohne Begrüßung berichtete er hastig, dass er lange an der Grenze gewartet und gesehen habe, dass der Opel im Bereich der Grenzanlagen an einer Außenseite abgestellt war. Von unseren Leuten sei nichts zu sehen gewesen. Hin und wieder sei ein Uniformierter über den weiten Platz gelaufen, habe sich den Wagen genau angesehen und sei dann wieder in den Abfertigungsgebäuden verschwunden. Rolf erstarrte. Er dachte jetzt nur noch an mich. Klaus hatte mich an meinem Standort hinter der Straßenbiegung im Dunkeln nicht gesehen und konnte demzufolge nichts über mich berichten. Es war also zu befürchten, dass auch ich geschnappt worden war. »Verdammt noch mal!«, entfuhr es Anita. Dann schwiegen alle, auch Dieter, der sonst immer einen munteren Spruch auf den Lippen hatte. Alle hielten das Unternehmen für gescheitert. Aber niemand sprach es aus.

Rolf brach sofort mit Klaus zur Grenze auf, während Anita und Dieter im Hotel blieben, falls doch noch jemand auftauchen sollte. Sie sprachen im Auto kein Wort. Auf der Fahrt ging Rolf in Gedanken immer wieder die kritischen Punkte durch und suchte nach möglichen Fehlern. Was hatten wir übersehen? Was hatten wir falsch gemacht? Waren wir beschattet worden? Oder hatten die Flüchtlinge die Nerven verloren? Was aber war vor allem mit Renate? Die Idee war doch so gut. Rolf konnte nicht glauben, dass wir einen Fehler bei der Ausführung gemacht hatten. Von der KaDeWe-Einkaufstüte über den »Stern« und den »Spiegel«, dem Hosenlabel bis zum Führerschein und den Fahrzeugpapieren und den Buchungsunterlagen für das Hotel »Erzherzog Rainer« – alles war doch perfekt geplant. Wir waren aber allerdings nur perfekte Dilettanten.

»Der Opel!« Ein Schrei erwischte ihn wie aus einer anderen Welt. Klaus trat so heftig auf die Bremse, dass die Reifen quietschten. Der alte Citroën senkte sich, und das hinter ihm fahrende Auto knallte auf ihn drauf. Die Insassen sprangen blitzschnell und verärgert aus ihren Wagen und begannen sich schon auf einen längeren Disput über dieses völlige unvermittelte Bremsmanöver einzustellen. Doch zu ihrer Verwunderung schienen sich die beiden jungen Männer im dem Citroën überhaupt nicht für den Unfall und das demolierte Hinterteil ihres Fahrzeugs zu interessieren.

Stattdessen wendeten sie und rasten in die andere Richtung davon, einem Opel hinterher, der auf der anderen Straßenseite vorbeigefahren war. Darin saßen tatsächlich Peter, Hannelore und mein Vater. Peter fuhr den Opel sehr langsam, denn Hannelore hatte den Citroën von Klaus erkannt. An einer Ampel mussten die beiden Wagen halten, und kurz darauf lagen sich alle schluchzend in den Armen, unfähig zu sprechen. Rolf telefonierte sofort von der nächsten Telefonzelle mit dem Hotel und übermittelte Anita und Dieter die frohe Botschaft. Aber keine Spur von Renate.

Peters und Hannelores Bericht wurde nun mit der größten Spannung erwartet. Mein Vater saß derweil still und in sich gekehrt am Ende des großen Tisches und wechselte nur hin und wieder ein paar Worte mit einem der österreichischen Zuhörer.

»Nachdem Rolf, Anita und Dieter mit dem Schiff über die Donau ausgereist waren«, begann Peter zu erzählen, »und Renate mit ihrem Käfer die Grenze passiert haben musste, gingen wir zum Hotel Carlton zurück. Wir stiegen in den Opel, prüften noch einmal die Reiseutensilien und fuhren dann auch über die große Donaubrücke zum Grenzübergang.

An dieser Stelle fiel Hannelore Peter ins Wort: »Aber als Peter den Opel vor dem Hotel Carlton aufschließen wollte, kam ein Mann auf ihn zu, der ihn offensichtlich freundlich begrüßen wollte. Als der jedoch unser West-Berliner Kennzeichen sah, stutzte er und entfernte sich. Ich habe einen gehörigen Schreck bekommen, sagte aber nichts, um die beiden Männer nicht noch nervöser zu machen.«

Es wurde nie aufgeklärt, wer da glaubte, Peter erkannt zu haben. Dass man in Bratislava Bekannte aus der DDR treffen konnte, war nicht so unwahrscheinlich. Es war Ferienzeit, und die Auslandsziele im Ostblock waren begrenzt.

Nun berichtete Peter wieder: »Jetzt waren wir fest entschlossen, diesen Akt erfolgreich hinter uns zu bringen. Wir kamen an die Grenze und standen in einer langen Schlange von Westautos. Ein junger, offensichtlich unerfahrener Grenzsoldat führte die sogenannte Vorkontrolle durch. Bei meinem West-Berliner Pass stutzte er, gab ihn mir zurück und meinte, der sei falsch. Er wollte einen Reisepass sehen, den ich natürlich nicht hatte. In einem Anfall von Panik und Wut würgte ich den Motor ab und blockierte erst einmal die Weiterfahrt der anderen. Ich habe in dieser Aufregung ziemlich harsch reagiert, worauf der Grenzer zu seinem Vorgesetzten ging, der ihm signalisierte, dass der Pass in Ordnung sei.«

Ganz einfach war die Sache allerdings nicht. Rolf hatte einen West-Berliner Personalausweis, Anita und Dieter aber einen westdeutschen Reisepass, und da »Westberlin« nach der damals herrschenden Drei-Staaten-Theorie ein eigener Staat war, durfte Rolf auch mit keinem anderen Pass reisen. Nur wussten das im Ostblock nicht alle Grenzer. Es kam ja auch selten vor, dass Bundesdeutsche und Westberliner gemeinsam in einem Auto reisten. Verboten war das zwar nicht, aber ein erster Stolperstein, um den Grenzübertritt holprig und Flüchtende nervös zu machen.

»Diese kleine Episode hat uns ziemlich aus dem Gleichgewicht gebracht, zumal dann auch noch mein Vater an seinem Reisepass von Dieter herumnörgelte. Jedenfalls fuhren wir schließlich wie alle anderen Ausreisenden langsam zum eigentlichen Grenzkontrollpunkt, an dem ziemlich viel los war. Dort hatte sich eine dichte Autotraube gebildet. Jeweils drei Fahrzeuge wurden parallel abgefertigt. Bald waren wir an der Reihe. Eine Grenzerin verlangte die Reisedokumente. Ich reichte die beiden Reisepässe, den Westberliner Personalausweis und die Visa durch das Fenster. Sie gab nach oberflächlicher Durchsicht das ganze Bündel einem Kollegen, der mit dem Stapel zu einem Schalter am Abfertigungsgebäude ging und alles hineinreichte.«

Meine Familie wusste nichts über die komplizierte Stempelsituation und die berühmte Quarzlampe in den Grenzbaracken.

»In der kleinen Gruppe von Autos, die gleichzeitig abgefertigt wurden, waren wir der letzte Wagen«, fuhr Peter fort. In wenigen Minuten musste sich nun entscheiden, ob die Papiere den Prüfungen standhielten. »Wir versuchten, so ruhig wie möglich zu sein. Aber in Wirklichkeit fühlten wir uns hundeelend, trotz der Beruhigungstabletten, die wir geschluckt hatten. Wir verfolgten aufmerksam jede Aktivität in unserer Umgebung. Nach etwa zehn Minuten kam ein Grenzsoldat mit einem großen Stapel von Pässen und Visaabschnitten zurück und begann damit, sie den Insassen der vor uns stehenden Autos zurückzugeben. Ein Wagen nach dem anderen setzte sich in Richtung Schlagbaum in Bewegung. Als er bei uns ankam, waren seine Hände leer. Was war passiert? Dauerte es bei uns länger? Gab es Unstimmigkeiten? Die Zeit schien stehen zu bleiben. Der Kerl ging an unserem Auto vorbei und begann die Papiere der hinter uns stehenden Autos einzusammeln. Dann erst kam er wieder zu uns und befahl uns in gebrochenem Deutsch, rechts heraus zu fahren. Mir wurde schwarz vor Augen, und ich hatte das Gefühl, ohnmächtig zu werden. Ich war unfähig, auch nur einen Finger zu rühren. Da bekam ich von Hannelore einen Stoß in die Seite: ›Fahr los, wir müssen die Fahrbahn räumen.‹ Ich startete den Motor und fuhr nach rechts auf einen Abstellplatz. Wir stiegen aus und wurden in einen Warteraum der Abfertigungshalle gebeten. Auf unsere Frage, was denn los sei, erhielten wir nur zur Antwort. ›Das muss geklärt werden. Wir bitten zu warten Sie.‹ Immerhin war man sehr höflich zu uns. Wir saßen wie betäubt mit ein paar anderen Reisenden in dem Warteraum und befürchteten natürlich das Schlimmste. Ich zündete mir eine Kent an, und sogar Vater bat mich auch um eine Zigarette, obwohl er seit fünfzehn Jahren nicht mehr geraucht hatte. Hannelore holte sich einen ›Stern‹ aus dem Auto und tat, als würde sie lesen. Eine bedrückende Atmosphäre lag über unserer kleinen Gruppe. Erst nach und nach kehrten die Lebensgeister zurück. Nach einer Viertelstunde kauften wir uns mit unserem österreichischen Geld Getränke an einer kleinen Bar im Warteraum. Keiner kümmerte sich mehr um uns. Wir hatten also genug Zeit zum Nachdenken und uns das Schlimmste auszumalen. Hatte uns doch jemand verpfiffen? Würden wir bald verhört werden? Wir wussten, dass wir einem Verhör nicht lange standhalten und uns mit der Zeit in Widersprüche verstricken würden. Währenddessen tauchten Uniformierte auf, gingen von einem Zimmer in ein anderes oder verschwanden in Korridoren, in die wir keinen Einblick hatten. Und vor den Fenstern schob sich der kleine Grenzverkehr in Dreierkolonnen in Richtung Wien vorbei.

Nach einer halben Stunde machte ich den zaghaften Versuch, einen der vorbeieilenden Grenzer anzusprechen, erhielt aber nur eine nichtssagende Geste zur Antwort. Jetzt reichts aber. Hannelore war die erste, die ihren Kampfgeist wiedergewann. ›Hör mal, Peter‹, zischte sie mir ins Ohr, ›so benimmt sich doch kein Westdeutscher, dessen Papiere in Ordnung sind und der heute ein Hotelzimmer in Wien gebucht hat. Du musst jetzt etwas unternehmen!‹ Sie hatte natürlich vollkommen Recht. Überdies waren sich die Grenzer ihrer Sache wohl nicht ganz sicher. Sonst hätten sie uns längst in die Mangel genommen. Also beschloss ich zu handeln, denn das war unsere einzige Chance. Ich musste sie unter Zeitdruck setzen. Ich stand auf, ging mit gespielter Empörung auf einen der Grenzbeamten zu und beschwerte mich, dass wir noch immer nicht abgefertigt wurden. , Ich verlangte, einen der Vorgesetzten zu sprechen. ›Hören Sie mal, wir warten jetzt schon zwei Stunden.‹ Inzwischen waren nämlich neue Grenzer aufgetaucht, und ein höchst geschäftiges Treiben hatte im Hintergrund die Szene verändert. Es wurde telefoniert, und Hannelore glaubte sogar, unsere Namen gehört zu haben. Und während Vater ganz apathisch und erschöpft in einer Ecke des kleinen Raumes saß und nur noch auf die Katastrophe zu warten schien, mischte sich jetzt auch Hannelore ein und beschwerte sich lautstark, wir hätten ein Zimmer in Wien bestellt und könnten nun nicht mehr sicher sein, ob man es für uns freihalten würde. Sie zeigte den Grenzern sogar die Buchungsunterlagen, was diese allerdings nur stumm zur Kenntnis nahmen.«

Jetzt mischte sich Hannelore in den Bericht ein: »Peter war plötzlich wild entschlossen, die Dinge nicht mehr länger treiben zu lassen. Man hätte uns doch ganz anders behandelt, wenn man den ganzen Schwindel wirklich durchschaut hätte. Ich rechnete mir also eine echte Chance aus. Auch Peter war meiner Meinung. Er ging ziemlich zornig in einen der Abfertigungsräume und beschwerte sich noch einmal. Man schickte ihn zwar wieder raus, aber endlich kam Bewegung in die festgefahrene Situation. Von jetzt ab ließen wir uns nicht mehr abwimmeln. Unsere Angst war einer wilden Entschlossenheit gewichen, denn zu verlieren hatten wir ja ohnehin nichts mehr. Inzwischen schienen sich immer mehr Zivilbeamte und Uniformierte mit unserem Fall zu beschäftigen. Offensichtlich waren sogar Beamte der Staatssicherheit aus Bratislava gekommen. Unseren Vater mussten wir mit seiner Angst und Hilflosigkeit erst mal ignorieren.

Schließlich fragte uns einer der Grenzer in relativ gutem Deutsch: ›Haben Sie nicht vielleicht ein anderes Dokument, mit dem sie sich ausweisen können?‹ ›Ja, ich habe noch den Führerschein.‹ ›Führerschein sehr gut.‹ Der Grenzbeamte schien erleichtert zu sein. Peter ging zum Auto, holte »seinen« Führerschein und übergab ihn dem Grenzbeamten. Wir waren in höchster Anspannung. Endlich, nach einer kleinen Ewigkeit, kam ein Beamter, den wir bis dahin noch nicht gesehen hatten, mit den Papieren zurück, überrreichte sie uns und wünschte eine gute Fahrt.«

Nun berichtete Peter weiter: »Jetzt mussten wir nur ganz kaltblütig bleiben, durften keine Eile zeigen oder irgendeine Dummheit begehen, mit der wir verraten hätten, dass wir DDR-Bürger waren. Lieber noch eine Beschwerde wegen der Verzögerung und ein paar verächtliche Blicke in Richtung der Grenzer – und dann nichts wie weg. Aber was macht unser Vater? Wir trauten unseren Augen nicht. Er drückt die Hand des Grenzers, bedankt sich und will ihm den »Stern« geben, was dieser sehr höflich ablehnte. Wir konnten es kaum fassen. Gott sei dank hatten wir gar keine Zeit, darüber nachzudenken. Eile war geboten, nichts weiter. Tja, und dann sind wir schließlich im Westen gelandet, genauer gesagt in Österreich, auf der Straße nach Wien, das große Ziel, das noch keiner von uns gesehen hatte.«

Die Leute im »Erzherzog Rainer« jubelten und klatschten spontan Beifall. Unsere kleine Truppe musste einen merkwürdigen Eindruck auf die Hotelangestellten und die umstehenden Gäste gemacht haben. Zwischen hysterisch und euphorisch wechselten jetzt die Stimmungslagen. Alle redeten durcheinander, brüllten und freuten sich. Für Bedenken irgendwelcher Art war zu diesem Zeitpunkt kein Raum. Es war ein Fest, ein unbeschreibliches Gefühl, ein Taumel, etwas eigentlich Unerreichbares geschafft zu haben. Für mich war es das Ende einer einjährigen manischen Beschäftigung mit diesem Problem. Und jetzt ein Happy End. Nur ich saß eigenartig teilnahmslos und ohne Stimme am Tisch. Selten im Leben kam ich mir so überflüssig vor wie in diesem Moment.

Alle fieberten nun nach einer Deutung für die Beinahe-Katastrophe an der Grenze. Rolf erklärte, dass es möglich war, dass im Stempel des Visums für meinen Vater, dessen gekritzelte Zahlensymbole wir Dieters echtem Visum entnommen hatten, eine Information enthalten war, die auf einen jüngeren Mann hinwies. Die Symbole waren ja nicht zu deuten, sondern codierte Bezeichnungen für irgendetwas, das wir nicht erraten konnten. Welches der Symbole nun Schwierigkeiten bereitet hatte, ließ sich beim besten Willen nicht feststellen, auch später nicht. Vielleicht war der Fehler von einem Grenzbeamten bei der Einreise verursacht worden, was bei den komplizierten Papieren und den vielen Grenzkontrollen immer wieder vorkam.

Einige Beobachtungen hatten die drei während ihrer langen Wartezeit und bei ihren späteren Protesten machen können. Alle Dokumente waren mehrfach untersucht worden, auch unter der berüchtigten Quarzlampe, hatten diese Prüfung offenbar aber bestens bestanden. Die Grenzer konnten bei dieser Informationslage wahrscheinlich nicht mehr aus eigener Machtbefugnis entscheiden und hatten deshalb Höherrangige aus Bratislava angefordert. Das war die von Peter und Hannelore gegen Ende der Wartezeit wahrgenommene neue Crew, die vermutlich aus speziellen Staatssicherheitsleuten bestand, die womöglich ständig mit dem Kontrollpunkt der Einreise in Rozvadov kommuniziert hatten. Unsere entscheidende Idee, die doppelte Einreise, die uns so viel Kopfzerbrechen und Kraft gekostet hatte, war wahrscheinlich die Rettung.

Peter von Tramin, der Wiener Schriftsteller, hatte dem Bericht wie die Hotelangestellten und die verbliebenen Restaurantgäste mit größter Spannung gelauscht und nur ab und zu Worte wie »wahnsinnig«, »famos« oder »verrückt« ausgestoßen. Voller Freude umarmte er uns immer wieder. Inzwischen war es fast drei Uhr morgens, aber die meisten Restaurantgäste waren noch immer da. Da kaum jemand von uns in den vorangegangenen Tagen richtig geschlafen hatte, war es längst Zeit, ins Bett zu gehen. Da geschah noch etwas Merkwürdiges: Da drei von uns nun die gleichen Papiere besaßen, weigerte sich der Hotelmanager, die »Doppelgänger« im Hotel übernachten zu lassen. Auch Peter von Tramin war trotz seiner wundervoll charmanten Art machtlos, dem gesetzestreuen Hotelchef, der unter keinen Umständen Ärger mit der Polizei haben wollte, ein weiteres Zimmer abzuluchsen. Wir waren ebenso wie die übrigen Gäste perplex.

Also stellten uns die Tramins ihre kleine Wohnung in der Innenstadt zur Verfügung, während sie selbst bei ihrem Freund Roman Rocek übernachten wollten, den Peter und Hannelore auch gut kannten. Tatsächlich hatten sie Roman und Erika Rocek vor einigen Jahren während eines Urlaubs in Ungarn am Plattensee durch die Tramins kennengelernt. Als Peter von Tramin seinen Freund Rocek jetzt mitten in der Nacht am Telefon fragte, ob er erraten könne, wer wohl in Wien sei, erhielt er zur Antwort:

»Ich sag mal: Peter Fischer aus Dresden.«

»Wie kommst du denn da drauf?«, fragte von Tramin entgeistert.

»Na, ich hab ihn heute an der Grenze gesehen.«

Die Geschichte, die er dann erzählte, ließ uns noch nachträglich den Atem stocken. Wie so viele ihrer Landsleute waren die Roceks am Nachmittag in Bratislava gewesen. An der Grenze hatten sie direkt hinter dem Wagen meines Bruders gestanden.

»Schau doch mal, da sind die Fischers aus Dresden«, hatte Frau Rocek zu ihrem Mann gesagt.

»Du spinnst ja«, erwiderte er. »Der Wagen hat doch eine Westberliner Nummer.«

»Aber die Leute sehen aus wie die Fischers. Meinst du, wir sollten mal aussteigen und sie ansprechen?«

»Lass das mal lieber. Es wird wohl eine Verwechslung sein.«

Wir konnten es kaum fassen, und ich schickte noch einmal ein Dankgebet gen Himmel. Nicht auszudenken, wenn die Roceks tatsächlich ausgestiegen wären und Hannelore und Peter mit einem herzlichen »Was macht Ihr denn hier?« begrüßt hätten.

Unsere euphorische Stimmung hielt auch den ganzen nächsten Tag an. Gleich nach dem Frühstück fuhren wir im Prater Riesenrad, um Wien aus der Vogelperspektive zu betrachten und die neue Freiheit zu genießen. Dann ging es bei schönstem Wetter mit dem Fiaker durch die Stadt. Unendlich glücklich und erleichtert tauchten wir in den Zauber und den Trubel Wiens ein. Hannelore, Peter und mein Vater stießen von Zeit zu Zeit Worte der Freude, des Entzückens und des Dankes aus. Ich war wohl diejenige, die es am wenigsten fassen konnte, dass jetzt alles vorbei war. Noch fühlte ich mich wie unter einer Käseglocke. Was mich allerdings innerlich allmählich beruhigte: Kein ewiges Kreisen mehr um die Flucht; nie mehr würden wir uns damit beschäftigen müssen. Langsam kam auch bei mir freudige Stimmung auf.

Am nächsten Tag nahmen wir die Autobahn in Richtung Salzburg. Die Wiesen schienen viel grüner, die Blumen viel farbiger, die Bauernhöfe viel schöner, die Bäume viel gesünder als in den letzen Tagen. Und es wurde noch viel schöner, als wir kurz nach Linz bei Vorschdorf die Autobahn verließen und auf einer malerischen Landstraße durch das Salz-

Nach der gelungenen Flucht in Wien. V. l. n. r.: Rolf und Renate Kreibich, Peter, Hannelore und der Vater Albert Fischer

kammergut mit dem Traunsee, dem Attersee und dem Mondsee fuhren, wo wir mehrere Picknicks machten. Vater weinte, als er zum ersten Mal nach dem Krieg wieder seine geliebten Alpen sah. Rolf hatte die Strecke in dieser Bilderbuchlandschaft bewusst zur Rückfahrt gewählt, auch um das Trauma der Flucht abzuschütteln, in dem wir alle noch mehr oder weniger gefangen waren.

Am nächsten Morgen saßen wir bei herrlichem Wetter im Garten eines Hotels mit Blick auf den Mondsee und frühstückten. Alle wünschten nur, dass dieses Frühstück nie ein Ende nehmen möge. Die Stunden waren überwältigend schön, auch wenn die weitere Zukunft für Hannelore, Peter und meinen Vater ungewiss war.

Vom Mondsee ging es über Salzburg und München nach Heidelberg. Anita und Dieter waren nun wieder bei ihrer Familie. Ich wollte so schnell wie möglich Miriam wieder in die Arme schließen, die zum Glück nichts von dem Damoklesschwert ahnte, das in den letzten Tagen auch über ihrem Kopf geschwebt hatte. Schon am nächsten Tag fuhren wir nach Berlin zurück, um uns schnellstens wieder an die Arbeit zu machen. Der Alltag hatte uns wieder. Aber das

Leben konnte nun zusammen mit der Familie neu organisiert werden.

In der Nacht vom 20. zum 21. August 1968, also genau drei Wochen später, marschierte die Rote Armee zusammen mit den Warschauer-Pakt-Armeen in Prag ein. Der Prager Frühling hatte ein jähes, bitteres Ende gefunden.

Wir nahmen die Dresdner erst einmal mit nach Berlin. Obwohl das bekannte Flüchtlingsdurchgangslager in Berlin-Marienfelde aufgelöst worden war, mussten weiterhin alle Flüchtlinge das Notaufnahmeverfahren durchlaufen. Um Bundesbürger werden zu können, musste sich jeder den Befragungen und Verhören sowohl der deutschen Behörden als auch der Alliierten stellen. Das war insofern eine etwas heikle Situation, als dann mit Sicherheit auch die Fluchtwege zur Sprache kommen würden.

5. ERINNERUNGEN

Der Ermittlungsbeamte des Staatsschutzes im Mammutbau des Flughafens Tempelhof saß die ganze Zeit fast regungslos hinter seinem Schreibtisch, auf dem nur die Ermittlungspapiere und ein alter Kugelschreiber lagen. Wir hatten nur zwei kurze Pausen gemacht. Zu essen und zu trinken gab es nichts.

Ich glaube, dass ich ihm die Geschichte genau so erzählt habe. Er verriet mit keiner Geste, ob ihn irgendetwas besonders interessierte oder gar berührte. Da er eigentlich gar nicht reagierte, war ich nicht sicher, ob er das Ganze überhaupt verstanden hatte. Aus meinen Erfahrungen vom Vormittag war das jedenfalls eher unwahrscheinlich. Aber gerade darauf kam es mir an. Ich wollte hier nur so schnell wie möglich wieder raus. In diesem Moment fiel mir noch ein wichtiges Argument ein: »Ist Ihnen eigentlich bekannt, dass es zwischen den deutschen Behörden und den alliierten Geheimdiensten eine feste Absprache gibt, dass Ostflüchtlinge im Rahmen des Notaufnahmeverfahrens keine Auskunft darüber geben müssen, wie sie über die Grenze gekommen sind? Das ist doch eine kluge und wichtige Vereinbarung, weil sich immer wieder herausgestellt hat, dass in alle Bereiche der westdeutschen und alliierten Geheimdienste Stasispitzel eingeschleust worden sind, die die Fluchtwege auffliegen lassen können. Viele potenzielle Fluchtwillige und zahlreiche Flüchtlinge sind deshalb schon geschnappt worden. Deshalb hatte man auch meine Familie darüber aufgeklärt, dass sie über Flucht, Fluchtwege und

Helfer keine Angaben zu machen brauchen, und im Übrigen waren die Arbeitsstelle meines Bruders bei den Dresdner Flugzeug Werken und der Job meines Vaters als Kommanditist bei der Firma Weizenin viel wichtiger.

An weitere Fluchthilfen haben wir ohnehin nie gedacht. Für uns ist das Kapitel damals ein für allemal abgeschlossen gewesen.«

Der Ermittlungsbeamte reagierte wieder nicht, machte sich aber eine kurze Notiz. Es folgte eine längere Pause, und ich geriet langsam in Wut darüber, dass ich meine Lebensgeschichte und meine Gefühlswelt vor diesem Menschen hatte ausbreiten müssen, obwohl wir doch eigentlich in doppelter Hinsicht die Geschädigten waren. »Falls Ihnen das alles zu kompliziert ist«, so fuhr mir heraus, »wäre es doch am besten, wenn Sie die Dokumente überprüfen. Da Ihre Leute unser Haus durchwühlt haben, werden Sie alle wichtigen Unterlagen ja sicher mitgenommen haben. Wir haben sie jedenfalls nicht versteckt. Soviel ich weiß, liegen sie im Schreibtisch meines Mannes: Die falschen Pässe, die Visaabschnitte und die geätzten Kupferplatten, mit denen wir die Stempel gemacht haben. Das wird sie doch hoffentlich interessieren. Wir haben uns das ganze Zeug als Souvenir aufgehoben. Man weiß ja nie, wer sich in zwanzig Jahren mal dafür interessiert. Sehen Sie, auch da waren wir hellsichtig.«

Es war noch immer Donnerstag, der 20. März 1980. Für heute schien ihm das genug zu sein – zumal es bereits nach Dienstschluss war. Ich hatte den ganzen Tag weder gegessen noch getrunken und war in äußerst gereizter Stimmung. Nach Rücksprache mit unseren Anwälten war schnell klar geworden, dass sich die Ermittlungen voraussichtlich noch über Wochen hinziehen würden, obwohl es eigentlich nichts mehr zu ermitteln gab und die Situation hinreichend klar war. Noch wollte ich es nicht glauben. Nur ganz vage und dumpf ahnte ich, was das für uns bedeuten würde. Doch solche Überlegungen schob ich erst einmal weit weg, denn zunächst galt es, die augenblickliche Situation zu bewältigen. Ich wollte nur noch raus aus diesem Bau.

»Sie müssen jetzt zur erkennungsdienstlichen Behandlung«, erklärte der Beamte nun plötzlich.

»Zu was?«

»Zur erkennungsdienstlichen Behandlung.«

»Was ist denn das?«

»Fingerabdrücke, Lichtbilder und so.«

Auf dem Flur traf ich Rolf. Wir empfanden es als besonders nette und hilfreiche Geste, dass unsere Anwälte noch einmal nach Tempelhof gekommen waren. Sie versuchten, uns zu beruhigen, und begleiteten uns zu einer Tür, über der ein Schild mit der Aufschrift »Erkennungsdienstliche Behandlung« aufleuchtete. Die Beschwichtigungsversuche unsere Anwälte waren auch notwendig, denn als Rolf aus dem Vernehmungszimmer kam, führte er mit dem Ermittlungsbeamten einen heftigen Disput über die Art unserer Behandlung. Auch ich war in diesem Moment empört und beschimpfte die Vernehmer, die uns daraufhin mit unbeholfenen Gesten signalisierten, dass sie ja nur ihre Pflichten täten. Wir betraten einen Raum, der mit seinen gespenstisch altmodischen Geräten eher an ein Gruselkabinett erinnerte. Man schwärzte uns die Fingerkuppen und wies uns an, jeden einzelnen Finger auf ein gesondertes Papier zu drücken. Anschließend wurden wir von vorn, von hinten und mehrmals im Profil fotografiert und mit einem Zentimetermaß gemessen. Wir fühlten uns wie Schwerverbrecher. Rolf hätte die Prozedur sicher nicht mitgemacht, wenn uns die Anwälte nicht vorher eingeschworen hätten, dass die Gesetzeslage ein solches Vorgehen auch bei zu Unrecht in staatsanwaltschaftliche Ermittlungen einbezogenen Personen vorschrieb. Nach dieser Prozedur ließ uns Generalstaatsanwalt Schultz, der das Ermittlungsverfahren veranlasst hatte und leitete, durch unsere Anwälte mitteilen, dass wir uns ab sofort frei bewegen und auch nach Ceylon reisen dürften, wie wir es vor unserer Verhaftung vorgehabt hatten. Wir hatten beide denselben Gedanken: Wollte man uns auf den Arm nehmen? Nach Ceylon war uns inzwischen ganz und gar nicht mehr zumute. Was für eine Vorstellung!

Schließlich wurden wir im Dienstwagen nach Hause gebracht. Ich durfte neben Rolf sitzen. Wir sprachen kaum miteinander. Als wir ankamen, lag unser kleines Reihenhaus, das später in der Presse zur Zehlendorfer »Villa« geadelt wurde, dunkel und fremd vor uns. Aus dem Gebüsch krochen einige Reporter und schossen Bilder von uns. Wir gingen schnell zur Haustür und schlossen erst einmal hinter uns ab. Kaum hatten wir das Haus betreten, krallte ich mich in das weiße Sichtmauerwerk in der Diele. Meine schwarzen Finger hinterließen deutliche Abdrücke, die noch heute an diesen 20. März 1980 erinnern. Beim Überstreichen der weißen Wände habe ich sie später immer ausgespart.

Der intensive Geruch von Bohnensuppe brachte uns zurück auf den häuslichen Teppich. Wir hatten einen gewaltigen Hunger. Meine Schwiegermutter, die immer praktisch dachte, hatte einen großen Topf voll gekocht, als hätte sie geahnt, dass wir den ganzen Tag nichts zu essen bekommen hatten. Gemeinsam mit ihr und den Kindern aßen wir die Bohnensuppe so genüsslich, als wäre sie das beste Essen, das wir je gegessen hätten. Denn erstmals nach dem morgendlichen Überfall – es war mittlerweile etwa sieben Uhr abends – hatten wir das Gefühl, wieder vertrauten Boden unter den Füßen zu haben. In dieser schon fast wohligen Situation überreichte Rolfs Mutter völlig arglos einen Brief mit der Bemerkung, er sei am Nachmittag von einem Boten gebracht worden. Der Brief war an Rolf gerichtet und verriet auf dem Umschlag, dass er aus Rolfs Institut für Zukunftsforschung kam. Ich werde nie vergessen, wie Rolf verstummte und wie versteinert ins Leere blickte. So fassungs-

Erwies sich in den kritischen Tagen als wahre Heldin: Rolf Kreibichs Mutter Ellen

los hatte ich ihn noch nie erlebt. Im ersten Moment wollte er uns den Brief gar nicht zeigen. Erst nach längerer Stille bestand ich darauf zu erfahren, was in dem Schreiben stand, denn ich ahnte Schlimmes.

»Man verbietet mir, das Institut zu betreten«, sagte Rolf. Und nach längerer Pause: »Die Kerle vom Gesellschaftsvorstand haben mich mit sofortiger Wirkung suspendiert.«

Ich erschrak derart, dass mir erst einmal gar nichts über die Lippen kam. Stattdessen schossen mir zahlreiche Gedanken durch den Kopf: Rolf ohne seine für ihn so wichtige Arbeit? Wie konnte es innerhalb weniger Stunden zu derartigen Folgen kommen? Wer steckte dahinter? Wollte man uns ganz zur Strecke bringen? Erstmals fühlten wir uns nun wie Aussätzige.

Kommentarlos reicht Rolf mir den Brief zum Lesen. Auch seine Mutter und die Kinder saßen mit ängstlichen Gesichtern am Tisch. Was sollte nun werden? Rolf nahm den Brief wieder an sich und überflog noch einmal den Inhalt.

»Weißt du eigentlich«, sagte Rolf, »dass der Vorstandsvorsitzende der Gesellschaft, Menke-Glückert, Ministerialdirektor im Bundesinnenministerium ist, also einer der fünf höchsten Beamten in diesem Haus?«

Ich hatte gerade noch Zeit zu kombinieren, dass es sich damit um jenes Ministerium handelte, an das der Verfassungsschutz und die Geheimdienste eng gekoppelt sind, als es bei uns klingelte. Gleich drei unserer engsten Freunde standen vor der Tür – mit Blumen. Sie umarmten uns mit tröstenden freundschaftlichen Worten, nicht ahnend, dass wir gerade einen neuen Tiefschlag erhalten hatten. Sie hatten eben aus den Abendnachrichten erfahren, dass wir freigelassen worden waren und dass die Generalstaatsanwaltschaft uns freigestellt hatte, hinzugehen und zu reisen wohin wir nur wollten.

Es dauerte nicht lange, da war das Haus voller Freunde und Bekannten aus der Nachbarschaft, die über den morgendlichen Überfall empört waren und uns ihre Unterstützung zusagten. Manche von ihnen hatten sich schon tagsüber spontan mit uns solidarisch erklärt. Ich glaube, ich habe in diesem Moment vor Freude geheult. Aber zuerst musste ich mich um die Kinder kümmern. Denn die 13-jährige Miriam war in ihrer Schule, dem Zehlendorfer Werner-von-Siemens-Gymnasium, auf Häme, Misstrauen und Vorverurteilung gestoßen. Sie war – darin ihrem Vater sehr ähnlich – zunächst eher wütend als niedergeschlagen gewesen. Der Brief aus dem Institut machte auch ihr klar, dass die nächste Zeit nicht nur für uns, sondern auch für sie sehr schwierig werden würde.

Der siebenjährige Mirco wurde hingegen von seiner Klassenlehrerin, Frau Kluge, in der Zinnowwald-Grundschule vor verletzenden Reaktionen seiner Mitschüler abgeschirmt und beschützt. Dennoch wirkte er viel bedrückter als Miriam. Er hatte begriffen, dass etwas Schlimmes passiert war: die Untersuchungsbeamten, die Durchsuchung der Wohnung, die erregte Stimmung. Aber in seinem Alter war es nicht leicht, ihm den ganzen Sachverhalt zu erklären. Er war schon immer etwas in sich gekehrt und tat mir in seiner Angst und seinem Kummer entsetzlich leid. Am liebsten hätte ich ihn gleich aus Berlin weggeschickt. Aber das hätte ich nicht übers Herz gebracht.

Meine Schwiegermutter hatte sich in der Zeit unserer Vernehmungen und erkennungsdienstlichen Behandlung als wahre Heldin erwiesen. Sie hatte den ganzen Tag lang mit den Untersuchungsbeamten, die akribisch in allen Schränken, Schreibtischen, Sekretären, Kommoden und Regalen wühlten, zugebracht, ihnen mehrmals Kaffee und Tee gekocht und Säfte bereitgestellt. Außerdem musste sie sich um die Kinder kümmern, das pausenlos klingelnde Telefon bedienen und – die Bohnensuppe kochen. Ich umarmte und küsste sie und versicherte ihr, dass an der ganzen Sache nichts dran war und alles, was uns zur Last gelegt würde, reiner Unsinn sei. Sie brauche sich keine Sorgen zu machen. »Hab' ich sowieso alles nicht geglaubt«, sagte sie fast empört. »Da braucht ihr mir nichts zu erklären.« Wie sehr die Ereignisse sie belastet hatten, zeigte allerdings der Herzinfarkt, den sie wenig später erlitt.

Die folgenden Stunden haben sich unauslöschlich in meinem Gedächtnis eingegraben. Unaufhörlich klingelte es an unserer Tür. Die mittlerweile zahlreich anwesenden Freunde und Bekannten wollten natürlich wissen, was mit uns geschehen war und was die Hintergründe dieser wilden Geschichte waren. Ich war über den vorbehaltlosen Vertrauensvorschuss so gerührt, dass ich im ersten Moment kaum sprechen konnte. Niemand außer uns konnte ja wissen, was wir gemacht oder auch nicht gemacht hatten. Schließlich gelang es mir, die Geschichte in verkürzter Form noch einmal zu erzählen, und bald war allen klar, dass die Anschuldigungen aus der Luft gegriffen sein mussten. Der Verdacht bestätigte sich, dass es offensichtlich um eine Aktion mit politischem Hintergrund ging, die zumindest in Kenntnis, wenn nicht gar mit Billigung diverser staatlicher Stellen vorangetrieben worden sein musste. Schon den ganzen Tag hatten Rolf und ich uns die Köpfe zermartert: Warum hat uns der Staatsschutz nicht ein einziges Mal vorher einbestellt? Ein einziger Telefonanruf hätte doch genügt, um die Sache aufzuklären. Man hätte doch die Beweismittel nach Tempelhof mitnehmen und dann alles beweiskräftig beurkunden können. Man hätte, man hätte…

Gegen 20.30 Uhr rief mein Bruder aus Heidelberg an. Auch bei ihm und Hannelore hatte am Morgen der Staatsschutz vor der Tür gestanden und sie an Ort und Stelle verhört. Kurze Zeit später berichtete mein Vater aus Siegen das gleiche. Zweifellos handelte es sich also um eine konzertierte Aktion. Meinen Vater hatte man allerdings nur kurz über die Flucht und erheblich länger über die Verwandtschaft meiner Mutter mit Herbert Wehner, seine Arbeit und die Arbeitsstelle in Dresden und immer wieder über die Zusammenarbeit mit diversen Leuten bei der Firma VEB Weizenin ausgefragt. In diesem Zusammenhang erwähnte er auch mehrfach den für mich so schrecklichen Heinz Ludewig. Ich beendete das Telefongespräch so schnell ich konnte. Für heute hatte ich genug von diesem Thema und von diesem Denunzianten gehört.

Unser Leben hatte sich in wenigen Stunden vollständig verändert. In der Nacht nach diesem langem Tag war ich endlich mit Rolf allein. Wir wussten beide, dass diese Aktion ausschließlich gegen Rolf gerichtet war. Ich war sehr unglücklich darüber, dass uns jemand verleumdet hatte, der mit meiner Familie »befreundet« gewesen war und den Rolf nicht einmal kannte. Ich fühlte mich sogar für meine Eltern schuldig. Für Rolf hingegen ging es, wie die Pressekampagne und der Brief aus dem IFZ, dem Institut für Zukunftsforschung, zeigten, in erster Linie nicht um Herrn Ludewig und dessen Aussagen. Viel mehr beschäftigten ihn die politische Dimension der Kampagne und ihre Hintermänner.

Er war 1969 im Alter von dreißig Jahren zum damals jüngsten Universitätspräsidenten der Welt gewählt worden. Die Freie Universität Berlin, in dieser Zeit die größte Hochschule in der Bundesrepublik, war nach dem Krieg und während der Studentenbewegung die wohl symbolträchtigste Universität in Deutschland und darüber hinaus. Rolf hatte als »linker Sozialdemokrat« ein vom Berliner Senat und mehrheitlich vom Abgeordnetenhaus von Berlin verabschiedetes fortschrittliches Universitätsgesetz umgesetzt und sich bei einigen politischen Gruppierungen auf der rechten Seite des politischen Spektrums und den radikalen Linken äußerst unbeliebt gemacht. Dazu kam die aufgeheizte Berliner Medienlandschaft, die einen rationalen Umgang mit den tatsächlichen Problemen der Bildungsmisere und der dringend erforderlichen Reform der Universitäten fast unmöglich machte. Und nun wollte er, der von vielen gehasste Reformpräsident, im Sommer 1980 als Bundestagsabgeordneter für die SPD nach Bonn gehen. Die Chancen standen sogar recht gut. Selbst zahlreiche Skeptiker, die der Universitätsentwicklung zunächst kritisch gegenüberstanden, bewerteten die schwierige Phase der Universitätsreform und die Konsolidierung der Freien Universität im Nachhinein überwiegend positiv. Trotzdem hatte Rolf innerhalb und außerhalb der SPD noch mächtige politische Gegner, die seine Kandidatur unbedingt verhindern wollten.

Für den Generalstaatsanwalt Schultz wäre es die rechtlich und politisch gebotene Pflicht gewesen, uns ohne diesen spektakulären Überfall und den Medienrummel zu befragen. Wir hätten jederzeit zur Verfügung gestanden und selbstverständlich zu allen Punkten Stellung genommen. Wir hätten auch alle Unterlagen an die Staatsanwaltschaft übergeben, sodass nach Lage der Dinge jeglicher »Verdacht« schon nach kurzer Einsicht hätte aus der Welt geschafft werden können. Kurios fanden wir, dass die falschen Reisepässe, Visa und Stempel bei der Hausdurchsuchung nicht mitgenommen worden waren, obwohl sie offen zugänglich in Rolfs Schreibtisch lagen, der auch genau untersucht worden war. So konnten wir die Erinnerungsstücke an die Flucht erst am nächsten Tag der Staatsanwaltschaft aushändigen.

Das Kalkül war wohl: Auch wenn am Ende an der ganzen Sache nichts dran war, irgendetwas würde schon hängen bleiben, was die Kandidatur und künftige politische Arbeit von Rolf im Deutschen Bundestag unmöglich machen konnte. Wie recht wir mit diesem Verdacht hatten, stellten wir später bei der Akteneinsicht fest.

Am nächsten Tag wurde uns nun auch offiziell von der Staatsanwaltschaft mitgeteilt, dass wir uns wieder frei bewegen konnten. Doch wie unfrei wir tatsächlich waren, wurde uns bei jedem weiteren Schritt klar. Rolf wollte sich vor allem um sein Institut kümmern, dessen Wissenschaftlicher Direktor und Geschäftsführer er war. Ermutigt wurde er durch eine Solidaritätserklärung, die alle Mitarbeiterinnen und Mitarbeiter unterschrieben hatten und die von zwei Kollegen überbracht wurde: Wir konnten es kaum fassen, dass nach der Suspendierung durch den Vorstand der Gesellschaft für Zukunftsfragen und das rüde Hausverbot schon am nächsten Tag eine Solidaritätsbekundung aller Beschäftigten des IFZ bei uns eintraf.

Das Institut stand wegen seiner zahlreichen wirtschaftlich und politisch relevanten Forschungsaufträge häufig im Blickpunkt der Öffentlichkeit. Unmittelbar nach dem Schock über die Hausdurchsuchung unserer Privaträume hatten wir schon von Mitarbeitern aus dem Institut erfahren, dass auch dort der Staatsschutz eingedrungen war und diverses Material mitgenommen hatte.

Ich bekam wenig später auch einen Anruf aus dem Berlin-Kolleg, in dem ich zu dieser Zeit als Dozentin für Psychologie arbeitete. Mein Arbeitsplatz sei vom Staatsschutz überprüft worden. Dieser »Arbeitsplatz« war allerdings nicht mehr als ein Fach im Dozentenzimmer, in dem die Staatshüter ausschließlich unterrichtsbezogene Materialien und Mitteilungen von Schülern und Kollegen fanden. Hugo

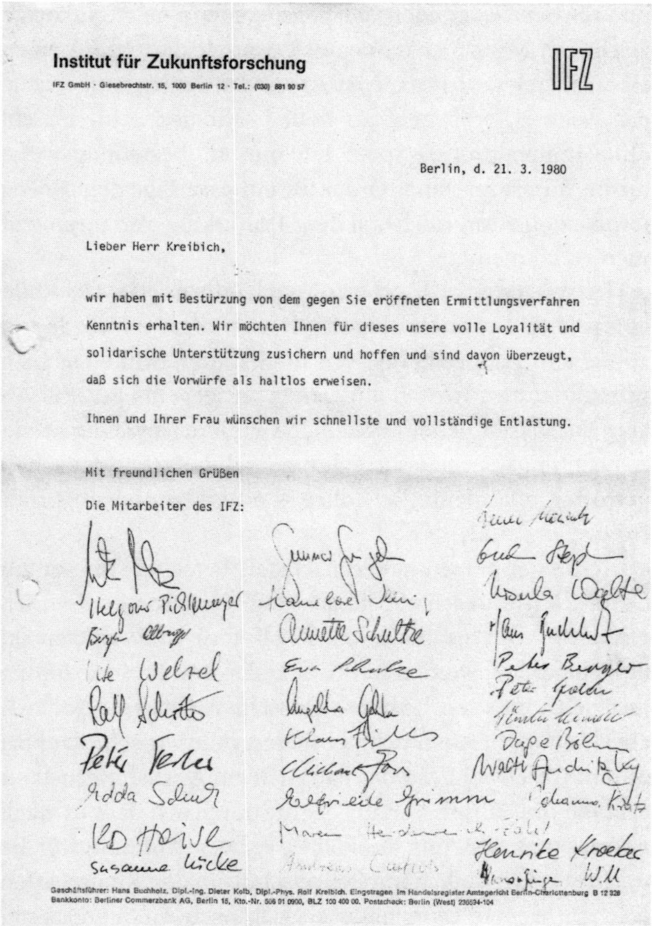

Institut für Zukunftsforschung

IFZ GmbH · Giesebrechtstr. 15, 1000 Berlin 12 · Tel.: (030) 881 90 57

IFZ

Berlin, d. 21. 3. 1980

Lieber Herr Kreibich,

wir haben mit Bestürzung von dem gegen Sie eröffneten Ermittlungsverfahren Kenntnis erhalten. Wir möchten Ihnen für dieses unsere volle Loyalität und solidarische Unterstützung zusichern und hoffen und sind davon überzeugt, daß sich die Vorwürfe als haltlos erweisen.

Ihnen und Ihrer Frau wünschen wir schnellste und vollständige Entlastung.

Mit freundlichen Grüßen

Die Mitarbeiter des IFZ:

Geschäftsführer: Hans Buchholz, Dipl.-Ing. Dieter Kolb, Dipl.-Phys. Rolf Kreibich. Eingetragen im Handelsregister Amtsgericht Berlin-Charlottenburg B 12 328
Bankkonto: Berliner Commerzbank AG, Berlin 15, Kto.-Nr. 506 01 0900, BLZ 100 400 00. Postscheck: Berlin (West) 236594-104

Die Solidaritätsbekundung der Beschäftigten des Instituts für Zukunftsforschung

Sachs, der souveräne Leiter des Berlin-Kollegs, war nicht nur ein hervorragender Pädagoge, sondern auch ein ausgezeichneter Menschenkenner. Er bewertete die Ermittlungen als nicht relevant für meine Arbeit am Kolleg und regelte das weitere Verbleiben am Kolleg sehr dezent und nicht ohne hintersinnigen Spott: Ich musste, beziehungsweise durfte, aufgrund seiner Order für ein paar Tage dem Kolleg fernbleiben, »um mich voll dem Ermittlungsverfahren widmen zu können«.

Meine Freundin Ingeborg Vogel informierte die Kollegen und Kolleginnen über das Notwendige. So wurde mir zu keinem Zeitpunkt und von niemandem im Kolleg auch nur andeutungsweise Mißtrauen entgegengebracht. An keiner anderen Arbeitsstelle habe ich jemals wieder so viele hoch engagierte, kollegiale und solidarische Menschen getroffen wie im Berlin-Kolleg – eine wunderbare Erfahrung.

Die Kinder gingen in den nächsten Tagen wie immer zur Schule. Ich beobachtete sie allerdings mit Sorge, denn ich erinnerte mich an die Zeit, als Rolf zum Universitätspräsidenten gewählt worden war. Von Links- und Rechtsextremisten gleichermaßen bedroht, mussten wir damals polizeilichen Schutz in Anspruch nehmen, wofür wir sehr dankbar waren. Gleichwohl war das natürlich ein Ausnahmezustand, und die dreijährige Miriam begriff durchaus, dass es nicht normal war, dass uns die Polizei vor der Wohnungstür bewachte und sie täglich mit Polizeischutz in den Kindergarten gebracht werden musste. Ob sie sich noch daran erinnerte? Zwar wirkte sie ruhig und beklagte sich auch nicht. Trotzdem ängstigte mich diese Gleichmütigkeit: Was verbarg sich wirklich hinter diesem scheinbar gelassenen Verhalten?

Im Haus sah es ziemlich chaotisch aus. Rolfs Mutter gab sich alle Mühe, wieder Ordnung in die Wohnung zu bringen, aber der Schwarm von Staatsschützern hatte deutliche Spuren hinterlassen. Und pausenlos klingelte das Telefon, und immer wieder mussten wir Erklärungen abgeben: »Nein, wir haben das natürlich nicht gemacht... Schön, dass ihr uns glaubt. Ist ja nicht selbstverständlich... Lieb, dass du angerufen hast... Ja, wir kommen zurecht... Nein, die Kinder sollen lieber bei uns bleiben, die Großmutter ist ja da...«

Akribisch registrierte ich alle Telefoninhalte und Briefe. Vor allem merkte ich mir genau, wer sich nicht gemeldet hatte und sah mich später dann gezwungen, einige Bekannte aus unseren Freundeskreis zu streichen. Andererseits hatten wir zahlreiche Freunde hinzugewonnen, die fortan in unserem Leben eine große Rolle spielen sollten.

Rolf war weniger rigoros. Er war zunächst mehr an der sachlichen als an der emotionalen Aufarbeitung interessiert. Ich lebte dagegen wie ein Seismograph und reagierte sehr empfindlich auf jene »Freunde und Bekannten«, die erst nach unserer vollständigen Rehabilitierung durch die Staatsanwaltschaft anriefen, um uns zu gratulieren und zu versichern, dass sie ja schon immer gewusst hätten, dass wir »so etwas« nicht gemacht haben konnten. Ich fragte die Anrufer dann nur, warum sie sich so lange nicht gemeldet hätten.

Der folgende Freitag hatte es in sich. Leider gelang es mir nicht, mich so wie immer zu verhalten. Nach einer Inspektion meines Portemonnaies gab es keinen Zweifel, dass kein Geld im Haus war. Zur Bank war es nicht weit, aber ich nahm an, dass alle Bankangestellten aus der Presse bestens über die Ereignisse vom Vortag informiert waren, und zögerte, aus dem Haus zu gehen. Was würde man in der Bank über mich denken? Würde man sich wundern, dass ich als Spionin so einfach Geld abheben durfte? Würde man mir überhaupt welches geben? Würde man hinter meinem Rücken tuscheln?

Als Psychologin irritierte mich, dass mir ausgerechnet der Gang zur Berliner Bank so große Schwierigkeiten bereitete. Ich ahnte nicht, dass das erst der Anfang einer Reihe von Ängsten war, mit denen ich in der nächsten Zeit zu kämpfen hatte. Als mich Rolfs Mutter schließlich ohne jeden Vorwurf in der Stimme fragte, ob ich nicht endlich zur Bank gehen wolle, machte ich mich auf den Weg. Wie immer betrat ich die Bank am Mexikoplatz, füllte mein Formular aus, spürte die erhöhte Aufmerksamkeit, fühlte mich unbehaglich, empfand aber auch so etwas wie Trotz. Als ich das Geld in Empfang nahm, kamen die zwei Damen, mit denen ich damals überwiegend zu tun hatte, auf mich zu und beteuerten, dass sie den Zeitungsmeldungen nicht glauben könnten. Die ganze Angelegenheit täte ihnen leid und wenn sie mir irgendwie helfen könnten, so würden sie das gern tun. Ich musste mit den Tränen kämpfen.

Auf dem Heimweg traf ich eine Freundin. Auch sie kam auf mich zu, umarmte und tröstete mich. Woher wusste sie eigentlich, dass wir keine Spione waren? Warum wussten das einige andere Freunde nicht ? Und nun heulte ich wirklich los.

Schließlich besorgte ich mir am Kiosk alle verfügbaren Tageszeitungen und las mit einer Mischung aus Angst und Zorn das über uns Geschriebene. Gut, dass uns die Jahre, in denen Rolf Präsident der FU war, hinsichtlich der Medien schon abgehärtet hatten. Es gab fast nichts, was über ihn nicht schon geschrieben worden war. Nun aber ging es um einen ganz anderen Tatbestand. Der Spionagevorwurf wog schwer und würde der Öffentlichkeit in West-Berlin sicher in Erinnerung bleiben. Die »B.Z.« titelte mit der Schlagzeile: »Expräsident der Freien Universität Berlin und Frau Spione?«, und schrieb auf Seite acht dann: »Staatsanwalt vernahm den ehemaligen FU-Präsidenten und seine Frau bis zum späten Abend.« Der »Tagesspiegel« meldete auf Seite eins: »Ermittlungsverfahren wegen Spionageverdachts gegen Kreibich. Ehemaliger FU-Präsident und seine Frau vernommen – keine Festnahme.« »Bild« machte mit der Meldung auf: »Spionage? FU-Altpräsident Kreibich im Verhör: Auch die Frau im Verdacht.« Und die »Berliner Morgenpost« schrieb auf Seite eins: »Rolf Kreibich und seine Ehefrau wurden im Kammergericht verhört. Früherer FU-Präsident unter Spionageverdacht.« Auch im »Abend« hatten wir es auf die Titelseite geschafft: »Langes Verhör beim Staatsschutz. Kreibich: Eine üble Denunziation.«

Ich blätterte noch weitere Zeitungen durch. Alles in allem das, was wir erwarten mussten. Am Abend des 20. März wurden die Verdächtigungen in der »Berliner Abendschau«, der »Tagesschau« und in den Nachrichtensendungen des ZDF in großer Aufmachung gebracht. Der Abendschau-Sprecher verwendete Formulierungen, die weit über eine Wiedergabe der Justiz-Pressemitteilung und eine objektive Berichterstattung hinausgingen. Es gab allerdings keinen Zweifel, dass die verleumderische Publizität ausschließlich die Berliner Justiz- und Senatsbehörden zu verantworten hatten.

Am nächsten Tag erfuhren wir aus der Zeitung, dass die Justizpressesprecherin bereits am Vormittag des 20. März eine Presseerklärung abgegeben hatte, die schon längere Zeit vorbereitet gewesen war und uns schwer belastete. Andernfalls hätten die Medien am Tag der Hausdurchsuchung noch gar nicht reagieren können. Die Beschuldigungen wurden sogar im niederländischen, österreichischen und italienischen Fernsehen gezeigt.

Rolf war unterdessen zu seinen Anwälten gefahren, um die Lage nach seiner Suspendierung und dem Hausverbot im Institut zu beraten. So saß ich mit dem Berg Zeitungen und den deprimierenden Meldungen erst einmal allein zu Hause. Schlechter konnte unsere Situation nicht mehr werden, gleichgültig, was jetzt noch an »Enthüllungen« kommen würde. Da ich andererseits wusste, dass nichts davon stimmte, klammerte ich mich an den Gedanken, dass die Wahrheit in einem Rechtsstaat schnell und lückenlos aufgeklärt werden würde. Oder konnte es sein, so meine Befürchtung, dass man die Wahrheit gar nicht wissen oder zumindest kurzfristig nicht zur Kenntnis nehmen wollte? Und was würde mit Rolf werden? Seine politischen Gegner würden sich die Hände reiben und sicher versuchen, die Affäre am Kochen zu halten. Wir mussten schon deshalb alles unternehmen, um die Vorwürfe schnell aus der Welt zu schaffen. Aber wie? Hatte sich nicht die ganze Staatsmaschinerie bereits auf eine Verurteilung festgelegt? So schwankte ich zwischen schlimmsten Befürchtungen und Gelassenheit.

Meine Schwiegermutter durfte die grässlichen Zeitungsartikel nicht sehen, und auch die Kinder wollte ich möglichst schonen. Also ließ ich den ganzen Papierberg gleich wieder verschwinden. Ich hoffte, dass Rolf bald kommen würde, damit wir uns für die nächste Zeit gemeinsam wappnen könnten.

Auch am folgenden Tag klingelte pausenlos das Telefon. Viele Journalisten wollten mit uns sprechen. Da weiterhin gegen uns ermittelt wurde, mussten wir uns, auch auf Anraten der Rechtsanwälte, auf die Unschuldsbeteuerung beschränken. Gleichwohl schossen wilde Spekulationen ins Kraut, und selbst die Washington Post berichtete über den »Fall Kreibich«.

Zwei Tage später, am 22. März, lief ich zum Kiosk, um die Zeitungen zu holen. Es kam mir vor wie ein Gang zum Schafott, aber es machte keinen Sinn, den Kopf in den Sand zu stecken. Umso größer war meine Überraschung, als ich die Nachrichten las. Ich konnte kaum glauben, dass sich die Berichterstattung binnen eines Tages so geändert hatte. Die »Süddeutsche Zeitung« schrieb: »Kein dringender Verdacht gegen Kreibich.« Die »Berliner Morgenpost« meldete: »Rolf Kreibich: Alles nur ein Missverständnis. Kein dringender Verdacht gegen Kreibich«, und das »Spandauer Volksblatt« berichtete: »Kein Anlass für einen Haftbefehl. Der Fall Rolf Kreibich: Generalstaatsanwalt gab Zustimmung zu Auslandsreise.« Im »Abend« hieß es: »Kein Haftbefehl. Der Fall Kreibich«, und der Tagesspiegel titelte: »Kein hinreichender

Tatverdacht gegen Kreibich und seine Frau.« Die »B.Z.« schrieb: »Kreibich: Hausdurchsuchung auch bei der Mutter.« Eine besonders interessante Information entnahmen wir der »Frankfurter Allgemeinen Zeitung«: »Gegen Kreibich wird schon seit Mitte 1979 ermittelt.« Fast alle Blätter berichteten mit ähnlicher Tendenz über die vorläufige Entwarnung, jedoch nicht ohne darauf hinzuweisen, dass das Ermittlungsverfahren fortgesetzt würde.

Da ich wie Rolf seit vielen Jahren Mitglied der SPD war, empörten mich besonders einige Aussagen unserer oberen Parteigenossen. Der Regierende Bürgermeister Dietrich Stobbe: »Es sei die Pflicht der zuständigen Behörden, entsprechend ihrem gesetzlichen Auftrag, alles zu ermitteln, was der Belastung und Entlastung diene.« Und an anderer Stelle: »Der Stellvertretende SPD-Landesvorsitzende Klaus Riebschläger sagte auf Anfrage, die Vorwürfe gegen Kreibich seien einem kleinen Kreis der Berliner SPD schon seit längerem bekannt. Die Ermittlungen müssten jetzt ihren geordneten Gang gehen, wie bei jedem anderen Beschuldigten.« Wie oft und wie lange hatte Rolf mit seinen Parteifreunden in den vergangenen Jahren in den verschiedensten Gremien und Aktionen politisch zusammengearbeitet!

Schon am nächsten Tag stellten wir uns für die Ermittlungen wieder zur Verfügung und brachten damit die Ermittler in Bedrängnis. Die Sache war eindeutig und der Fall im Prinzip klar. Folglich wussten die Behörden nicht, was sie überhaupt noch ermitteln sollten.

Bei den Ermittlungen hatte sich zudem herausgestellt, dass ich mich in Ost-West-Angelegenheiten, hinsichtlich der Geschichte der Passierscheinabkommen und der Reisegenehmigungen für West-Berliner, besser als die Ermittler auskannte. Auch wurde nun immer deutlicher, dass die Beamten längst erkannt hatten, dass die ganze Sache ein totaler Flop der Staatsanwaltschaft war. Das bedeutete für uns aber noch keinesfalls Entwarnung. Wir wollten alles unter-

Kreibich: Ich kann heute nicht ins Büro kommen

Das weiße Kreibich-Haus in der Zehlendorfer Goethestraße.

Staatsanwalt vernahm den ehemaligen FU-Präsidenten und seine Frau bis zum späten Abend

Berlin, 21. März Nie/Mac

Der 41jährige frühere Präsident der Freien Universität, Rolf Kreibich, und seine 39jährige Ehefrau Renate stehen unter dem Verdacht, als Agenten für die „DDR" gearbeitet zu haben.

Beamte der Generalstaatsanwaltschaft beim Kammergericht und Männer des Staatsschutzes der Kripo durchsuchten das elegante Reihenhaus des Ehepaares

gart und Koblenz.

Rolf Kreibich und seine Frau gerieten in den Verdacht geheimdienstlicher Tätigkeit, nachdem einem „DDR"-Wissenschaftler im Sommer vergangenen Jahres die Flucht von Dresden in die Bundesrepublik gelungen war.

Der Wissenschaftler sagte aus, Kreibich und seine Frau seien vom Staatssicherheitsdienst der „DDR" als Agenten ausgebildet

in Baden-Württemberg gehörte er der Wahlkampfmannschaft des SPD-Spitzenkandidaten Erhard Eppler an.

Von 1975 bis 1978 war Kreibich auch Mitglied des Rundfunkrates beim SFB.

Er bewarb sich auch als Bundestagsabgeordneter, fiel aber durch.

Rolf Kreibich wurde am 2. Dezember 1938 in Dresden geboren. Er studierte dort an der

Ein Mitarbeiter des Instituts für Zukunftsforschung:

„Der Chef hat heute morgen bei uns angerufen und sich entschuldigt, daß er heute nicht kommen werde. Alle seine Termine wurden abgesagt."

In der Abgeordnetenhaus-Sitzung im Rathaus Schöneberg schlug die Nachricht von dem Verdacht gegen den ehemaligen FU-Präsidenten wie eine Bombe ein.

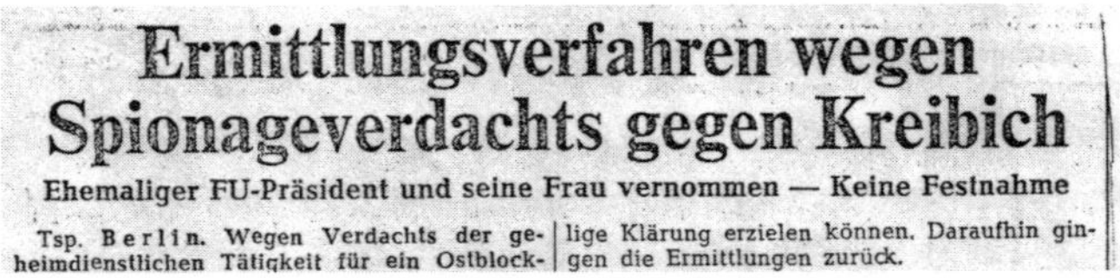

Ermittlungsverfahren wegen Spionageverdachts gegen Kreibich

Ehemaliger FU-Präsident und seine Frau vernommen — Keine Festnahme

Tsp. **Berlin.** Wegen Verdachts der geheimdienstlichen Tätigkeit für ein Ostblock-

lige Klärung erzielen können. Daraufhin gingen die Ermittlungen zurück.

Der Spionageverdacht wog schwer: Schlagzeilen in der Berliner Presse am 22. März 1980

nehmen, dass das Verfahren schnell abgeschlossen wurde. So drängten wir die Ermittler immer wieder zur Eile. Das führte zu der grotesken Situation, dass wir in Tempelhof erschienen, ohne dass man dort wusste, was man noch mit uns anstellen sollte. Dafür betrieb man andernorts Aktivismus: Bei der Hausdurchsuchung hatten die Ermittler mein Notizbuch mitgenommen, das noch alte Adressen von Kommilitonen aus dem Studentenheim Eichkamp enthielt. Im Laufe des Verfahrens wurden 65 Personen aufgesucht und nach uns ausgefragt. Manche wohnten inzwischen schon im Ausland, in Brasilien, Neuseeland und Ghana, die meisten arbeiteten irgendwo in Westdeutschland, denn unsere Studentenzeit lag nun schon fast zwanzig Jahre zurück. Irgendwann erfuhren wir von Freunden, dass sogar in Südamerika ermittelt worden war. Später konnten wir zu unserer Freude durch die Akteneinsicht feststellen, dass keiner unserer Freunde uns belastet hatte. Das hat uns sehr stabilisiert.

Als wir am Montag, dem 24. März, abends aus Tempelhof von den Ermittlungen nach Hause kamen, lag wieder ein Brief von Rolfs Institut vor. Diesmal mit folgendem Inhalt:

22. März 1980
Sehr geehrter Herr Kreibich,
nach der Lektüre der Morgenzeitungen bin ich heute morgen telefonisch bei dem Vorstandsvorsitzenden der Gesellschaft für Zukunftsfragen e.V., Herrn Ministerialdirektor Peter Menke-Glückert und bei seinem Stellvertreter Herrn Dr.-Ing. Jürgen Bommer vorstellig geworden und habe auf Revision der am 20.3.1980 aus Gründen der Fürsorge für notwendig erachteten Maßnahmen des Vorstandes gedrungen.

Ich bin beauftragt, Ihnen mitzuteilen, daß die im Brief vom 20.3.80 verfügte Beurlaubung und die Versagung des Raumzutritts aufgehoben sind.

Mit freundlichen Grüßen
Hans Buchholz

6. REHABILITIERUNG

Es war bereits alles gesagt und geklärt. Trotzdem stellten wir uns für weitere Ermittlungen jederzeit zur Verfügung, denn wir fürchteten nichts so sehr wie eine endlose Verzögerung des Verfahrens ohne Rehabilitierung. Rehabilitierung hätte aber das Eingeständnis des Generalstaatsanwaltes und des Kammergerichts in der Öffentlichkeit bedeutet, einer Verleumdung aufgesessen zu sein oder – noch schlimmer – den Ausgang der Ermittlungen entweder schon vorher gekannt oder völlig falsch eingeschätzt zu haben. Wir saßen gewissermaßen in einer Ermittlungsfalle.

Weiterhin wurden unsere alten und neuen Freunde im In- und Ausland vernommen. Wir hatten zu Niemandem Kontakt aufgenommen, um jeden Verdacht einer Einflussnahme auszuschließen und womöglich Anlässe für weitere Ermittlungen zu schaffen. Da uns wochenlang jede Akteneinsicht verweigert wurde, erfuhren wir zunächst nichts über die Motive des Denunzianten Heinz Ludewig. Eine von uns geforderte Gegenüberstellung mit dem Zeugen wurde mir, meinem Bruder und auch meinem Vater, der ihn ja gut kannte, verwehrt. Als Grund wurde lapidar mitgeteilt, der Zeuge habe das abgelehnt. So einfach ging das, eine weitere überraschende Erfahrung für uns. Als wir nicht locker ließen und uns wiederholt an den Staatsschutz wandten, legte man nach: Der Zeuge habe Angst vor mir, denn ich könnte mich rächen und ihn sogar erschießen. Die Staatsanwaltschaft akzeptierte diesen Unsinn zunächst und verwies uns auf den Weg der Zivilklage.

Auch in Sachen Akteneinsicht ließ ich nicht locker. Endlich – nach über sechs Wochen intensiver Intervention – wurde sie mir gewährt, allerdings nur in Gegenwart eines Anwalts. Außerdem stellte man mir nur Teile des gesamten Vorgangs zur Verfügung.

Für unsere Anwälte war das Verfahren in der Sache längst zu unseren Gunsten verlaufen, für uns natürlich nicht. Wir zappelten weiter an der Ermittlungsleine und hatten keine Vorstellung, wann und wie die Generalstaatsanwaltschaft die Affäre abschließen würde. Aus den Unterlagen erhoffte ich mir in erster Linie Informationen, die zu einem schnellen und positiven Abschluss des Verfahrens beitragen konnten. Ich hatte Pech. Bei den mir vorgelegten äußerst lückenhaften Akten fehlten fast immer jene Teile, die für mich und unser Verfahren besonders spannend waren. So schlossen sich zwar einige Informationslücken über die Entstehung der Affäre und die Anschuldigungen des »Zeugen Heinz Ludewig«, aber die Unterlagen ließen keine klaren Schlüsse zu, welche Motive ihn bewegt hatten, uns so zu schaden. Auch die politischen Hintergründe blieben weitgehend verborgen, ebenso die Rolle von Staatsanwaltschaft, Verfassungsschutz und Bundeskriminalamt.

So erfuhr ich lediglich, dass die Familie Ludewig – Heinz Ludewig, seine Frau Ursula und die Tochter Karin – im Juli 1979 mit Unterstützung von Professor Walter Feldheim, ansässig in Kiel, über Jugoslawien in die Bundesrepublik Deutschland geschleust worden war. Feldheim habe dafür circa 120 000 D-Mark an eine professionelle Fluchthilfeorganisation vorgeschossen. In den folgenden Befragungen führte Feldheim aus, dass er bis zu seiner Flucht aus der DDR Anfang 1962 Direktor des Instituts für Ernährungswissenschaften in Potsdam-Rehbrücke gewesen war. In dieser Zeit hatte er sowohl dienstlich als auch privat oft Kontakt mit Heinz Ludewig, den er für einen Erfinder hielt, »der an der Herstellung eines Kraftstoff-Wasser-Gemisches als Benzinersatz arbeite und sich vorher bereits auf dem Gebiet der Stärketechnologie hervorgetan habe«. Ludewig sei ein »kreativer, aber schillernder Typ«. Über seine politische Vergangenheit wüsste er nur zu sagen, »dass dieser sich in den fünfziger und sechziger Jahren Zugang zu höchsten Stasikreisen verschafft habe«. Dann sei er Direktor des Volkseigenen Betriebs VEB Weizenin gewesen und habe in dieser Eigenschaft sicher ständig Kontakte mit wichtigen Leuten der SED und des Staatsapparats der DDR gehabt. Anfang der siebziger Jahre aber sei Ludewig, aus welchen Gründen auch immer, »in Ungnade gefallen«, habe kurze Zeit im Gefängnis gesessen (was allerdings nicht stimmte) und später dann eine Drogerie am Stadtrand von Dresden betrieben. Das war wohl auch die Zeit – so Feldheim weiter –, in der Ludewigs Fluchtpläne gereift sein mussten. In der DDR hatte er nun nichts mehr zu erwarten. Eine Reintegration in die alten SED- und Stasi-Seilschaften war offenbar verspielt.

Ich kannte Professor Feldheim. Während meines Studiums der Lebensmitteltechnologie in Dippoldiswalde bei Dresden absolvierte ich im Sommer 1960 ein Praktikum in seinem Institut für Ernährungswissenschaften in Potsdam-Rehbrücke. Wir trafen uns mehrfach in Dresden, denn er hatte enge Kontakte zur Ingenieurschule in Dippoldiswalde und zur Firma VEB Weizenin, in der meine Eltern und Ludewig arbeiteten. Professor Feldheim erschien mir damals als äußerst gutaussehender und kultivierter Mann, und ich wunderte mich manchmal über seine enge Verbindung zu Ludewig, der eher ungehobelt war und großspurig seine mächtige Position im Betrieb VEB Weizenin und im Parteiapparat der SED hervorkehrte.

Im Januar 1962 besuchte mich Feldheim überraschend im Studentenheim. Kurz zuvor war er mit seiner Familie aus der DDR geflohen. Wir sprachen über dies und das, auch über politische Fragen, aber über seine Flucht berichtete er nichts Genaues. Damals herrschte ein stillschweigender Konsens, dass man nicht nach näheren Details fragte, wenn der Betreffende nicht von sich aus darüber sprach. Den wenigen Andeutungen konnte ich lediglich entnehmen, dass ihm und seiner Familie die Flucht mit Hilfe eines Fluchthilfeunternehmens gelungen war.

Auch beim Lesen der Akten blieb mir unklar, warum Feldheim mich damals in Eichkamp aufgesucht hatte. Vermutlich wollte er lediglich alte Bekannte treffen, die er aus DDR-Zeiten kannte. Das war bei den enormen Umstellungen, die im Westen erforderlich waren, nichts Ungewöhnliches. Warum ausgerechnet er Ludewig zur Flucht verholfen und dafür auch noch die gewaltige Summe von etwa 120 000 D-Mark ausgelegt hatte, ging aus den Akten nicht hervor und blieb für mich rätselhaft. Freundschaftliche Zuneigung allein konnte es nicht sein, denn dafür war die Beziehung mit Ludewig nicht eng genug und die Charakterisierung von Ludewig durch Feldheim in den Akten zu ambivalent. Ich hatte zwei Hypothesen. Entweder handelte es sich schlichtweg um eine Erpressung wegen der Beziehungen aus alten DDR-Zeiten und die beiden hatten wegen dubioser Geschäfte noch ein paar Leichen im Keller. Oder Feldheim hatte tatsächlich an die »Erfindungen« von Ludewig geglaubt, die dieser auch den Ermittlern des Staatsschutzes und dem Axel-Springer-Verlag in Aussicht stellte, um daraus einen gemeinsamen Deal zu machen. Immerhin ging aus den Akten hervor, dass Feldheim sich von Ludewigs angeblich bahnbrechender Erfindung, Verbrennungsmotoren mit einem Maisöl-Wasser-Gemisch zu betreiben, lukrative Forschungsprojekte versprach. Andererseits hatte er sich aber auch sehr skeptisch über Ludewigs Qualifikation und Seriosität geäußert.

Nicht die endlosen Verhöre wurden für uns in diesen Wochen zur eigentlichen Zerreißprobe, sondern die Angst und die Befürchtung, man könne uns beliebig lange im Niemandsland von Entscheidungen zappeln lassen. Wir hatten gute Gründe anzunehmen, dass die Staatsanwaltschaft das Verfahren noch lange hinziehen werde: Welche Behörde gibt schon gerne zu, dass es sich bei einer politisch derart hochgespielten und teuren Aktion um eine totale Luftnummer handeln könnte? Zahlreiche entscheidungsmächtige Personen in Berlin konnten zudem ein Interesse daran haben das Rolf politisch kaltgestellt würde und zumindest das greifbar nahe Bundestagsmandat nicht erhielt. Auch alte Rechnungen aus der Zeit der Universitätsreformen konnten so auf einfache Weise beglichen werden. Wir waren vor allem über eine Reihe von Parallelfällen beunruhigt, die uns plötzlich bekannt wurden. Während wir in den Jahren zuvor nie von Menschen gehört oder gelesen hatten, die in der Bundesrepublik Deutschland grundlos der Spionagetätigkeit für die DDR oder einen östlichen Geheimdienst verdächtigt wurden, meldeten sich jetzt gleich mehrere Personen, die uns ihre Geschichten und die dramatischen Folgen für ihre bürgerliche Existenz schilderten. Einerseits war das eine außerordentlich positive Erfahrung, weil die uns fremden Personen nur aufgrund der Informationen aus den Medien herausgelesen hatten, dass unser Fall eine üble Verleumdung sein musste. Andererseits verstärkten diese Berichte unsere Sorge, dass wir auch nach Monaten oder gar Jahren noch mit dem Fall zu tun haben könnten. Denn keines der Verfahren, von denen wir erfuhren, war in weniger als einem Jahr abgeschlossen worden – stets mit gravierenden Folgen für die Betroffenen und ihre Familien.

Eine vollständige Rehabilitierung oder gar Entschädigung hatte niemand erreicht, obwohl die Verdächtigungen nach unserer Kenntnis lückenlos ausgeräumt werden konnten.

Ein Fall, der dem unsrigen sehr ähnlich lag, war jener des Bonner Journalisten Karsten Knolle. Von ihm erhielten wir am 26. März, also wenige Tage nach dem Überfall auf unser Haus, den folgenden Brief:

26. 3. 80
Sehr verehrtes Ehepaar Kreibich!
Mit Bestürzung und Entsetzen habe ich die Presseartikel, in denen über den gegen Sie erhobenen Spionageverdacht berichtet wurde, verfolgt. Ich freue mich mit Ihnen, daß diese Verdächtigungen so schnell aus der Welt geschaffen werden konnten. Ich selbst bin 1975 unschuldig und offensichtlich durch fehlerhafte Recherchen des Verfassungsschutzes in Spionageverdacht geraten. Ich habe zwar den Einstellungsbescheid des Generalbundesanwaltes erhalten. Geholfen hat mir dieses Stück Papier aber nicht.
Über meinen Fall strahlten das ZDF, WDR III-Fernsehen sowie die Fernsehgesellschaften in Österreich und in Holland im vorigen Jahr den vom ZDF gedrehten Film »Protokoll eines Verdachtes« aus. Ich habe maßgeblich an dem Film mitgewirkt. Er sollte in diesem Monat den Adolf-Grimme-Preis bekommen. Er bekam ihn schließlich doch nicht, weil der Jury offensichtlich der Mut fehlte, einen solchen Streifen auszuzeichnen.
In meiner Angelegenheit habe ich zahlreiche Juristen eingeschaltet, weil ich den Behörden Amtspflichtverletzung juristisch fundiert vorwerfen wollte. Die Anwälte machten mir wenig Mut, und schließlich stiegen mir die Kosten zu stark an. Wir haben die Klage gar nicht erst zur Verhandlung kommen lassen.
Ich will hier nicht klagen. Die Bundesrepublik incl. West-Berlin halte ich nach wie vor für verteidigungswert. Ich wurde auch nicht Wehrdienstverweigerer und behielt somit meinen Dienstgrad als Hauptmann der Reserve. Meine Frau und ich sind jedoch sehr hellhörig und sensibel geworden. Und wenn jemand, wie Sie, in einen solchen Verdacht gerät, dann haben Sie unsere Solidarität.
Vielleicht können wir zwecks Erfahrungsaustausch in Verbindung bleiben. Ich bin seit dem Verdacht im Jahre 1975 als freier Journalist in Bonn tätig. 1978 schrieb ich unter meinem Namen den Fall des Justus Müller, der tatsächlich unser Fall ist, in dem beigefügten rororo-Buch nieder. Es konnte nur ein Ausschnitt aus dem Erlebten sein.

Meine Frau und ich wünschen Ihnen alles Gute und starke Nerven, denn Sie werden sicherlich noch einige bittere Pillen schlucken müssen.
Ihr Karsten Knolle

Der »Fall Karsten Knolle« ist kurz zusammenzufassen: Im Dezember 1974 wurde Karsten Knolle verdächtigt, Spionage für den Staatssicherheitsdienst der DDR betrieben zu haben. Karsten Knolle war mit 16 Jahren aus der DDR geflüchtet und hatte in den siebziger Jahren für verschiedene Zeitungen, hauptsächlich für den Bonner Generalanzeiger, gearbeitet. Vorher war er Hauptmann der Reserve in der Bundeswehr, um der Bundesrepublik Deutschland als »Bürger in Uniform« zu dienen und die Demokratie zu verteidigen. Seine DDR-Herkunft garantierte dafür, dass er die Werte der Verfassung der Bundesrepublik Deutschland und ihre demokratischen Grundstrukturen hoch schätzte. Als profilierter Journalist brachte er dies deutlich zum Ausdruck, auch durch kritische Artikel über die bundesdeutsche Wirklichkeit, die ja nicht selten von den Idealen der Verfassung abwich. Diese Prämissen reichten offensichtlich den Denunzianten und Verfassungsschützern, um ihn der Spionage zu verdächtigen: DDR-Herkunft, Bundeswehr, nicht gerade links eingestellt, aber kritisch, Ostkontakte – also verdächtig!

Nach einem Jahr gelang es Knolle nachzuweisen, dass der Verdacht gegen ihn völlig unbegründet war: Er fand ein Foto von sich, das auf einer Bonner Pressekonferenz exakt an dem Tag und zu der Zeit aufgenommen worden war, in der er verdächtigt wurde, spioniert zu haben. Ein Jahr lang hatten weder der Staatsschutz, noch der Verfassungsschutz noch die Staatsanwaltschaft Beweise für ihre Anschuldigungen erbracht. Trotzdem reichten allein der Verdacht und die »verdächtigen« Merkmale seines Lebenslaufs, um ihn öffentlich zu bezichtigen. Wurde überhaupt nach Gegenbeweisen gesucht?

Was wäre passiert, wenn Karsten Knolle das entlastende Foto nie gefunden hätte? Am 18. März 1975 erhielt er folgendes Schreiben des Generalbundesanwalts:

Sehr geehrter Herr Knolle!
Ich habe das Verfahren, in dem Sie mehrfach, zuletzt am 7. Februar 1975 in Bonn-Bad Godesberg von Beamten der Abteilung Staatsschutz des Bundeskriminalamts vernommen worden sind, hinsichtlich Ihrer Person eingestellt, weil der gegen Sie entstandene Verdacht einer geheimdienstlichen Tätigkeit durch die getätigten Ermittlungen ausgeräumt worden ist. Es steht fest, daß Sie nicht der in diesem Verfahren gesuchte Täter sind.

Erst ein Jahr später, nach der Niederschlagung des Verfahrens am 22. Januar 1976, bekam Knolle über seinen Anwalt wiederum Post in dieser Sache, diesmal vom Justizminister des Landes Nordrhein-Westfalen (Gesch.-Z.: VS-Vertraulich 1/ 76-IB):

Betr. Antrag Ihres Mandanten K. R. Knolle aus Bonn-Beuel auf Entschädigung für Strafverfolgungsmaßnahmen:
Bezug: Ihre Schreiben vom 18.4., 3.10. und 8.12. 1975:
Der geltend gemachte Entschädigungsanspruch erweist sich nach alledem als unbegründet. Ich bedaure, einen günstigeren Bescheid nicht erstellen zu können.
Rechtsmittelbelehrung:
Mit vorzüglicher Hochachtung
Im Auftrag
Gez. Dr. Strich

In der Zwischenzeit und noch Jahre danach war Karsten Knolle Persona non grata und beruflich und privat existenziell getroffen.

Wie aufgeheizt die Atmosphäre in diesen Jahren des Kalten Krieges war, zeigt auch die »Pacepa-Affäre«, der Politskandal um den Bundestagsabgeordneten Uwe Holtz (SPD) und den Persönlichen Referenten von Egon Bahr, Joachim Broudré-Gröger.

Am 3. September 1978 titelte die zum Springer-Verlag gehörende »Bild am Sonntag«: »Spionage-Skandal Bonn – Die Schlinge zieht sich zu!« Die Unterzeile lautete: »Erdrückendes Belastungsmaterial gegen Dr. Holtz! Überläufer Pacepa packte schon bei den Deutschen aus.« Viele große Tageszeitungen der Republik hatten die angebliche Spionage-Affäre Dr. Holtz/Broudré-Gröger bereits vermeldet. Am 5. September 1978 legte die »Welt«, ebenfalls aus dem Hause Axel Springer, mit einem Beitrag von H.-H. Holzamer nach:

»Saat der Geheimnistuerei«
Wer hat Angst vor Pacepa?

Aus den Reihen der SPD sind die Reaktionen auf den neuen Fall des Spionageverdachts überwiegend schrill. Zwar weist auch die Opposition brav und richtig darauf hin, daß weder der Bahr-Referent Broudré-Gröger noch der Abgeordnete Holtz bislang überführt worden seien, also noch als unschuldig zu gelten haben. Und doch versuchen Brandt und andere den Eindruck zu erwecken, die ganze Affäre sei ein abgekartetes Spiel der Opposition. Egon Bahr sieht sich als Opfer einer Seilschaft, Brandt als Objekt einer Verschwörung und Herbert Wehner poltert gegen eine vermeintliche CIA-Intrige und droht, er wolle die Puppen tanzen lassen.
In den Hintergrund wird gedrängt, sei es bewußt oder unbewußt, daß es um die Glaubwürdigkeit der außenpolitischen Grundeinstellung der SPD (immerhin die derzeit wichtigste und größte Regierungspartei), damit um die Bündnistreue der Bundesrepublik Deutschland und den Konsens im Westen geht. Schon der Streit darüber, ob Holtz ein Einflußagent sei oder »a real agent« wie der rumänische Überläufer Pacepa betont, macht deutlich, daß wohl nicht der Vorwurf im Vordergrund steht, jemand habe

geheime Unterlagen abgepaust und gen Osten gelotst. Und wenn man bei dem »Verschwörungsgeschrei« die Polemik und die Angst vor den Wählern wegstreicht, bleibt die Erkenntnis, daß einflußreiche Kreise in den USA, immerhin ist Carters Sicherheitsberater Brzezinski darunter, über die deutsche Ostpolitik zutiefst verunsichert sind. In den Außenämtern unserer europäischen Verbündeten – vielleicht nur die Briten ausgenommen – dürfte die Irritation nicht geringer sein.

Am 26. September 1978, also drei Wochen später, konnten nur sehr aufmerksame Leser der »Bild« auf Seite 7 die kleine Notiz finden:

Holtz, Broudré-Gröger sind keine Spione.
Der SPD-Bundestagsabgeordnete Uwe Holtz und Bahr-Mitarbeiter Broudré-Gröger sind nicht mehr spionageverdächtig. Generalbundesanwalt Rebmann hat die Ermittlungen eingestellt. Der zu den Amerikanern übergelaufene rumänische Geheimdienstchef Pacepa hatte beide in Agentenverdacht gebracht.

Das war's für Bild, Welt, Springer und Co.
Werner A. Perger, Bonner Korrespondent der Wiener Tageszeitung »Die Presse«, gab noch im Dezember 1978 unter dem Titel: »Die Verdächtigung oder Wie aus Nachdenken Verrat und aus Personen Spione gemacht wurden« eine Dokumentation heraus, in der es hieß:

Was darf man denken? Wie rührt sich Spionageverdacht und NATO-Unzuverlässigkeit zu einem solchen Brei zusammen, daß am Ende ein ganzes Volk, nämlich die Finnen, empört lacht?
Im geteilten Land droht täglich die Denunziation des störenden Gegners als Agenten der anderen Seite. Noch am 11. Oktober gelang es einem CSU-Parlamentarier, die »Pacepa-Affäre« in einen Zusammenhang mit der Liberalisierung des Radikalenerlasses zu bringen.

Nach einer Zeit, in der man die irrationalen Momente wie Furcht und Schrecken in der Ostpolitik durch rationale Elemente wie Wachsamkeit und vorausschauende Überlegung ersetzt zu haben schien, soll es nun wieder zurück in die fünfziger Jahre gehen.

In dem Buch sind auch weitere in den Jahren 1976 bis 1978 bekannt gewordene spektakuläre »Fälle« von Walter Böhm, Jürgen von Alten, Heinrich Böx und Karsten Knolle dokumentiert und kommentiert. Auf Seite 10 heißt es:

Was folgte, habe ich in den vorangegangenen achteinhalb Jahren Berichterstattung aus der Bundesrepublik noch nicht erlebt: Persönlicher Rufmord an politisch engagierten Bürgern dieser Republik, verbunden mit sachlichem »Rufmord« an einer außenpolitischen Position, der »Ostpolitik«. Quasi als Nebenprodukt wollte man die Herren Brandt, Wehner und Bahr zum prosowjetischen »Trio infernal« hochstilisieren, eine Art persönlicher Rufmord auch dies.
In solchem Klima gedeihen zwischenmenschliche Kriterien wie Toleranz und Rücksichtnahme nicht besonders. Daher ist es nicht verwunderlich, daß Personen im politischen Konflikt zu Gegenständen werden. Wenn einige Zeitungen in der »Pacepa-Affäre« die der Spionage Verdächtigten in ihrer »Berichterstattung« wie bereits überführte Spione behandelten (»Die Schlinge zieht sich zu«) , dann wollten sie natürlich nicht diese einzelnen Personen treffen, Gott bewahre.

Egon Bahr urteilte über Pergers Buch:

Es ist kein Zufall, daß die Unantastbarkeit der Würde des Menschen, die zu schützen Verpflichtung aller staatlichen Gewalt ist, im Artikel 1 des Grundgesetzes steht; die Pressefreiheit, ohne die es Demokratie nicht geben kann, ist durch das Recht der persönlichen Ehre qualifiziert.

In der Grundsatzdiskussion, die über diesen Komplex in Österreich geführt wird, hat der dortige Justizminister gesagt: »Wenn die Menschenwürde auf dem Spiel steht, kann es einfach keine Kompromisse geben ... Der Zweck heiligt niemals die Mittel – auch nicht im gesellschaftlichen Wirkungsfeld der Medien.« In anderen Demokratien ist der Persönlichkeitsschutz des einzelnen wirksamer; hier haben wir nachzuholen.

Zurück zu dem Überfall auf unsere Familie am 20. März 1980: Parallel zu dem Verfahren gegen Rolf und mich wurde durch die Oberlandesgerichte Koblenz und Stuttgart auch gegen meinen Vater Albert Fischer und meinen Bruder Peter Fischer »wegen des Verdachts geheimdienstlicher Agententätigkeit gemäß § 102, 105 StPO« ermittelt. Die Anordnung des Oberlandesgerichts Stuttgart vom 26. Oktober 1979 hatte folgenden Wortlaut:

Oberlandesgericht Stuttgart
- Ermittlungsrichter -

In der Ermittlungssache gegen
1. Albert Fischer
2. Peter Fischer
wegen Verdachts geheimdienstlicher Agententätigkeit

Gemäß §§ 102, 105 StPO wird die Durchsuchung
1.) der Wohnung des Beschuldigten Albert Fischer in Siegen-Seelbach, Burbacher Weg 105, mit Nebenräumen,
2.) der Wohnung des Beschuldigten Peter Fischer in Dossenheim, Kirchstraße 40, mit Nebenräumen
3.) der Fahrzeuge, die auf die Beschuldigten Albert Fischer und Peter Fischer zugelassen sind,
4.) der Personen der Beschuldigten Albert Fischer und Peter Fischer angeordnet.

Gründe:
Nach dem bisherigen Ermittlungsergebnis sind beide Beschuldigte dringend verdächtig, für den Geheimdienst der DDR tätig zu sein. Es ist zu erwarten, daß die Durchsuchungen zur Auffindung von Beweismitteln führen werden.

Fahrbach
- Fahrbach -
Richter am LG

Ausgefertigt!
Stuttgart, den 26. Oktober 1979

Äußerst bemerkenswert war das Datum: 26. Oktober 1979. Nun wussten wir sicher, dass schon monatelang gegen unsere Familie ermittelt wurde, ohne dass wir etwas davon ahnten. Auch gegen meine Schwiegermutter, Ellen Kreibich, und gegen meine Schwägerin, Dr. Anita Müller, wurden am gleichen Tag wie bei uns Hausdurchsuchungen durchgeführt. Auch da erschienen die Beamten überfallartig morgens um 6 Uhr – und weil Rolfs Mutter in Berlin war, wurde das ganze Heidelberger Mietshaus mit allen Bewohnern in dieser frühen Stunde in helle Aufregung versetzt.

Die Protokolle über die Verhöre meines Vaters und seiner Lebensgefährtin Ruth Metz und meines Bruders und seiner Frau über Familienverhältnisse, die Verwandtschaft meiner Mutter mit Herbert Wehner, über Freunde, Lebensgewohnheiten und natürlich die Flucht aus der DDR, empörten mich auch deshalb, weil sie eine Unzahl von Verdächtigungen, Unterstellungen und falschen Anschuldigungen enthielten, für die man nicht die geringsten Beweise hatte. Das war ganz offensichtlich auch gar nicht erforderlich. So lag die Beweislast ganz bei uns.

Jetzt erst wurde mir klar, welche Folgen das im Rahmen der Terroristenfahndung in den siebziger Jahren in die

Rechtsgrundlagen und die Rechtssprechung eingeführte »Legalitätsprinzip« hatte. Danach konnte beziehungsweise musste die Staatsanwaltschaft jeder Verleumdung oder Denunziation durch Dritte nachgehen, auch wenn kein begründeter Verdacht vorlag. Wir selbst haben uns natürlich nach unserer vollständigen Rehabilitierung intensiv bemüht, über einzelne Bundestagsabgeordnete, den Rechtsausschuss des Bundestags sowie den Justizminister die schädlichen Folgen des Legalitätsprinzips aufzuzeigen und auf dessen Rücknahme hinzuwirken; und tatsächlich wurde es später teilweise wieder eingeschränkt, gerade auch im Hinblick auf Fälle wie unseren.

Sowohl bei meinem Vater als auch meinem Bruder wurden also Hausdurchsuchungen durchgeführt. Mein Vater schilderte uns die Vorgänge wenige Tage später so:

Gegen 6.30 Uhr hat es geklingelt. Ich ging an die Tür, da stehen zwei Männer. Ich sage: »Wer sind Sie denn, woher kommen Sie, was wollen Sie?« Antwort: »Wir kommen von Peter und Hannelore aus Heidelberg und sollen Ihnen ein paar Grüße bestellen.« Was für eine unglaubliche Frechheit! In dem Moment stellt einer der Männer den Fuß in die Tür, zeigt eine Plakette und schreit: »Hausdurchsuchungsbefehl!«
Ich hatte das Gefühl umzukippen, als der sagte: »Regen Sie sich doch nicht auf!« Ich stürmte die Treppe hoch zu Ruth. Gleichzeitig kamen 10 Mann ins Haus. Einer sagte zu mir: »Ich muss Sie vorläufig festnehmen.« Ruth bot sofort an, das Haus von oben bis unten durchsuchen zu lassen. Sie wollte unbedingt verhindern, daß sie mich mitnehmen. Ich wurde dann doch zur Vernehmung mitgenommen.
Schon auf der Hinfahrt haben sie mich nach unserer Mutter gefragt. »Ihre verstorbene Frau ist doch eine geborene Wehner? Ist sie mit Herbert Wehner verwandt?« Ich bestätige die Verwandtschaft und versuche, die Familienverhältnisse zu erklären. Im folgenden ging es fast ausschließlich um Mutter, ihre Vergangen-

heit, ihre Verwandtschaft mit Herbert Wehner, die Bekanntschaft zu Ludewig, die Gründe für die Flucht aus der DDR und die Flucht selbst.

Die Vernehmung von Peter und Hannelore verlief nach dem gleichen Muster. Peter schrieb uns am nächsten Tag:

6.00 Uhr kamen 10 Mann mit einem Durchsuchungsbefehl in die Wohnung. Sie waren mit einem Wagen mit Heidelberger Nummer vorgefahren. 6.45 Uhr begann die Vernehmung, die sich um den Fluchtkomplex, die Familienverhältnisse, die Biographie von Rolf und unsere angebliche Stasivergangenheit bewegte. Ansonsten absolut nichts Substantielles, keine Beweise, nur Behauptungen. Ich hätte nie geglaubt, dass man mit nichts einen Spionageverdacht aussprechen könnte.

Und aus Heidelberg erhielten wir wenige Tage nach dem Eindringen in die Wohnung meiner Schwiegermutter den folgenden »Durchsuchungsbericht« vom Landeskriminalamt (LKA) Baden-Württemberg:

Durchsuchungsbericht
Am heutigen Tage gegen 06.10 Uhr wurde das Haus im Blütenweg 25, in dem sich die Wohnung der Frau Ellen Kreibich befindet, aufgesucht.
Auch nach längerem Läuten an der Wohnungstür (3. Etage links) öffnete niemand.
Nach einiger Zeit trat die Mieterin der Nachbarwohnung, Frau Gertrud Nagel, heraus und erklärte auf Befragen, Frau Kreibich halte sich zur Zeit in Berlin bei ihrem Sohn auf und werde erst am kommenden Samstag zurückerwartet. Sie – Frau Nagel – sei im Besitz der Wohnungsschlüssel der Frau Kreibich.
Nachdem Frau Nagel eröffnet worden war, daß für die Wohnung der Frau Kreibich – gleichzeitig Nebenwohnung ihres Sohnes und ihrer Schwiegertochter – ein Durchsuchungsbeschluß vor-

liegt, erklärte sie sich bereit, der Durchsuchung als Zeugin beizuwohnen. Auf ihre Veranlassung hin wurde ein weiterer Nachbar, Herr Klaus-Dieter Nenndorf, als Zeuge hinzugezogen.
Die Durchsuchung wurde von KHM Zirkel (PD Heidelberg), KKA'in Scholz und KK Schönfeldt (beide LKA Stuttgart) sowie dem Unterzeichnenden durchgeführt.
Frau Nagel und Herr Nenndorf erklärten übereinstimmend, die Wohnung werde ausschließlich von Frau Kreibich genutzt, ihr Sohn besuche sie mit seiner Frau nur hin und wieder, etwa einmal jährlich.
Herr Rolf Kreibich und seine Ehefrau seien ihnen persönlich bekannt. Den gegen sie erhobenen Vorwurf lt. Durchsuchungsbeschluss hielten sie (Frau Nagel und Herr Nenndorf) für absurd.
Beide Nachbarn äußerten, daß nach ihrer Kenntnis die Eheleute Rolf und Renate Kreibich keine persönlichen Sachen in der Wohnung der Mutter bzw. Schwiegermutter hätten.
Die Durchsuchung führte nicht zur Auffindung von Beweismitteln, insbesondere auch nicht solcher, die auf einen Aufenthalt der Eheleute Kreibich in der DDR nach ihrer Flucht hingedeutet hätten.
Hinweise darauf, daß Teile der in der Wohnung befindlichen Sachen den Eheleuten Rolf und Renate Kreibich gehören könnten, waren nicht vorhanden.
Eine Ausfertigung des Durchsuchungsbeschlusses und eine Durchschrift des Durchsuchungsprotokolls wurden in der Wohnung hinterlegt.
Bogdahn KOK

Es war für uns eine große Erleichterung, dass sich schon an den darauffolgenden Tagen Freunde und Personen der Öffentlichkeit in Briefen und Erklärungen an die Staatsanwaltschaft und die Presse wandten und sowohl das Verfahren als auch das Vorgehen gegen uns anprangerten. So wenig Rolf Solidarität vom Landes- und Bundesvorstand der SPD erfuhr, so viel Unterstützung erhielt er von der Basis. Die Genossinnen und Genossen einzelner Ortsverbände brachten in offenen Erklärungen ihre Empörung zum Ausdruck, was für uns Trost und Genugtuung war.

Unsere Freundin Lea Rosh und die Journalistin Marianne Regensburger bereiteten sofort einen Beitrag für die Sendung »Kennzeichen D« vor, der an drei Beispielen zeigte, welche desaströsen Folgen solche unbegründeten Aktionen der Staatsanwaltschaft haben konnten.

Einer dieser Fälle betraf den Leiter des Außenpolitischen Büros der CDU, Dr. Heinrich Böx, gegen den im Mai 1976 ermittelt wurde. Böx war erster Pressechef der Bundesregierung unter Konrad Adenauer und hatte dann viele Jahre im diplomatischen Dienst in London, Paris, Helsinki und Warschau gearbeitet, zuletzt als Botschafter. Er war ein enger Vertrauter aller CDU-Bundeskanzler und CDU-Parteivorsitzenden.

Nach einem dramatischen Wirbel in der Öffentlichkeit war Böx's berufliche Karriere trotz der Feststellung seiner völligen Unschuld und formalen Rehabilitierung abrupt beendet und das Ansehen der Familie massiv beschädigt. Böx konnte sich nur noch ins Privatleben zurückziehen, nachdem die Deutsche Presseagentur (dpa) am 1. Oktober 1976 folgende Meldung herausgegeben hatte:

Spionage-Ermittlungsverfahren gegen Heinrich Böx eingestellt.
Karlsruhe, 1. Oktober 76 dpa/ lsw-
Die Bundesanwaltschaft in Karlsruhe hat das Ermittlungsverfahren wegen Spionageverdachts gegen den Leiter des außenpolitischen Büros der CDU, Botschafter a. D. Heinrich Böx (70), eingestellt. Wie die Anklagebehörde am Freitag auf Anfrage mitteilte, liegen keinerlei Anhaltspunkte mehr dafür vor, dass Böx irgendeine Agententätigkeit ausgeübt hat. Auch sei ihm keine schuldhafte Preisgabe von geheimzuhaltenden Informationen vorzuwerfen.

Der andere Fall verlief hinsichtlich der Folgen wesentlich dramatischer. Karsten Knolle bekam trotz vollständiger Rehabilitierung jahrelang keinen Job. Bei jeder Bewerbung verfolgte ihn der Ruf, irgendwann einmal Spionage für die DDR betrieben zu haben. Die Verzweiflung über die infamen Behauptungen des Bundeskriminalamtes hatten ihn psychisch völlig aus der Bahn geworfen. Er fühlte sich verfolgt und beobachtet. Wahnbilder tauchten auf. Er litt unter Schlafstörungen und Depressionen. Der Arzt bestätigte ihm, dass er unter einer hochgradigen vegetativen Dysregulation mit Kreislaufstörungen und Kollapsneigung als Folgezustand des erlittenen Schocks leide. Und so kam es fast zwangsläufig dazu, dass die Hatz auf ihn und seine Familie zu Selbstmordversuchen führte.

Karsten Knolle erhielt keinerlei Entschädigung. Am 22.1.76 kam als Reaktion auf seinen Antrag vom April 1975 der ablehnende Bescheid des Justizministers von Nordrhein-Westfalen. Knolle klagte vor dem Oberlandesgericht Düsseldorf und verlor. Das kostete den nunmehr Arbeitslosen noch einmal 5000 D-Mark und einen Streit um die Gerichtsgebühren von 750 D-Mark, die er nach einem dreijährigen Rechtsstreit schließlich auch noch bezahlen musste.

Wir hatten mehr Glück als die anderen, weil das Verfahren relativ schnell abgeschlossen wurde. Am 22. Mai 1980 wurde uns durch Eilboten der Einstellungsbescheid der Staatsanwaltschaft beim Kammergericht zugesandt.

Durch Eilboten!
An die
Eheleute
Rolf Kreibich und
Renate Kreibich-Fischer
Goethestr. 33 c
1000 Berlin 37

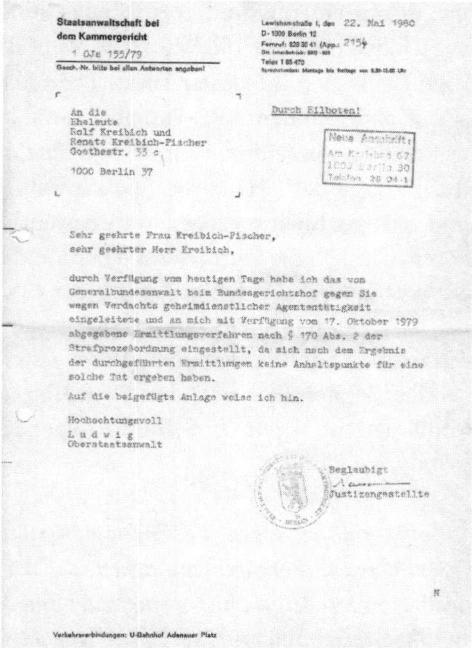

Staatsanwaltschaft bei
dem Kammergericht
1 OJs 155/79
Gesch.-Nr. bitte bei allen Antworten angeben!

Lewishamstraße 1, den 22. Mai 1980
D-1000 Berlin 12
Fernruf: 828 30 41 (App.: 2154
Telex 1 85 470

An die
Eheleute
Rolf Kreibich und
Renate Kreibich-Fischer
Goethestr. 33 c

1000 Berlin 37

Durch Eilboten!

Neue Anschrift:

Sehr geehrte Frau Kreibich-Fischer,
sehr geehrter Herr Kreibich,

durch Verfügung vom heutigen Tage habe ich das vom Generalbundesanwalt beim Bundesgerichtshof gegen Sie wegen Verdachts geheimdienstlicher Agententätigkeit eingeleitete und an mich mit Verfügung vom 17. Oktober 1979 abgegebene Ermittlungsverfahren nach § 170 Abs. 2 der Strafprozeßordnung eingestellt, da sich nach dem Ergebnis der durchgeführten Ermittlungen keine Anhaltspunkte für eine solche Tat ergeben haben.

Auf die beigefügte Anlage weise ich hin.

Hochachtungsvoll
L u d w i g
Oberstaatsanwalt

Beglaubigt
Justizangestellte

Verkehrsverbindungen: U-Bahnhof Adenauer Platz

Zugestellt durch Eilboten: der Einstellungsbescheid der Staatsanwaltschaft beim Kammergericht

Sehr geehrte Frau Kreibich-Fischer,
sehr geehrter Herr Kreibich,
durch Verfügung vom heutigen Tage habe ich das vom Generalbundesanwalt beim Bundesgerichtshof gegen Sie wegen Verdachts geheimdienstlicher Tätigkeit eingeleitete und an mich mit Verfügung vom 17. Oktober 1979 abgegebene Ermittlungsverfahren nach § 170 Abs. 2 der Strafprozeßordnung eingestellt, da sich nach dem Ergebnis der durchgeführten Ermittlungen keine Anhaltspunkte für eine solche Tat ergeben haben.
Auf die beigefügte Anlage weise ich hin.
Hochachtungsvoll
Ludwig
Oberstaatsanwalt

Letztlich gab es nur einen Grund, weshalb das Verfahren so schnell abgeschlossen wurde: die Wahl. Die Wahl der Kandidaten für den Deutschen Bundestag rückte bedrohlich näher. Im Juli 1980 musste auf dem SPD-Parteitag gewählt werden. Rolf war als Kandidat von seinem Heimatkreis Charlottenburg bereits offiziell nominiert. Hätte die Staatsanwaltschaft das Verfahren noch länger hinausgezogen, wäre das ein Straftatbestand gewesen, nämlich die Verhinderung der Kandidatur für ein Verfassungsorgan und die Blockierung der Bildung des Parlaments. In diesem Fall handelte es sich sogar um das höchste Verfassungsorgan der Republik. Das wussten wir.

Schon einige Tage später gab der Generalstaatsanwalt beim Kammergericht, Dietrich Schultz, folgende Presseerklärung ab:

Das Ermittlungsverfahren gegen die Eheleute Kreibich wegen Verdachts geheimdienstlicher Agententätigkeit, das der Generalbundesanwalt beim Bundesgerichtshof eingeleitet und im Herbst 1979 hierher abgegeben hat, ist mit Verfügung vom 22. Mai 1980 nach § 170 Abs. 2 der Strafprozeßordnung eingestellt worden. Aufgrund der durchgeführten Befragung einer Vielzahl von Zeugen, der Auswertung der anläßlich der Durchsuchungen vom 20. März 1980 sichergestellten Unterlagen und Gegenstände, der Sichtung der Personalakten der Beschuldigten, der Begutachtung von Schriftstücken aus dem Besitz der Eheleute Kreibich und ihrer Angehörigen, einer Auswertung von Akten und der Berücksichtigung der Erkenntnisse aus den von den Staatsanwaltschaften bei den Oberlandesgerichten Stuttgart und Koblenz betriebenen Ermittlungsverfahren sowie der Einholung von gutachterlichen Stellungnahmen und Berichten bei Bundes- und Landesbehörden kann weder ein hinreichender Tatverdacht gegen die Beschuldigten festgestellt, noch der ursprüngliche Anfangsverdacht, der zum Erlaß des Durchsuchungsbeschlusses durch den Ermittlungsrichter des Kammergerichts geführt hat, aufrechterhalten werden.

Erst jetzt erfuhren wir über unsere Rechtsanwälte, dass die Staatsanwaltschaft auch eine »gutachterliche Stellungnahme« beim Bundeskriminalamt (BKA) eingeholt hatte, ob wir als Spione geeignet, ob wir also die richtigen »Typen« als Ausspäher für eine fremde Macht wären. Die Beurteilung des BKA hätte jeder Personalakte der Stasi alle Ehre gemacht. Wir waren danach geradezu idealtypische Ost-Spione: jung, eloquent, gut ausgebildet, aus der DDR stammend und über Ostkontakte verfügend.

Am 24. Mai gaben unsere Rechtsanwälte die folgende Presseerklärung ab:

Die Rechtsanwälte Wolfgang Büsch, Gerd-Joachim Roos und Dr. Thomas Baumeier stellen mit Genugtuung fest, daß mit der Erklärung des Generalstaatsanwaltes bei dem Kammergericht nunmehr die volle und eindeutige Rehabilitierung von Rolf und Renate Kreibich erfolgt ist. Damit wird der von ihnen von Anfang an geforderte und erwartete Abschluß der Ermittlungsverfahren bestätigt. Die Rechtsanwälte erwarten ebenso wie Rolf und Renate Kreibich, daß mit der gleichen Intensität wie die Ermittlungen durchgeführt wurden, auch den falschen und leichtfertigen Beschuldigungen nachgegangen wird. Erst die Aufhellung der Gründe, weshalb überhaupt das Verfahren eingeleitet wurde, kann dazu beitragen, daß derartigen Belastungszeugen das Handwerk gelegt wird.

Nur so kann ein solches Verfahren einen positiven Sinn bekommen und dazu beitragen, daß für jeden Bürger und die demokratische und rechtsstaatliche Ordnung Gefahren vermindert werden. Rechtspolitisch zwingt gerade dieser Fall die Gesetzgebungsorgane darüber nachzudenken, ob der Gesetzgeber nicht die Verantwortung des Anzeigenden unter strengere gesetzliche Kontrolle zu stellen hat, denn das geltende Legalitätsprinzip zwingt jeden Polizeibeamten und die Staatsanwaltschaft einem einmal geäußerten Verdacht nachzugehen, ohne daß der Anzeigende oder Verleumder im Falle eines Nachweises seiner unwah-

ren Behauptungen von vornherein mit strafrechtlichen Konsequenzen rechnen muß.
Das hohe Maß an Vertrauen, das Rolf und Renate Kreibich von Freunden, Bekannten und Bürgern entgegengebracht wurde, hat in erfreulicher Weise gezeigt, daß Rufmord dort seine Grenzen findet, wo genügend politische Sensibilität gegenüber derartigen Versuchen entwickelt ist.«

Das Verfahren war zu Ende. Aber war der Fall damit wirklich für uns abgeschlossen?

Die vielen Freunde die uns unterstützt hatten, freuten sich. Sie fühlten sich in ihrer Solidarität bestätigt. Das war einfach schön! In den nächsten Tagen meldeten einige Zeitungen die Einstellung der Verfahren gegen unsere Familie. Die meisten Medien aber brachten gar nichts. In der »Süddeutschen Zeitung« war am 27. Mai 1980 immerhin zu lesen:

Kreibichs Anwälte fordern Schritte gegen Belastungszeugen
Die Rechtsanwälte des früheren Präsidenten der Freien Universität Berlin Rolf Kreibich haben die Einstellung des Ermittlungsverfahrens wegen des Verdachts nachrichtendienstlicher Tätigkeit gegen Kreibich und seine Frau begrüßt und gleichzeitig gefordert, »daß mit der gleichen Intensität, wie die Ermittlungen durchgeführt wurden, auch den falschen und leichtfertigen Beschuldigungen nachgegangen wird«. Erst die Aufhellung der Gründe, weshalb das Verfahren überhaupt eingeleitet worden sei, könne dazu beitragen, daß »derartigen Belastungszeugen das Handwerk gelegt wird«, heißt es in einer Presseerklärung. Das Verfahren gegen die Eheleute Kreibich war wegen mangelnden Tatverdachts eingestellt worden.

Die Freude über die Einstellung des Verfahrens hielt nicht lange an. Wie würde sich nun unsere Zukunft gestalten? Wir kannten inzwischen ja ähnliche Fälle und deren Auswirkungen auf die Betroffenen: Heinrich Böx war zur Zeit seiner Verdächtigung 70 Jahre alt, in bester geistiger und körperlicher Verfassung und hatte beruflich wohl die meisten Stationen seines Lebens mit großem Erfolg bereits hinter sich gebracht. Wir waren jung, standen mitten im Arbeitsleben und engagierten uns politisch. War es möglich, dort wieder anzuknüpfen, wo uns der 20. März aus der Bahn getragen hatte? Konnten und sollten wir so tun, als wäre nichts geschehen? Solche Fragen waren es, die uns in diesen Wochen plagten. Rolf versuchte, sich über seine Arbeit wieder ins »normale Leben« zurückzuarbeiten, während ich mich fast ausschließlich um die Kinder kümmerte. Natürlich gab es jetzt eine Menge Zumutungen von außen abzuwehren und verborgene innere Beschädigungen auszugleichen. Und immer wieder packte mich auch die Wut darüber, wie leicht man als Bürger das Opfer einer Verleumdung werden konnte und wie leichtfertig die Behörden mit Verdächtigungen und dem Legalitätsprinzip umgingen. War das die Demokratie, für die wir jahrelang politisch gearbeitet hatten? Schließlich waren es auch unsere führenden Parteigenossen gewesen, die uns so schmählich in der Patsche hatten sitzen lassen. Rolf hatte in unserer Not einige seiner Genossen angeschrieben und um Unterstützung gebeten, so den damaligen Vorsitzenden des SPD-Landesverbandes Berlin und Regierenden Bürgermeister Dietrich Stobbe, den SPD-Bundesvorsitzenden Willy Brandt, den Bundesgeschäftsführer Egon Bahr und die Genossen der Ortsverbände in Berlin-Charlottenburg. Von den führenden Sozialdemokraten kam keine Antwort, seine Parteifreunde in Charlottenburg dagegen zeigten uneingeschränkte Solidarität.

Diesen Schüben von Wut und Zorn versuchte ich hauptsächlich dadurch zu begegnen, dass ich in das Büro meiner Anwälte lief und dort die Ermittlungsakten studierte, was uns nun endlich gewährt wurde. Erst allmählich merkte ich, dass das äußerst kontraproduktiv war: Anstatt mehr Klarheit und Ruhe zu gewinnen, geriet ich über das, was ich den vor mir liegenden bruchstückhaften Unterlagen entnahm, noch mehr in Wallung. Der Irrsinn des ganzen Verfahrens stellte sich »nach Aktenlage« noch viel schlimmer dar, als wir bis dahin vermutet hatten.

Am 7. Juli erhielten wir über unsere Rechtsanwälte den offiziellen Beschluss des Kammergerichts Berlin, die eigentliche Urkunde über unsere vollständige Rehabilitierung und das Recht auf Entschädigung.

Da nach dem Ermittlungsverfahren kein Strafverfahren eingeleitet wurde, standen uns als Entschädigung nur die Beträge zu, die durch unsachgemäße Behandlung unseres Eigentums eingetreten waren. Rolf bekam danach 1303,10 und ich 930,70 D-Mark.

Das Verfahren war nun offiziell abgeschlossen. Aber nicht für uns. Im Juli 1980 konnten unsere politischen Gegner triumphieren: Auf dem Landesparteitag der Berliner SPD verfehlte Rolf – wenn auch sehr knapp – die erforderliche Stimmenzahl, um für seine Partei in den Bundestag zu gehen.

7. EINSICHT »NACH AKTENLAGE« 2004

Im Sommer 2004 beschloss ich, meine langjährige Arbeit als Psychoonkologin im Städtischen Krankenhaus Berlin-Moabit zu beenden. Ich hatte ein Alter erreicht, in dem ich mich anderen Dingen des Lebens zuwenden wollte. Jahrelang hatte ich mich mit allen Aspekten der Krebserkrankung von Patienten und ihren Angehörigen befasst – von der Diagnose bis zur Heilung oder der Sterbebegleitung. Ich kannte die Möglichkeiten, aber auch die Grenzen der Krankheitsbewältigung. Ich hatte geforscht, publiziert, Vorträge gehalten und vor allem viele schwerkranke Patienten betreut.

Jetzt allerdings spürte ich, dass der richtige Zeitpunkt zum Aufhören gekommen war. Bei diesen Überlegungen wanderten meine Gedanken fast zwangsläufig zum Beginn meiner Arbeit zurück in das Jahr 1980. Im Sommer jenes Jahres war das, was wir fortan die »Affäre« nannten, formal beendet, und wenn Rolf und ich in den folgenden Jahren auch hin und wieder darüber spekuliert hatten, was wohl noch in den vollständigen Akten der Staatsanwaltschaft stand, die wir damals nicht hatten einsehen dürfen, so verspürten wir einstweilen doch wenig Lust, uns länger als notwendig mit diesem düsteren Kapitel zu befassen – zumal wir in der kommenden Zeit reichlich mit interessanten beruflichen Aufgaben und politischen und kulturellen Anforderungen beschäftigt waren. War es überhaupt sinnvoll, die Dinge noch einmal aufzurollen? Und wenn ja, für wen? Manchmal aber überkam uns auch wieder Zorn, dass wir von Menschen und Institutionen malträtiert worden waren, die dafür weder Rechenschaft ablegen noch Verantwortung übernehmen mussten und ohne jedes Risiko und jegliche Kontrolle operieren konnten. Wie gefährlich, so fragten wir uns, konnten Dummheit und machtpolitische Arroganz von Politik, Justiz, Verfassungsschutz, Bundeskriminalamt und Staatsanwaltschaften auch in demokratisch verfassten Staaten sein?

Schließlich entschloss ich mich doch, unsere Akten noch einmal zu studieren. Was waren die tatsächlichen Motive des Denunzianten und seiner möglichen Hintermänner gewesen? Aus den unvollständigen Akten konnten wir und unsere Anwälte ja weitgehend nur Mutmaßungen ableiten. Auch waren die politischen Hintergründe der handelnden Akteure weitgehend im Dunkeln geblieben. So schrieb ich am 13. September 2004 an die Staatsanwaltschaft bei dem Kammergericht Berlin:

13. September 2004
Sehr geehrte Damen und Herren,
hiermit beantrage ich die Herausgabe aller Unterlagen aus einem Ermittlungsverfahren, das 1980 gegen meinen Mann, Rolf Kreibich und mich von der Berliner Staatsanwaltschaft durchgeführt wurde.
Die Akten wurden vom Generalstaatsanwalt bei dem Kammergericht Berlin unter dem Aktenzeichen ER 21/ 801 Ojs 155/79 geführt. Der Kammergerichtsbeschluß zur Einstellung des Verfahrens trägt das Aktenzeichen (3) 10 Js 155/ 79 (73/ 80) – 3 Ws 112/ 80. Uns wurde zugesichert, dass wir nach angemessener Zeit über die Unterlagen des Ermittlungsverfahrens verfügen können.
Freundliche Grüße
Renate Kreibich-Fischer

Ungeduldig wartete ich nun auf das Antwortschreiben der Generalstaatsanwaltschaft. Als ich nach vier Wochen noch immer nichts gehört hatte, rief ich in der Behörde an, um herauszufinden, wer dort für meine Anfrage zuständig war und wann ich mit einer Nachricht rechnen könnte. Eine Büroangestellte nannte mir Oberstaatsanwalt Just, der zurzeit aber mit Arbeit überhäuft sei. Sie wolle sich jedoch gern noch einmal um mein Anliegen kümmern und ihn darauf ansprechen.

Justs Antwortschreiben, das vom 30. September 2004 datierte, bei uns aber erst Mitte Oktober einging, irritierte mich erheblich:

30. 9. 2004
Sehr geehrte Frau Kreibich-Fischer,
ausweislich eines Protokolls sind alle zu dem Verfahren sichergestellten Unterlagen am 14. Oktober 1980 zurückgegeben worden. Es sind keine weiteren Asservate vorhanden.
Mit freundlichen Grüßen
Just

Ich war verärgert, denn von Asservaten war in meinem Schreiben nicht die Rede gewesen. Die Staatsanwaltschaft wusste genau, dass uns alles, was die Beamten bei den Hausdurchsuchungen mitgenommen hatten, längst zurückgegeben worden war. Minutiös waren seinerzeit lange Listen der »Asservate« angefertigt worden, auf denen jedes Stück unserer Einrichtung aufgeführt war und die wir dann auch einzeln abzeichnen mussten. Wenigstens in dieser Hinsicht herrschte wie immer preußische Korrektheit.

Nachdem ich den Oberstaatsanwalt telefonisch wiederholt nicht erreicht hatte, erfuhr ich von einer redseligen Sekretärin so ganz nebenbei, dass unsere Akten noch existierten, uns aber nicht ausgehändigt werden dürften. Ich war auch deshalb verblüfft, weil unsere Anwälte nach unserer Rehabilitierung die Vernichtung der Akten gefordert hatten, was uns seinerzeit auch schriftlich zugesichert worden war.

Für mich war diese Auskunft ein zusätzlicher Anreiz, nun erst recht Einsicht in die Originalakten zu erzwingen. Ich konnte und wollte nicht akzeptieren, dass wir die vollständigen Akten über ein mit einer uneingeschränkten Rehabilitierung abgeschlossenes Verfahren auch nach 24 Jahren nicht einsehen durften. Wieso, so fragten wir uns, verweigerte uns der demokratische Rechtsstaat die Einsicht? Rolf war wütend und ermutigte mich, alles zu versuchen, an die Akten zu kommen. Nach weiteren Telefonaten erhielt ich am 22. Oktober 2004 von der Generalstaatsanwaltschaft Berlin folgendes Schreiben:

Sehr geehrte Frau Dr. Kreibich-Fischer,
auf Ihren Antrag auf Akteneinsicht in die hiesigen Ermittlungsvorgänge teile ich Ihnen mit, dass das Recht der Akteneinsicht gesetzlich geregelt ist, und zwar in dem § 147 und §§ 474 ff. der Strafprozessordnung (StPO). Danach ist die Akteneinsicht grundsätzlich nur einem bevollmächtigten Verteidiger zu gewähren. Bei abgeschlossenen Ermittlungsverfahren ist Akteneinsicht grundsätzlich nur noch zur Vorbereitung eventueller weiterer Prozeßhandlungen zu gewähren.
§ 147 StPO gilt ausdrücklich nicht für eine Akteneinsicht zu Zwecken, die mit der Verteidigung in der Strafsache nicht mehr zusammen hängen. Unabhängig davon ist auf der Grundlage der Bestimmungen der §§ 474 ff. StPO Privatpersonen in abgeschlossene Ermittlungsakten Akteneinsicht ebenfalls nur über einen bevollmächtigten Rechtsanwalt zu gewähren, wenn ausdrücklich ein berechtigtes Interesse dargelegt wird. Es tut mir leid, Ihnen keine positivere Mitteilung machen zu können.
Mit freundlichen Grüßen
Just
Oberstaatsanwalt

Nun war auch bei mir das Maß voll. Konnte es mit rechten Dingen zugehen, dass wir uns trotz erwiesener Unschuld nach so vielen Jahren keine Klarheit über Tatbestände verschaffen durften, die ja immerhin einen erheblichen Einfluss auf unser Leben gehabt hatten? Oder bestand vielleicht gar keine gesetzliche Grundlage für die Verweigerungspraxis der Behörden? Wir wollten es genau wissen und schrieben am 6. November erneut an den Oberstaatsanwalt:

Sehr geehrter Herr Oberstaatsanwalt,
mit den Ausführungen in Ihrem Schreiben vom 22. 10. 2004 können wir uns leider nicht zufrieden geben. Nach eingehendem Studium der StPO kommen wir zu folgendem Ergebnis:
1. Der § 147 der StPO enthält unseres Erachtens nach neuerer Rechtsauffassung genügend Spielraum für die Staatsanwaltschaft, uns Akteneinsicht zu gewähren. Hierzu verweisen wir unter anderem auf LR-Lüderssen, § 147 Rn. 12 ff., auf Böse StraFO 1999, 293; Kleinknecht/Meyer-Gossner, § 147 Rn3. Auch der EuGH hat hier neue Maßstäbe gesetzt.
2. Die §§ 474 ff. der StPO sind nach unserer Ansicht nicht relevant für die von uns begehrte Akteneinsicht.
3. Gemäß Verfügung der Staatsanwaltschaft vom 22. Mai 1980 und Beschluß des Kammergerichts vom 3. Juli 1980 wurde das Ermittlungsverfahren nach § 170 Abs. 2 der StPO eingestellt, da sich keine Anhaltspunkte für eine solche Tat ergeben haben. Es erfolgte eine vollständige Rehabilitation (Anlagen).
Vor diesem Hintergrund halten wir es in einem Rechtsstaat für geboten, dass den unmittelbar Betroffenen Akteneinsicht gewährt wird. Wir hoffen, dass die Staatsanwaltschaft ebenfalls zu einem solchen Ergebnis kommt.
Mit freundlichen Grüßen
Dr. Renate Kreibich-Fischer *Prof. Dr. Rolf Kreibich*

Es schien zu diesem Zeitpunkt allerdings ratsam, einen Rechtsanwalt zu bitten, uns bei den weiteren Verhandlungen zu unterstützen. So schrieb ich am 9. Dezember 2004 an den Rechtsanwalt Gerd Stübing:

Sehr geehrter Herr Stübing,
wir hatten schon telefonisch über unser Begehren zur Akteneinsicht zum Ermittlungsverfahren von 1980 gesprochen. Wider Erwarten ist die Akte tatsächlich bei der Staatsanwaltschaft noch vorhanden und wir sind jetzt entschlossen, noch einmal für uns einige Dinge zu klären. Ich habe Ihnen die Korrespondenz mit der Staatsanwaltschaft beiliegend zusammengestellt. Ich hatte im September die Übereignung der Unterlagen beantragt. Daraufhin bekam ich Mitte Oktober (datiert vom 30. 9.) die Antwort, dass keine Asservate mehr vorhanden seien. In einem Telefonat mit Herrn Just teilte ich ihm mit, dass es uns nicht um Asservate gehe, sondern um die Akte. Dann bekam ich den Brief vom 22. 10., in dem er mir mitteilte, dass wir keine Akteneinsicht erhalten könnten. Unser bisher letzter Versuch vom 6. 11. blieb bisher unbeantwortet. Wir würden Sie bitten, für uns noch einmal Akteneinsicht zu beantragen. Wie mir die Staatsanwaltschaft mitteilte, muss das auch begründet werden. Für uns ist es völlig unsinnig, dass wir als Betroffene nach so langer Zeit und in Anbetracht der Tatsache, dass das Ermittlungsverfahren ja nicht zu einem Strafverfahren führte, kein Recht auf die eigenen Akten haben. Da unsere Rechtsschutzversicherung die Kosten sicher nicht übernehmen wird, wäre es nett, wenn Sie uns ungefähr die Kosten benennen würden, die auf uns zukämen.
Freundliche Grüße
Renate Kreibich-Fischer

Schon nach wenigen Wochen bekam ich einen Anruf von Dr. Stübing, dass die Akten in seiner Kanzlei in Charlottenburg zur Einsicht bereit lägen. Und so machte ich mich im Februar und März 2005 ein weiteres Mal an das Studium der Unterlagen.

Aber schon beim ersten Durchblättern der nun wohl vollständigen Dokumente überkamen mich die gleichen Gefühle wie 25 Jahre zuvor. Ich schwankte bald wieder zwischen Erschütterung und Amüsement über die Farce der Staatsanwaltschaft.

Die Dokumente waren mit zahllosen Stempeln und Vermerken versehen: Bundesadler, Berliner Wappenbär, »VS-vertraulich«, »Nur für den Dienstgebrauch«, »Gelöscht Bl.«, »VS – Nur Für den Dienstgebrauch«, »Streng vertraulich«, »Amtlich geheimgehalten« und »Geheim«, »Geheim«, »Geheim« ... Um den Akten einen besonders gewichtigen Charakter zu verleihen, pflegen die staatlichen Schutz- und Kontrollbehörden im innerinstitutionellen Aktenverkehr eine hoch artifizielle Sprache mit einer unterschwellig höchst konspirativen Terminologie, und das war auch hier der Fall. So wurde Heinz Ludewig nicht etwa mit seinem Namen genannt oder mit der Bezeichnung »Zeuge«, sondern griffiger als »Quelle« geführt.

Die »Quelle«

Aufgrund der Bekundungen des im Sommer 1979 aus der DDR geflüchteten Zeugen Ludewig – im folgenden Quelle genannt – leitete der Generalbundesanwalt beim Bundesgerichtshof Ermittlungsverfahren wegen Verdachts der geheimdienstlichen Agententätigkeit gegen Albert und Peter Fischer (4 BJs 151/79), Heinz Ruhig (6 BJs 185/79) und die Eheleute Rolf und Renate Kreibich (6 BJs 186/79) ein und gab sie nach Durchführung erneuter Vernehmungen – insbesondere der Quelle – mit Verfügung vom 17. Oktober 1979 gemäß § 142 a Abs. 2 Nr. 1 GVG an die Staatsanwaltschaften bei den Oberlandesgerichten Stuttgart und Koblenz sowie an die Staatsanwaltschaft bei dem Kammergericht ab.« (Seite 1 der Ermittlungsakten 10 Js 155/79).

»Quelle« über seine politische Laufbahn und Kontakte

In der Zeit meiner Tätigkeit als Matrose war ich politisch nicht aktiv. Ich war aber dann mit Hilfe meines Vaters 1940 in die

Polizeischule Stettin eingeschleust worden. Ich bin gleich nach dem Kriege der KP beigetreten. Mit Gründung der SED war ich sodann deren Mitglied. Nach meiner Entfernung aus dem VEB Weizenin und dem Parteiordnungsverfahren habe ich keine Beiträge mehr bezahlt. Zu einem späteren Zeitpunkt wurde ich sodann aus der SED ausgeschlossen, nachdem ich keine Beiträge mehr bezahlt hatte und einen entsprechenden Wunsch geäußert hatte. Dieses Ausschlußverfahren fand in meiner Abwesenheit statt.
1949 und 1951 habe ich an zwei Lehrgängen an der Karl-Marx-Hochschule in Kleinmachnow teilgenommen. Durch mein Elternhaus und meine politische Betätigung kannte ich prominente Persönlichkeiten aus Staat und Partei, so z.B. Otto Buchwitz, Ernst Wabra, Otto Auerswald, Helmut Auerswald, Walter Weidauer, Oberst Alois Hahn, Oberst Werner Pilz, Generalmajor Sepp Gutsche, Generalmajor Rolf Markert, Fritz Große, Lea Große und Anton Ackermann. Seit meiner Jugend kenne ich auch den späteren stellvertretenden Abteilungsleiter bei der Bezirksverwaltung des MfS in Dresden Hauptmann Robert HERRMANN. Die Bekanntschaft geht darauf zurück, dass wir im gleichen Hause wohnten. Während meiner Tätigkeit beim Landeskriminalamt in Dresden bin ich ihm sodann wieder begegnet. Herrmann war zunächst nach dem Kriege als ehemaliger Elas-Partisan Angehöriger einer Sondergruppe unter dem Kommando Arthur Hofmann. Nach dem Kriege war er dem sowjetischen NKWD direkt unterstellt und im Rahmen einer Einsatzgruppe in Dresden tätig. Er war der Leiter dieser Einsatzgruppe. Diese Einsatzeinheit wurde Mitte der 60-er Jahre aufgelöst. Herrmann übernahm dann die bereits oben erwähnte Tätigkeit beim MfS. (...)
Herrmann hatte eine stark ausgeprägte Neigung zum Alkohol und zu Frauen. Von 1950 bis zum Übertritt zum MfS [Ministerium für Staatssicherheit, R. K.] *war Robert Herrmann zur Abdeckung in dem von mir geleiteten VEB Weizenin als Kaderleiter beschäftigt. Ich war eingeweiht, dass es sich dabei um eine Abdeckung handelte.*

Albert Fischer [mein Vater, R. K.] *war in die Beziehungen seiner Tochter mit dem MfS eingeweiht.*
Wenn ich gefragt werde, warum sich Albert Fischer, der ja von den Bindungen seiner Tochter zum MfS wusste, nicht dorthin, sondern an mich wandte, so kann ich mir dies daraus erklären, dass das Verhältnis zwischen Herrmann (Hauptamtlicher Offizier des MfS im VEB Weizenin) und Albert Fischer nicht sehr gut war.

Auf Vorhalt von S. 2 der Anlage 3 zum Schreiben des BfV [Bundesamt für Verfassungsschutz, R. K.] vom 14. September 1979 erklärt der Zeuge:

Ich habe bis heute keine positive Kenntnis darüber erhalten, dass Albert Fischer, Peter Fischer und dessen Ehefrau Hannelore in Verbindung zum MfS stünden und in dessen Auftrag ausgeschleust worden waren. Wohl aber habe ich später von der Ausreise dieser drei Personen erfahren.
Mit Albert Fischer stand ich auch später noch im Briefverkehr. Er hat mir immer genau über seine Lage und Erlebnisse berichtet. Einen nachrichtendienstlichen Hintergrund hatte dieser Briefverkehr aber nicht; er war persönlicher Natur. Abschließend erkläre ich noch einmal, dass mir über irgendeine Bindung von Albert, Peter oder Hannelore Fischer zum MfS nichts bekannt ist. (...) Nochmals auf die Übersiedlung von Albert, Peter und Hannelore Fischer angesprochen kann ich nur sagen, dass ich damals den Eindruck hatte, sie könnten mit Hilfe des MfS die Übersiedlung bewerkstelligt haben. Konkrete Fakten, die dies belegen könnten, insbesondere Äußerungen von mir bekannten MfS-Angehörigen oder von den Betroffenen selbst sind mir jedoch nicht bekannt.

Am 30. November 1979, also vier Monate vor der Hausdurchsuchung bei uns, ergänzt »Quelle« seine Angaben vom 24. und 25. September 1979 in einem weiteren Ermittlungsgespräch beim Staatsschutz wie folgt:

Frage: *Stimmen Sie zu, dass ein Geheimdienst wie das MfS nach konspirativen Regeln und damit ohne Einblick durch Dritte arbeitet?*
Antwort: *Sicherlich.*
Frage: *Wie erklären Sie sich dann, dass nach Ihren bisherigen Schilderungen MfS-Angehörige – wie Ihr Bruder Willi, Herr Herrmann, Frau Mann, Herr Woita und Herr Renne – Ihnen gegenüber Umstände offenbart haben, die an sich deren Dienstgeheimnis unterliegen und deren Offenbarung von vornherein geeignet gewesen sein kann, nachrichtendienstliche Aufträge oder Zeugen zu gefährden?*
Antwort: *Diese Frage an mich zu stellen, ist an sich falsch, weil ich über die Gründe der Offenheit mir gegenüber nur spekulieren kann. Nach meinem Eindruck gefragt, sage ich: Kein Nachrichtendienst ist dicht. Im übrigen gehörte ich zu dem Personenkreis, der größtes Vertrauen genoß und vor dem es keine Geheimnisse gab. Das begründe ich damit, dass ich unter anderem eine Zeit lang im LKA* [Landeskriminalamt] *Dresden mit bedeutsamen Fällen befasst war; ich war dort sogar vorgesehen als Leiter der Abteilung H oder 5, bei der es sich um einen Vorläufer des Staatssicherheitsdienstes handelte. Robert Herrmann, von dem manche meiner Informationen stammen, kenne ich von Kindheit an und hatte zu ihm auch enge familiäre Bindungen; ich war darüber hinaus ein Intimus von Ernst Wabra, der zwölf Jahre lang Vorsitzender der Zentralkommission für Staatskontrolle war. Wabra seinerseits gehörte als enger Freund von Herrn Honecker der Führungsspitze der DDR an. Sehr gut bekannt war ich auch mit Sepp Gutschkowitz. Ein Dutzend von Generälen und Angehörigen der obersten Führungsspitze war mein täglicher Umgang.*

»Quelle« und Axel-Springer

»Quelle« war kurz nach seinem Eintreffen in der Bundesrepublik im August 1979 zu Springer gegangen. Auf den Seiten 161 und 164 der Ermittlungsakten finden sich dazu folgende Passagen:

Frage: *Wem gegenüber haben Sie nach Ihrem Eintreffen in der Bundesrepublik Angaben über nachrichtendienstliche Verstrickungen Dritter gemacht?*
Antwort: *Außer gegenüber dem Bundesamt für Verfassungsschutz und der Bundesanwaltschaft habe ich auch im Springer-Verlag Angaben gemacht; die darüber gefertigten Aufzeichnungen sind von Herrn Wenzel vom Bundesamt für Verfassungsschutz abgeholt worden, wodurch eine Veröffentlichung gestoppt wurde. Der Kontakt zu Springer ist von mir aus geknüpft worden.*
Zu den Gründen befragt, die mich zum Herantreten an den Springer-Verlag veranlasst haben, muß ich etwas weiter ausholen: Meine Frau war besorgt, daß gegen mich beim Übertritt in die Bundesrepublik ein Femeurteil ergehen könnte. Diese Besorgnis erschien mir auch nicht ganz abwegig, zumal mir bereits vor meiner Flucht gelegentlich gesagt worden ist: »Unser Arm reicht weit.«
Diese Vorstellung hat mich veranlaßt, mich an Axel Springer wenden zu wollen. Ich bin allerdings nicht an ihn selbst herangekommen, sondern wurde an den Redakteur Lutz Naumann verwiesen. Diesem gegenüber habe ich angetragen, bei ihm eine Aufzeichnung zu hinterlegen und zwar mit der Maßgabe, dass diese veröffentlicht werden sollte, falls festgestellt würde, dass ich eines gewaltsamen Todes gestorben sei. Herr Naumann vertrat demgegenüber den Standpunkt, dass eine sofortige Veröffentlichung dem von mir angestrebten Zweck weiter entgegenkäme. Er führte eine Reihe von Beispielen an, demzufolge eine Abschirmung gelungen sei.
Bei diesem Stand der Dinge rief Herr Wenzel vom Bundesamt für Verfassungsschutz bei mir an. Er hielt mir vor, Aufzeichnungen ver-

kauft zu haben. Jedenfalls hat Herr Wenzel die Aufzeichnungen, die ich im Springer-Verlag hinterlegen wollte, an sich genommen, nachdem er sie zuvor noch zu Korrekturen mir vorgelegt hatte.
Die Frage, ob über meine Gespräche mit Herrn Naumann Tonbandaufzeichnungen existieren, möchte ich dahingehend beantworten: Meines Wissens nicht. Erinnerlich ist mir, daß Herr Naumann über meine Schilderungen selber Aufzeichnungen fertigte, die, weil sie einige Fehler enthielten, von mir korrigiert wurden. Dabei handelt es sich um die Aufzeichnung, die Herr Wenzel dann an sich genommen hat.
Frage: *Sind Sie für die Aufzeichnungen, die der Redakteur Naumann nach Ihren Schilderungen gefertigt hat, entlohnt worden oder hatten Sie die Absicht, dafür ein Entgeld zu verlangen?*
Antwort: *Nein, es ist zwar meine Absicht, über die von mir geschilderten Dinge und mein sonstiges Wissen – nach Abstimmung mit den Ermittlungsbehörden – gegebenenfalls eine Buchveröffentlichung oder einen Fernsehfilm, jedenfalls etwas Massenwirksames herauszubringen. Ich möchte für mich in Anspruch nehmen, dass die Honorarfrage zweitrangig ist.*
Mein Anliegen ist, mir nahestehende Personen wie Renate Kreibich und Albert Fischer zu bewegen, sich zu ihrem Verhalten zu bekennen und sich zu stellen, um zu ermöglichen, dass der Fall »auf elegante Weise« erledigt werden kann. Ich möchte darüber hinaus einen Beitrag leisten, dass hier nicht verhängnisvolle Fehlentscheidungen und Fehleinschätzungen getroffen werden, wie sie auch mein Leben bestimmt haben. Das ist mein Anliegen.
Frage: *Wie wollen Sie die finanziellen Belastungen regeln, die nach Aktenlage in Höhe von 75.000 DM durch Ihre Flucht entstanden sind?*
Antwort: *Der Betrag von 75.000 DM gib nicht die richtige Summe wieder, die als Fluchtentgeld von mir verlangt wird: nachträglich hat sich die Forderung auf 115.000 DM erhöht. Ich bin allerdings nur willens 25.000 DM zu zahlen und zwar aus dem Lastenausgleich, den ich zu erwarten habe. Zur Verdeutlichung von dessen Höhe gebe ich an, dass ich einen Schaden von*

2.800.000 DM – z.B. für Patente und zurückgelassenes Eigentum – habe feststellen lassen.

Nach Stenogrammdiktat genehmigt und unterschrieben.
Heinz Ludewig

Auf den Seiten 1 und 2 der Ermittlungsakten findet sich zu diesem Komplex folgender Vermerk der Staatanwaltschaft:

Nachdem Quelle mit Unterstützung des ihm seit längerer Zeit bekannten, ehemals selbst aus der DDR geflüchteten Professors Feldheim im Sommer 1979 mit seiner Ehefrau und seiner verheirateten Tochter über Drittländer aus der DDR ausgeschleust worden war, wofür eine Organisation einen Betrag von nunmehr 115.000 DM verlangt, wandte sich Quelle an den Axel-Springer-Inlanddienst, um – nach eigener Darstellung – einem befürchteten Femeurteil der DDR zu entgehen und sich gegen Angriffe auf seine Person durch Veröffentlichung seines Wissens um DDR-Interna abzuschirmen. Bevor die von Quelle in Aussicht genommenen Publikationen jedoch realisiert werden konnten, trat das Bundesamt für Verfassungsschutz erneut an Quelle heran und führte mit ihm Befragungen durch.

»Quelle« – einziges Beweismittel der Staatsschutzbehörden

Auf den Seiten 290 und 291 der Ermittlungsakten der Staatsanwaltschaft findet sich der folgende Texte der »Quelle«, der für die weiteren Ermittlungen scheinbar irrelevant war:

Auf nochmaliges Befragen:
Echte Fakten, die für eine geheimdienstliche Agententätigkeit der Eheleute Kreibich sprechen könnten, kann ich aus eigener Wahrnehmung nicht schildern. Ich habe meine Aufgabe bisher immer

so verstanden, dass ich mein Wissen den Strafverfolgungsbehörden als Mosaiksteinchen zur Verfügung stellen wollte, um bei Ermittlung von Sachverhalten hilfreich zu sein. Ob die von mir mitgeteilten Mosaiksteinchen letztlich ein Bild geben, habe ich nicht zu beurteilen.

Auch nach diesen Aussagen wurde mit gleicher Intensität weiter ermittelt. Aus den Vorermittlungen und Vernehmungen von Ludewig entnahm ich zudem – wieder äußerst verblüfft – folgende Aussagen:

Ich habe bis heute keine positive Kenntnis darüber erhalten, dass Albert Fischer, Peter Fischer oder dessen Frau Hannelore in Verbindung zum MfS stünden und in dessen Auftrag ausgeschleust worden waren. Wohl aber habe ich später von der Ausreise dieser drei Personen erfahren. Ein Mitarbeiter der Produktionsgenossenschaft des Friseurhandwerks, bei dem die Ehefrau des Peter Fischer beschäftigt war, hat sich beim VEB Weizenin nach dem Verbleib der Hannelore Fischer erkundigt. Mit Albert Fischer stand ich auch später noch im Briefverkehr. Er hat mir dabei genau über seine Lage und Erlebnisse berichtet. Einen nachrichtendienstlichen Hintergrund hatte dieser Briefverkehr aber nicht; er war rein persönlicher Natur.
Abschließend erkläre ich noch einmal, dass mir über irgendeine Bindung von Albert, Peter oder Hannelore Fischer zum MfS nichts bekannt ist. (...)
Nochmals auf die Übersiedlung von Albert, Peter und Hannelore Fischer angesprochen kann ich nur sagen, dass ich damals den Eindruck hatte, sie könnten mit Hilfe des MfS die Übersiedlung bewerkstelligt haben. Konkrete Fakten, die dies belegen könnten, insbesondere Äußerungen von mir bekannten MfS-Angehörigen oder von den Betroffenen selbst sind mir jedoch nicht bekannt.
Zu Anita Kreibich kann ich keine Angaben machen. Ich kenne sie nicht und habe auch keine Kenntnis von irgendwelchen Verbindungen zwischen Anita Kreibich und dem MfS.

Ich hatte Gelegenheit, meine vorstehende Aussage nochmals in Ruhe selbst zu lesen. Sie ist vorstehend richtig wiedergegeben.
H. Ludewig

Nun hatte ich aber in den Ermittlungsunterlagen der Staatsanwaltschaft Berlin, die schon am 30. November 1979, also vier Monate vor der Hausdurchsuchung, angelegt worden waren, folgendes gelesen:

Frage: *Wie erklären Sie sich die Besonderheit, dass nach Ihren Schilderungen fast alle Angehörigen der Familie Fischer – Kreibich (Rolf Kreibich, dessen Ehefrau, dessen Schwiegersohn, dessen Schwiegervater und dessen Schwager) nachrichtendienstlich verstrickt worden sind?*
Antwort: *Diese an mich gestellte Frage möchte ich an dem Einzelfall Albert Fischer aufrollen, der mich eines Tages ansprach, ihm bei der Beschaffung einer Reisegenehmigung nach Jugoslawien behilflich zu sein. Die Tatsache, dass Robert Herrmann innerhalb von drei Tagen eine Reisegenehmigung besorgt hat, lässt nur den Schluß zu, dass derjenige, der die Reisegenehmigung erhielt, dafür auch etwas leisten musste. Dafür gibt es nach meiner Einschätzung nicht den geringsten Zweifel. Robert Herrmann seinerseits konnte eine Reisegenehmigung angesichts seiner Stellung nur besorgen, wenn in irgendeiner Weise die Interessen der Staatssicherheit berührt waren.*
Es ist übrigens keine Besonderheit, daß aus einem engeren Kreis mehrere Personen für die Staatssicherheit von Bedeutung oder von dieser eingesetzt sein konnten, denn es dürfte z. B. bekannt sein, daß aus dem VEB Weizenin eine größere Anzahl von Personen eingeschleust wurden.
Frage: *Wie läßt es sich unter nachrichtendienstlichen Gesichtspunkten erklären, daß die MfS-Angehörigen Herrmann und Mann sich mit Irene Fischer in Gegenwart von deren Ehemann und von Ihnen als nachrichtendienstlich erkannten Belange auseinandergesetzt haben?*

Antwort: *Diese Frage empfinde ich als naiv. Sie ersetzt die Wirklichkeit durch den Anspruch. Schauen Sie sich doch die Figuren an, die damals führend auf dem nachrichtendienstlichen Sektor tätig waren. Es war nicht nur ein Mangel an Quantität, sondern auch ein solcher an Qualität zu verzeichnen.*
Vielleicht dient zur Klärung der Frage mit, dass Leute wie Robert Herrmann und Sepp Gutschkowitz bei Trinkgelagen Unmengen von Alkohol genossen haben. Robert Herrmann hatte auch Konflikte in der SED-Straßengruppe, durch die er sehr bedrängt wurde, die ihn fast bis zum Nervenzusammenbruch brachten. Angesichts dieser ganzen Umstände ist es nur zu erklärlich, dass die genannten Personen, insbesondere Robert Herrmann, zu mir als einem Vertrauten ganz offen waren.

Vor diesem Hintergrund haben mich die Beurteilungen von »Quelle« durch das Bundesamt für Verfassungsschutz vom September/Oktober 1979 und durch den Ermittlungsrichter des Kammergerichts, Siering, Berlin, auch nach 25 Jahren noch einmal erschüttert.

Vom Bundesamt für Verfassungsschutz stammt folgende Notiz aus den Vorermittlungen im September/Oktober 1979:

Soweit LUDEWIGS Angaben überprüfbar waren, sind Widersprüche nicht feststellbar. Er hat sich ausdrücklich zu zeugenschaftlichen Aussagen und erforderlichenfalls zu Gegenüberstellungen mit von ihm beschuldigten Personen bereit erklärt. Bezüglich seines Lebenslaufes und seines Hintergrundes wird auf die Anlage 1) verwiesen.

Die Stellungnahme des Ermittlungsrichters Siering vom 10. März 1980, mit der die Notwendigkeit weiterer konsequenter Ermittlungen gegen uns begründet wird, weist folgende Passagen auf:

Gegen die Glaubwürdigkeit des Zeugen Ludewig bestehen derzeit keine Bedenken. Seine Vernehmung vom 30. November 1979 (Bl. 165 – 175 d. A.) diente ersichtlich der insoweit erforderlichen Überprüfung. Anhaltspunkte, die Glaubwürdigkeit des Zeugen zu bezweifeln, brachte die Vernehmung nicht. (...)

1.4 Der Grundsatz der Verhältnismäßigkeit steht der beabsichtigten Durchsuchung auch bei Berücksichtigung der herausgehobenen Stellung des Beschuldigten Rolf Kreibich im politischen Leben von Berlin (West) und der Folgen für die Beschuldigten nicht entgegen. In Anbetracht der Art des Vorwurfs steht eine die Beschuldigten weniger belastende Untersuchungshandlung mit gleichen Erfolgsaussichten nicht zur Verfügung. Eine Anhörung der Beschuldigten vor Erlaß des Durchsuchungsbeschlusses scheidet aus, weil hierdurch die Gefahr der Vernichtung von Beweismitteln heraufbeschworen werden würde (§ 33 Abs. 4 StPO).

Es hat auch noch bis Mai 1980 gedauert, um bei der Oberstaatsanwaltschaft Berlin zu dem folgenden »Vermerk V (1 Js 155/ 79)« zu kommen, in dem diese hinsichtlich der angeblichen Kuriertätigkeit meiner krebskranken Mutter herausbekommen hatte, dass sie uns 1965 und 1966 ganz legal als Invalidin und Rentnerin in West-Berlin besuchen durfte und »Quelle« seine früheren Hirngesprinste über eine angebliche Kuriertätigkeit meiner Mutter widerrief (S. 24):

Diese Einlassung über die Voraussetzung der Besuche von Irene Fischer in Berlin (West) wird von Quelle bestätigt, der die Teilinvalidisierung und die Halbtagsbeschäftigung der Irene Fischer ab 1964 ebenfalls angegeben hat. Er hat darüber hinaus erklärt, durch Zufall bemerkt zu haben, daß die Mutter der Beschuldigten Renate Kreibich Kurierfahrten nach Berlin (West) unternommen habe. Seine frühere Bekundung, er habe vom MfS-Bediensteten Herrmann erfahren, dass die vorübergehende Verleihung des Rentnerstatus für Irene Fischer ein »Akt konspirativer Abschirmung« darstellte, hat der Zeuge nicht aufrechterhalten.

Immerhin kommt die Oberstaatsanwaltschaft im gleichen Vermerk zu folgendem Ergebnis über die Beweisfähigkeit der »Quelle«:

Wenn auch das Ergebnis der Ermittlungen den Anlaß für die durch Quelle über Rolf Kreibich veranlaßten Nachforschungen belegt, konnten deren von Quelle wiedergegebene Ergebnisse nicht bestätigt werden; denn es hat sich nicht feststellen lassen, daß Rolf Kreibich zu irgendeinem Zeitpunkt für das MfS der DDR tätig geworden ist oder durch diesen Geheimdienst aufgrund einer Mitarbeitsverpflichtung ausgebildet wurde.
Durch die Auswertung der Personalakten des Beschuldigten, die vom Senator für Wissenschaft und Forschung sowie vom Präsidialamt der Freien Universität Berlin im Wege der Amtshilfe beigezogen wurden, Einsichtnahme in Immatrikulationsunterlagen der Freien Universität Berlin, Sichtung der Notaufnahmeakten, Vergleich der noch in seinem Besitz befindlichen Schulzeugnisse und Studienunterlagen (Technische Hochschule Dresden und Humboldt-Universität Berlin) konnte eine Legendierung durch das MfS mit Sicherheit ausgeschlossen werden.
Die Vernehmung von nunmehr in Berlin (West) und der Bundesrepublik Deutschland lebenden ehemaligen Schul- und Studienfreunden, Mitarbeitern und Ausbildern hat ergeben, dass diese zu keiner Zeit einen Anlaß für die Annahme gehabt haben, in Rolf Kreibich einen Spitzel oder MfS-Mitarbeiter zu sehen. (...)
Feststellungen im Hinblick auf eine nachrichtendienstliche Verstrickung bzw. Vorbereitung der Beschuldigten Renate Kreibich, geb. Fischer bis zu ihrer Flucht im August 1961 haben sich nicht treffen lassen. Insoweit vermochte auch Quelle weder Fakten noch Schlussfolgerungen zu bekunden. (...)
Nach dem Ergebnis der Ermittlungen ist auszuschließen, daß die Eheleute Kreibich als Agenten des MfS in die Bundesrepublik bzw. nach Berlin (West) eingeschleust wurden. (...)
Die Ermittlungen haben keine Anhaltspunkte für eine geheimdienstliche Agententätigkeit der Beschuldigten gegen die Bun-

desrepublik Deutschland erbracht, es sind weder Reisen in die DDR zur Berichterstattung noch Kurierbesuche durch DDR-Bürger zu beweisen. (...)
Quelle hat in der Vernehmung vom 22. April 1980 auf Befragen erklärt, echte Fakten, die für eine geheimdienstliche Agententätigkeit der Eheleute Kreibich sprechen könnten, aus eigener Wahrnehmung nicht schildern zu können (Bd. III, Heft F Bl. 26 d. A.).

Die Auswertung der bei den Durchsuchungen sichergestellten Unterlagen hat keine Erkenntnisse gebracht, die für eine nachrichtendienstliche Verstrickung der Beschuldigten – und sei es auch nur in rechtsverjährter Zeit – sprechen könnten.

Auf Seite 25 des »Vermerks V.« der Staatsanwaltschaft (1 OJs 155/ 79) fand ich noch die folgenden Erkenntnisse:

Eine Kuriertätigkeit der Irene Fischer (Mutter der Beschuldigten Renate Kreibich) in den Jahren 1965/66 wird von den Beschuldigten bestritten. Sie lassen sich übereinstimmend wie folgt ein: Irene Fischer sei nach einer lebensbedrohenden Krebserkrankung 1964 operiert und danach teilinvalidisiert worden. Sie habe so den Rentnerstatus erlangen, jedoch später noch eine gelegentliche Halbtagsbeschäftigung ausüben können. Durch den jedenfalls zeitweise erlangten Rentenstatus sei es ihr möglich gewesen, erstmals 1965 und dann nach der Geburt des Kindes Miriam im Herbst 1966 abermals nach Berlin (West) zu kommen. Sie habe sich jeweils etwa 4 Wochen in ihrer – der Beschuldigten – Wohnung in Berlin-Charlottenburg aufgehalten. Die Beschuldigte Renate Kreibich meint, ihre Mutter hätte sich ihr gegenüber offenbart, wenn diesen Reisen ein Mitarbeiterverhältnis zum MfS zugrunde gelegen hätte. Diese Einlassungen sind die Voraussetzung der Besuche von Irene Fischer in Berlin (West), wird von Quelle bestätigt, der die Teilinvalidisierung und die Halbtagsbeschäftigung der Irene Fischer ab 1964 ebenfalls angegeben hat. (...) Seine frühere Bekundung, er habe vom MfS-Bediensteten Herrmann erfahren, daß die vorübergehende Verleihung des

Rentnerstatus für Irene Fischer ein »Akt konspirativer Abschirmung« darstellte, hat der Zeuge nicht aufrechterhalten.

»Quelle« als Opfer des »DDR-Lynchapparats«

Auf Seite 279 der Ermittlungsakten findet sich, unterzeichnet von der »Quelle« Ludewig, folgender Vermerk der Staatsanwaltschaft:

Vermerk:
Er befürchte, daß gegen ihn möglicherweise von Seiten der DDR Schritte eingeleitet werden, die ihn um sein Leben fürchten lassen. Er erklärte weiterhin, daß man ihm die Befugnis zum Führen einer Waffe einräumen solle, dann wäre er zu weitergehenden Aussagen bereit.
Dem Zeugen wurde eindringlichst geschildert, daß die Berliner Behörden auf die Erteilung einer solchen Erlaubnis keinen Einfluß haben und dass nach dem derzeitigen Stand der Erkenntnis nicht damit zu rechnen ist, daß er in seiner Sicherheit beeinträchtigt sein könnte.

»Quelle« als Wissenschaftler und Erfinder

Welche Folgen der Gang der »Quelle« im Westen zum Axel-Springer-Inlanddienst (ASD), den er noch vor seinen denunziatorischen Aussagen gegen uns beim Verfassungsschutz, dem Bundeskriminalamt und im Rahmen seines Notaufnahmeverfahrens unternahm, für uns hatte, konnten wir schon am Tag der Hausdurchsuchung in unserem Haus und in den folgenden Tagen an den Schlagzeilen und Rufmordkampagnen der Springer-Presse erleben. Einen besonders infamen Artikel veröffentlichte die »Welt« am 22. März 1980, in dem sie offensichtlich auf die Aussagen von »Quelle« beim Axel-Springer-Inlanddienst vom August 1979 zurückgreifen konnte:

Die Anschuldigungen gegen Kreibich gehen auf die Aussagen eines im Sommer 1979 aus Dresden geflüchteten Wissenschaftlers zurück. Er war mit den Kreibichs, die ebenfalls aus Dresden stammen, früher eng befreundet. Nach seinen Aussagen soll die Flucht des Ehepaars 1960 von Ost- nach Westberlin vom »DDR«-Staatssicherheitsdienst gesteuert worden sein, berichtet ASD.
Zuvor seien die Kreibichs als Agenten ausgebildet worden. Nach Angaben von ASD sollen die Sicherheitsexperten den Flüchtling aufgrund detaillierter, überprüfbarer Angaben als »absolut glaubwürdig« einschätzen.

Jetzt zahlte sich endlich der von ASD an »Quelle« gezahlte Betrag aus: Ludewig hatte sich, um besondere Seriosität vorzutäuschen, tatsächlich nicht nur bei Springer, sondern auch beim Staatsschutz als »Wissenschaftler« vorgestellt, obwohl er nie eine Universität von innen gesehen hatte. Das ging ganz klar aus seiner dem ASD und dem Staatsschutz selbst vorgetragenen Biographie hervor. Denn es befinden sich in den gesamten Ermittlungsakten lediglich zwei Hinweise auf seine Ausbildung:

Zur Person
Ich bin in Dresden geboren, habe dort von 1926 bis 1934 die Volksschule besucht.
Von Januar 1940 bis Dezember 1940 besuchte ich als Polizeianwärter die Wasserschutzpolizeischule in Stettin. Anschließend war ich als Wachtmeister bei der Wasserschutzpolizei in Dresden und Außig tätig.
Im Jahre 1945 habe ich einen etwa neunmonatigen Lehrgang an einer Sonderschule in Dresden besucht und diesen mit der Reifeprüfung abgeschlossen.

Durch den Kaderleiter Schwarze, der mit meinem Vater befreundet war, wurde ich noch im Jahre 1946 an die Journalistenschule in Berlin als Student delegiert. Dort verblieb ich etwa 1/2 bis 3/4 Jahr, um sodann eine Stelle als Nachrichtenredakteur und Kommentator beim Landessender Dresden anzutreten. Auf Veranlassung der Partei wurde ich 1948 Verlagsleiter der Verlage »Tägliche Rundschau« und »Buch und Kunst«. Nach politischen Differenzen (ich erhielt eine später wieder aufgehobene Parteirüge) übernahm ich im Jahre 1950 die Stelle eines Treuhänders und später eines Werkdirektors bei dem VEB Weizenin in Dresden.

Woher wusste ASD eigentlich, dass »die Sicherheitsexperten den Flüchtling aufgrund detaillierter, überprüfbarer Angaben« als »absolut glaubwürdig« einschätzten – wie die »Welt« schrieb?

Wir als Betroffene erhielten jedenfalls weder Akteneinsicht noch irgendwelche mündlichen Auskünfte über die Einschätzungen der »Sicherheitsexperten« – das verhinderten, wie wir erst später feststellen konnten, ein paar Stempel auf jeder Seite in den Akten der Staatsschutzbehörden mit »Streng vertraulich«, »Nur für den Dienstgebrauch« und jeweils mehrmals »Geheim«.

Die strenge Vertraulichkeit und hohe Geheimhaltungsstufe war ja auch deshalb notwendig, weil der »Erfinder« Ludewig mehrere wichtige Patente ankündigte und einen ganz großen Energiecoup mit seinem berühmten Kraftstoff aus einem Benzin-Wasser-Gemisch landen wollte, um damit die Ölkrise zu meistern. Hierfür wollte er, wie aus den Unterlagen an anderer Stelle hervorgeht, in der Bundesrepublik Forschungsgelder erhalten.

Auch die Sekundärquelle, Professor Feldheim, ist offenbar dem »Erfinder« Ludewig auf den Leim gegangen. Feldheim hat sich tatsächlich goldene Forschungsperspektiven und viel Geld aus den in den Westen eingeschleusten Patenten aus der

Firma »Ludewig-VEB Weizenin Dresden« versprochen. Im Mittelpunkt standen vor allem die zwei »genialen« Erfindungen von »Quelle« – das Wasser-Kraftstoffgemisch für Otto- und Dieselmotoren und die Herstellung eines »höchstwertigen« Vitamin-E-Präparats aus Weizenkeimöl.

Die nachfolgenden Auszüge aus dem Ermittlungsprotokoll des Professors Feldheim bei der Staatsanwaltschaft haben diese offensichtlich in dem Glauben bestärkt, dass mit »Quelle« ein vielversprechender Wissenschaftler in die Bundesrepublik Deutschland gekommen war. Wer genau liest und etwas von der Materie versteht, wird feststellen, dass die Aussagen Feldheims in sich widersprüchlich sind und manchen physikalischen Unsinn enthalten:

»Wir haben vor, ein Projekt mit Hilfe von Mitteln des Forschungsministeriums der Bundesregierung zu beantragen, um dort wieder anzuknüpfen, wo er [Quelle, R. K.] *aufgehört hat.« Auf Frage erklärt Herr Prof. Dr. Feldheim, daß dies ein Wasser-Kraftstoffgemisch sei zum Betrieb für Otto- und Dieselmotoren. »Ich habe gerade ein Schriftstück für den Bundesforschungsminister fertiggestellt. Auch da ist natürlich die Frage der Glaubwürdigkeit sehr wesentlich. Es ist aber so, dass wir damals bei unserem ersten Besuch einiges erläutert haben. Herr Ludewig sagte, er habe von diesem Forschungsbericht einen heimlichen Durchschlag. Das ist eine ganz vertrauliche Sache gewesen. Diesen haben wir damals bei unserem ersten Besuch herausgeschmuggelt. Dieser Forschungsbericht wird etwa 10 Jahre alt sein und es war gleichzeitig der Abschlußbericht von Herrn Ludewig. Er ist das eine Beweisstück. Das andere Beweisstück für die Richtigkeit von dem, was Herr Ludewig erforscht hat, sind Zeitungsmeldungen, die Anfang September in der deutschen Presse hier erschienen sind, wie z. B. unter den Schlagzeilen ›Russen fahren mit Wasser im Benzin‹. Es ist eine dpa-Meldung aus Moskau herausgekommen, vielleicht im Zusammenhang mit dem Weggang von Herrn Ludewig, daß in Moskau die Busse mit einem*

neuartigen Wasser-Benzingemisch fahren; der Wasseranteil beträgt ca. 15 %. Dabei ist die Abgasbelastung wesentlich geringer, was auch der Forschungsbericht von Herrn Ludewig, den wir seit dem Jahre 1975 bei uns haben, aussagt. Außerdem sind die Wasser-Benzin-Gemische klopffest und haben einen Zusatz von Bleitetraäthyl nicht nötig. Letzteres ist mein Interesse an der Sache. Die geringere Umweltbelastung in punkto Blei und Benspyren. Diese ganze Geschichte klingt sehr abenteuerlich.«

»Das Verfahren, das er erarbeitet hat, hat also nicht nur für Kraftstoffe und die Umweltbelastung eine Bedeutung, sondern wird wahrscheinlich auch eine Möglichkeit sein, um z. B. fettlösliche pharmazeutisch wirksame Stoffe in eine wasserartige Form zu bringen und dadurch in ihrer Wirksamkeit zu verändern. Es ist noch nicht abzusehen, was das alles für Gebiete beeinflussen kann, wenn wir auf diesem Gebiet weiterkommen würden. Ich habe hier auch schon bei der Universität vorgefühlt, man würde mich dafür freistellen, damit auf diesem Gebiet weitergearbeitet werden könnte. Die Regierung könnte hiermit ihr Versprechen einhalten, etwas für die Umwelt zu tun und – ich vergaß es vorhin zu sagen – es ist für eine bessere Ausnutzung der Kraftstoffe durch einen höheren Wirkungsgrad von Bedeutung; denn wenn der Kraftstoff verbrennt, geht ein Teil in Wärme über und ein Teil in Energie. Dadurch, daß hier ein größerer Teil in Energie umgewandelt wird, ergibt sich auch noch eine Einsparung an Energie von etwa 10 %.

Ich konnte die Forschungen des Herrn Ludewig aus meiner eigenen Qualifikation heraus teilweise nachvollziehen. Ich habe zunächst auch an der Sache gezweifelt, denn das Ganze klingt ganz unwahrscheinlich. Da es sich um ein mir fernstehendes Gebiet – ich meine in bezug auf Kraftstoff-Wassergemisch – handelt, habe ich nicht selbst nachgearbeitet. Ich habe immer Zweifel gehabt, ob das stimmen würde, denn ich habe mich nur auf die Aussagen von Herrn Ludewig verlassen. Die Zweifel sind dann aber meiner Ansicht nach wohl 100 %- ig ausgeräumt mit dieser russischen Meldung, denn in Moskau fahren nach dieser

Zeitungsmeldung schon Autos damit. Die Russen machten das – aus welchem Grunde auch immer – publik. Vielleicht aus diesem Grunde, weil jetzt der Erfinder dieser Sache hier ist. Einen letzten Zweifel kann man nur durch einen Versuch ausräumen. Rein theoretisch wäre es denkbar, dass die Wassermoleküle unter besonderen Bedingungen Lösungen mit Fettmolekülen eingehen. (...) Soweit ich das noch aus meiner Dresdner Zeit weiß, gehörte die Weizenin-Fabrik zu den wenigen Fabriken, die immer ihren Plan übererfüllten, d. h. er [Ludewig, R. K.] *hat aufgrund technologischer Verbesserungen eine Ausbeuteverbesserung durchgeführt. Auch diese Kenntnisse hat er sich als Autodidakt angeeignet. Ich halte das durchaus für denkbar und möglich, daß er sich inzwischen auch auf dem Gebiet der Kraftstoffverbrennungsmotoren und der einzelnen Benzinprobleme eine umfassende Kenntnis angeeignet hat. Denn nach seinen Erzählungen, das wird durch den Forschungsbericht auch zum Teil unterstrichen, handelt es sich um eine ganze Gruppe, die unter seiner Leitung gearbeitet hatte; da waren Monteure, Ingenieure usw. dabei. Ich glaube nicht, daß das alles unrealistisch ist, was in diesem Forschungsbericht steht. Man muß sehen, daß man das möglichst bald reproduziert, damit es bald angewendet werden kann. Ich habe das auch in dem Antrag an den Forschungsminister geschrieben. Ich halte das für eine aussichtsreiche Sache. Theoretisch wäre es denkbar, daß es geht.« Auf Frage erklärt Prof. Dr. Feldheim: »Herr Ludewig ist leider – er wird 60 Jahre im nächsten Jahr – gealtert. Er ist nicht mehr die dynamische Persönlichkeit, als die ich ihn damals kennengelernt habe.«*

Auch der »Sekundärzeuge« Feldheim war offenbar von einer Art James-Bond-Fieber befallen, was sich auch in den folgenden Zitaten aus dem Ermittlungsprotokoll Prof. Feldheims widerspiegelte:

Auf Frage erklärt Herr Prof. Dr. Feldheim: »Das ist von ihm richtig dargestellt. Mit Familie Kreibich meinte ich nur die von mir gekannte Frau Kreibich, Herrn Kreibich kenne ich ja nicht. Wir haben das zwar erwogen, weil wir versucht haben, jede Möglichkeit abzuklopfen. Herr Ludewig meinte, dass Herr Kreibich Leute kannte, durch die es dann gelingen könnte, da herauszukommen [aus der DDR, R. K.]. *Mir kam die Sache aber suspekt vor, ich wollte die Sache anders regeln. Ich möchte noch erwähnen, dass ich eine Gaspistole hier rübergeschmuggelt habe. Wir haben uns auf der Autobahn getroffen und er hatte ja vor, ohne Familie zu gehen, denn er meinte, dass er rüber musste, um an seiner Erfindung arbeiten zu können. Deswegen habe ich ihm eine Gaspistole besorgt und sie auch übergeben. Das wäre vielleicht eine kriminelle Handlung geworden, wenn er versucht hätte, sie aufzubohren und eine echte Waffe daraus zu machen.*

Im Ermittlungsprotokoll von Professor Feldheim ist weiter zu lesen:

Frage: *Er hat davon gesprochen, dass er Vitamin-E-Präparate für die Sportler drüben hergestellt hat.*
Antwort: *Das muss nach meinem Weggang gewesen sein, davon weiß ich nichts, denn ich habe diese Informationslücke von Ende 1961 bis 1971.*
Frage: *Haben Sie den Glauben daran, dass Herr Ludewig Ihnen in wissenschaftlicher Hinsicht etwas bringen kann?*
Antwort: *Ich hatte Zweifel, meine Frau noch viel größere. Wir sind uns seit dieser Zeitungsmeldung* [gemeint ist die Meldung, dass »die Russen mit Wasser im Benzin fahren«, R. K.], *die ja gewissermaßen eine Bestätigung von einer ganz anderen Seite ist, sicher, dass an diesem Projekt etwas dran ist. Wir sind ziemlich sicher, dass Herr Ludewig die technischen Qualifikationen hat, um auf diesem Gebiet etwas auf die Beine zu stellen. Da bin ich sehr sicher, dass er das schaffen wird. Hier handelt es sich um eine technologische Sache zunächst einmal, die dann chemisch untersucht werden muss in Sachen Abgasbelastung. Bei dieser Sache – das sagte ich – würde ich gerne mitmachen wegen der*

bekannten Kanzerogenbelastung und der Bleibelastung, weil mich dies von Seiten der Ernährung her interessiert. Ich nehme an, dass Herr Ludewig in der Lage ist, in den nächsten Jahren noch erstaunliche Dinge zu produzieren. Ich halte ihn dafür für fähig.
Karlsruhe, den 4. Oktober 1979
Unterschrift
(Lunz)
Bundesanwalt

Nach unseren Recherchen wurde weder vom Bundesministerium für Forschung und Technologie, noch von der Deutschen Forschungsgemeinschaft, noch von der Universität Kiel jemals irgendein Forschungsvorhaben mit ähnlichen Inhalten gefördert oder durchgeführt. Vielmehr verschwand der ganze Spuk, nachdem sich Ludewig und Feldheim kurz nach unserer Rehabilitierung im Streit über die Zahlung des Fluchtgeldes durch Ludewig trennten. So wie die geplanten Forschungsprojekte lösten sich auch Ludewigs angebliche Erfindungen samt und sonders in Schall und Rauch auf.

»Quelle« als Sittenwächter und Familienberater

Aus den Ermittlungsakten der Staatsanwaltschaft S. 282 ff. wurde »Quelle« noch einmal nach den »pornographischen Neigungen des Beschuldigten Rolf Kreibich« befragt, die Ludewig in früheren Vernehmungen behauptet hatte.

Frage: *Sie haben angegeben, dass Fischers* [meine Eltern, R. K.] *wegen offensichtlich abartiger sexueller Einstellungen des Rolf Kreibich zu Ihnen kamen. Es erscheint unverständlich, daß derartige Gespräche zu nächtlicher Stunde geführt werden mußten.*
Antwort: *Über diesen Punkt habe ich nach Veröffentlichung der Tatsache, daß gegen Rolf Kreibich und seine Ehefrau ein Ermitt-*

lungsverfahren eingeleitet worden war, mit meiner Frau gesprochen. Sie war der Ansicht und hat mich auch davon überzeugt, daß der Besuch erst im Jahre 1961 kurz vor dem Mauerbau, stattgefunden haben müßte. Im Vordergrund der Sorgen des Ehepaars Fischer standen auch nicht sexuelle Dinge, sondern die Sorge, Renate Fischer könnte mit Rolf Kreibich in den Westen gehen. Die Sorge des Ehepaars Fischer um das Schicksal ihrer Tochter wurde insbesondere durch die Tatsache genährt, daß Rolf Kreibichs Vater für sie undurchsichtige Ost-West-Geschäfte machte oder für sie undurchsichtige Ost-West-Verbindungen hatte. Irene und Albert Fischer hatten ihrer Tochter bereits den Personalausweis weggenommen, weil sie fürchteten, daß sich Renate gegen ihren Willen aus der Familie lösen und mit Rolf Kreibich in den Westen mitgehen würde.

Auch »die Beschuldigte Renate Kreibich« wurde bei ihrer Vernehmung durch den Staatsschutz hinsichtlich der »offensichtlich abartigen sexuellen Einstellung des Rolf Kreibich« befragt:

Zu einem anderen Punkt der Aussage des Herrn Ludewig kann ich folgendes sagen. Zu Weihnachten 1955 – ich war damals 15 Jahre alt – bekam ich von meinem damaligen Freund und jetzigen Ehemann Rolf das Buch »Decamerone« geschenkt. Wahrscheinlich machte er dieses Geschenk, um meine Eltern zu ärgern. Er wußte, daß sie gegen unsere Verbindung waren, und sah sie als spießig an.

Wie eng die Verhältnisse damals in der DDR und bei uns in der Familie waren, schildert mein Vater im Rahmen einer weiteren Vernehmung vor der Staatsanwaltschaft Heidelberg einige Tage nach der Hausdurchsuchung bei ihm und seiner Lebensgefährtin:

Wir sahen unsere Erziehungsversuche durch die recht kritische, aber offene Art von Rolf gefährdet, der sowohl Renate als auch

uns gegenüber keinen Zweifel daran ließ, daß er unsere Familie spießig fand. Das Verhältnis schaukelte sich zum ersten Mal hoch, als er Renate das Buch »Decamerone« schenkte. Wir sind daraufhin sofort zu seiner Mutter gefahren, und zwar war das noch in den Jahren 1954 oder 1955, um bei ihr beschwerdeführend über diesen Vorgang zu sprechen. Heute weiß ich, daß dieses Geschenk mit wohldurchdachter Absicht geschenkt worden war. Wir haben in der Folgezeit versucht, den Kontakt zwischen Rolf und Renate zu unterbinden. Ich erinnere mich daran, daß er etwa bis zum Jahre 1957 noch gelegentlich in unserem Haus verkehrte. Nach diesem Zeitpunkt kam er nur noch heimlich, um Renate insbesondere bei der Ablegung des Abiturs zu unterstützen. Auch Renate vermied es, von der fortdauernden Beziehung zu Rolf im Familienkreise zu sprechen. Von unseren Bedenken gegen diese Verbindung haben wir auch Ludewigs berichtet. (...)
Durch diese Gespräche waren sie über unsere familiären Sorgen informiert.
Renate wollte auch zunächst auf die Kunstgewerbeschule in Giebichenstein, um später eine künstlerische Tätigkeit auszuüben. Wir hielten ihre Veranlagung jedoch nicht für ausreichend, um später einmal den Lebensunterhalt zu verdienen. Als Herr Ludewig deshalb anbot, seine Beziehungen zu offiziellen Vertretern der Fachschule für Lebensmittelchemie in Dippoldiswalde auszunutzen und Renate dort die Studienaufnahme zu ermöglichen, waren wir ihm sehr dankbar. Renate hatte sich dann auch überzeugen lassen, dort ihre Ausbildung zu beginnen. Rolf hatte zwischenzeitlich zunächst an der Uni in Dresden und später an der Humboldt-Universität in Berlin sein Studium aufgenommen. Ob nun der beschwerliche Weg Renates nach Dippoldiswalde oder die Möglichkeit von Wochenendbesuchen bei Rolf den Ausschlag für ihren Wunsch gab, die Schule zu verlassen und nach Berlin zu ziehen, weiß ich nicht mehr genau. Ich weiß nur, daß es deshalb besonders starke Schwierigkeiten gab, zumal auch meine Frau – sie meinte es sicherlich gut – nicht

einsehen konnte, daß man ein 20jähriges Mädchen nicht mehr dirigieren kann.
Zwischenfrage: *Haben Sie irgendwelche Maßnahmen unternommen, um Renate im Hause zu halten?*
Antwort und zwar auf Vorhalt des Stichwortes »Ausweis« (spontan):
Ach so, selbstverständlich haben wir ihr den Ausweis abgenommen. Es half aber nichts, sie hat ihren Ausweis als verlustig gemeldet und so einen neuen erhalten. Und fuhr weiterhin nach Ostberlin.

»Quelle« verweigert Gegenüberstellung der »Beschuldigten«

Mehrfach haben Rolf und ich, aber auch mein Vater Albert Fischer und mein Bruder Peter bei der Staatsanwaltschaft nachdrücklich eine direkte Gegenüberstellung mit Ludewig gefordert.

In den Ermittlungsakten der Staatsanwaltschaft findet sich folgender »Vermerk« (ein Datum ist leider nicht feststellbar, aber es muss sich um den 22. oder 23. März 1980 handeln):

1 OJs 155/ 79
Vfg.
1) Vermerk
a) Auf telefonische Ankündigung erschien heute gegen 11 Uhr der Verteidiger des Beschuldigten Rolf Kreibich und überreichte einen Schriftsatz vom heutigen Tage. Darin wird der Wunsch des Beschuldigten auf Gegenüberstellung mit Quelle wiederholt. Dem Verteidiger wurde mitgeteilt, dass nach dem Stand der Ermittlungen zur Zeit kein Anlaß für eine derartige Ermittlungsmaßnahme gesehen wird, zumal der Beschuldigte Quelle nicht kennt und sie nie gesehen hat. Sollten die Ermittlungen es erfor-

derlich erscheinen lassen, könnte allenfalls eine Gegenüberstellung von Quelle und der Beschuldigten Renate Kreibich-Fischer in Erwägung gezogen werden. Auch für eine derartige Maßnahme wird jedoch – wie dem Verteidiger mitgeteilt wurde – zur Zeit kein Erfordernis gesehen.«
b) Gegen 12.00 Uhr erschien heute die Beschuldigte Renate Kreibich-Fischer und überreichte die telefonisch erbetenen Einverständniserklärungen bezüglich der Übersendung und Auswertung der Personalakten.
Bei dem anschließenden Gespräch wiederholte sie ihre Bereitschaft, für die Ermittlungsbehörden »Tag und Nacht zur Verfügung zu stehen, um die unhaltbaren Anwürfe auszuräumen.«
Im Juni 1980 werde über die Nominierung ihres Ehemannes zum Kandidaten für den Bundestag entschieden, weshalb man dafür Verständnis haben müsse, dass zumindest sie – die Beschuldigten – größten Wert auf einen baldigen Abschluß der Ermittlungen legten, zumal sie überzeugt seien, dass das Verfahren nur mit einer Einstellung enden könne.
Frau Kreibich-Fischer erklärte weiterhin, daß sie großen Wert auf eine Gegenüberstellung mit Quelle lege.«
c) Mit Herrn Oberstaatsanwalt Kurz von der Staatsanwaltschaft Stuttgart wurde wegen des Antrags des Peter Fischer vom 18. April 1980 (Wunsch nach Gegenüberstellung mit Quelle) fernmündlich Rücksprache genommen. Dem Kollegen wurde mitgeteilt, daß aus der Sicht des hiesigen Verfahrens kein Erfordernis für eine Gegenüberstellung mit Quelle gesehen wird.«

Die Forderung nach Gegenüberstellung hatten wir, nachdem sie mehrmals ins Leere gelaufen war, sogar über unsere Rechtsanwälte beim Oberstaatsanwalt schriftlich eingereicht. So schrieb beispielsweise mein Anwalt Wolfgang Büsch am 17. April 1980 an den Oberstaatsanwalt Schulz:

Sehr geehrter Herr Oberstaatsanwalt,
in vorbezeichneter Angelegenheit habe ich zwischenzeitlich er-

fahren, daß meine Mandantin erneut vernommen worden ist und ihr dabei mitgeteilt wurde, daß der Zeuge Ludewig es nunmehr ablehnt, meiner Mandantin gegenübergestellt zu werden, was ich aber für dringend erforderlich halte.
Im übrigen hat meine Mandantin weiterhin erfahren, daß der Zeuge Ludewig nunmehr dem Vater meiner Mandantin gegenübergestellt werden soll, und zwar nicht, wie ursprünglich vorgesehen, in Berlin, sondern in Düsseldorf. Ich halte eine Gegenüberstellung hier in Berlin für sinnvoller. Leider habe ich Sie telefonisch nicht erreicht.
Ich wäre dankbar über Ihren Rückruf hinsichtlich der Möglichkeit der Akteneinsicht.
Mit vorzüglicher Hochachtung
(Büsch)
Rechtsanwalt.

Einer Verfügung der Staatsanwaltschaft entnahm ich, dass Rolfs Anwalt, Joachim Roos, schon zwei Tage vorher bei der Oberstaatsanwaltschaft vorstellig gewesen war. Dort heißt es:

1) Vermerk
a) Auf telefonische Ankündigung erschien heute gegen 11.00 Uhr der Verteidiger des Beschuldigten Rolf Kreibich und überreichte einen Schriftsatz vom heutigen Tage. Darin wird der Wunsch des Beschuldigten auf Gegenüberstellung mit Quelle wiederholt.

Auch mein Bruder Peter Fischer forderte mehrfach schriftlich von der Staatsanwaltschaft beim Oberlandesgericht Stuttgart sowie vom Generalstaatsanwalt beim Kammergericht Berlin-Staatsschutzabteilung VB SI eine Gegenüberstellung mit »Quelle-Ludewig«. Peter schrieb beispielsweise am 18. April 1980:
Sehr geehrter Herr Oberstaatsanwalt,
soeben erfahre ich von meinem Vater, Herrn Albert Fischer, Sie-

gen, Lilienstr. 28, daß am Mittwoch, den 23. 4. 80 in Düsseldorf eine Gegenüberstellung zwischen ihm und dem Zeugen Ludewig vorgesehen ist.
Ich habe bereits bisher darauf hingewiesen (Vernehmung am 20. 3. 80, Brief an den Ermittlungsrichter beim OLG Sttg., Herrn Fahrbach, vom 13. 4. 80), daß ich zur Aufklärung der Vorwürfe gegen mich einer Gegenüberstellung mit dem Zeugen L. zustimme.
Davon wurde bisher kein Gebrauch gemacht, ebenso wenig wie während der vergangenen 4 Wochen irgendwelche Fragen an mich gestellt wurden, die zur Klärung der Vorwürfe hätten beitragen können. Mir wurde aber auch keine Mitteilung über meine Entlastung gemacht.
Da ich auf eine rasche Rehabilitierung dringen muß, stelle ich den Beweiserhebungsantrag zu meiner Entlastung auf Gegenüberstellung mit dem Zeugen Ludewig, da durch dessen Anwesenheit in Düsseldorf eine günstige Gelegenheit gegeben ist.
Ich habe Herrn Grimm vom LKA Sttg. telefonisch am 18. 4. 80 davon informiert.
Hochachtungsvoll
P. Fischer

Ähnlich lautende Briefe schrieb mein Bruder auch an den Generalstaatsanwalt beim Kammergericht Berlin, Oberstaatsanwalt Ludwig, und an den Polizeipräsidenten in Berlin, Herrn Budzin.

Ich bitte Sie, das von Ihnen aus Mögliche zu tun, daß es zu dieser Gegenüberstellung kommt.
Hochachtungsvoll
P. Fischer

Die Antwort der Staatsanwaltschaft beim Kammergericht Berlin fiel – wie von uns nicht anders erwartet – völlig unbefriedigend aus:

Sehr geehrter Herr Fischer,
Ihr Schreiben vom 18. April 1980, in dem Sie um eine Vernehmung in Gegenüberstellung mit dem Zeugen Ludewig bitten, gibt mir keine Veranlassung, eine solche Ermittlungsmaßnahme in Erwägung zu ziehen.
Die Staatsanwaltschaft bei dem Oberlandesgericht Stuttgart – Herr Oberstaatsanwalt Kurz – ist von mir unterrichtet worden.
Ergänzend darf ich darauf hinweisen, daß Ihrem Schreiben vom 18. April 1980 entgegen der Ankündigung keine Kopie eines Briefes an den Ermittlungsrichter, Herrn Fahrbach, von Beginn der Woche beigelegen hat.
Hochachtungsvoll
Ludwig
Oberstaatsanwalt

Aus den Ermittlungsakten der Staatsanwaltschaft ergibt sich zu diesem Komplex folgender kurioser Dialog mit »Quelle«:

Frage des Oberstaatsanwalts: *Wären Sie ggf. bereit, nach dieser Vernehmung des Herrn Fischer diesem im Rahmen einer Vernehmung gegenübergestellt zu werden? Hat sich an Ihrer ursprünglichen Angabe einer Bereitschaft zu einer solchen Gegenüberstellung etwas geändert?«*
Antwort »Quelle«: *Ich habe am 1. April 1980 die Erklärung des Generalbundesanwalts in der Fernsehsendung »Report« gesehen. Generalbundesanwalt Dr. Rebmann erklärte dort, die Sicherheit von Zeugen geht über den Beweisnotstand. Ich meine deshalb, daß für mich eine Gefährdung besteht, falls der von mir geäußerte Verdacht zutrifft. Aus diesem Grunde ziehe ich meine ursprüngliche Bereitschaft zu einer Vernehmung in Gegenüberstellung auch mit Herrn Fischer zurück und finde mich zu einer solchen Maßnahme nicht mehr bereit.*
Diese meine Einstellung zu einer Gegenüberstellung mit Albert Fischer gilt auch für alle anderen Beschuldigten in diesem Verfahren.

Vermerk des Oberstaatsanwalts: *Seiner schließlich protokollierten Antwort gingen längere Ausführungen über seine angebliche Gefährdung im Falle einer Gegenüberstellung voraus, obwohl er den Hinweis erhalten hatte, daß aus polizeilicher und staatsanwaltschaftlicher Sicht aufgrund des bisherigen Erkenntnisstandes nicht mit einer Gefährdung zu rechnen sei.*

Auch die von der Staatsanwaltschaft herangezogene Sekundärquelle, Professor Feldheim, gab offenbar nichts her:

Frage des Oberstaatsanwalts: *Wurde bei diesem Gespräch auch das Ehepaar Kreibich erwähnt?*
Antwort (Feldheim): *Im Zuge des o. a. Besuchs bei Herrn Ludewig sprachen wir auch über die erhebliche Unterwanderung der Universitäten durch das MfS. Hierbei deutete er an, daß auch die Fam. Kreibich-Fischer irgendwie an dieser Unterwanderung mitbeteiligt sei. Einzelheiten hierzu hat er mir gegenüber nicht angegeben. Ich habe auch keine zusätzlichen Fragen dazu gestellt, weil ich an dem Ehepaar Kreibich-Fischer nicht interessiert war.*
Auch nach dem Gespräch mit Herrn Ludewig habe ich aus anderen Quellen bzw. Gesprächen nichts von einer Tätigkeit der Eheleute Kreibich-Fischer für die DDR gehört.
Frage (Oberstaatsanwalt): *Sind die Ausführungen des Herrn Ludewig für Sie echte Fakten gewesen oder handelt es sich lediglich um Mutmaßungen?*
Antwort (Feldheim): *Ich kann weder für das eine noch das andere den Beweis geben. Ausführungen hierzu kann nur Herr Ludewig machen.*

Das Gutachten(un)wesen des Staatsschutzes

Zu den für mich erschütterndsten Dokumenten gehören die Gutachten, die sich die Staatsanwaltschaft von diversen Geheimdiensten beschaffte. Alle Gutachten hatten nur den einen Tenor, nämlich »zu beweisen« oder zumindest zu bekräftigen, dass unsere gesamte Familie besonders prädestiniert war, für die Stasi gearbeitet zu haben, und dass die Aussagen von »Quelle« seriös und stimmig waren. Weiterhin musste ja begründet werden, dass die Verdächtigungen, Hausdurchsuchungen und Ermittlungen zu Recht und nur zum Schutz des Staates eingeleitet worden waren.

Es würde ein langes Kapitel füllen, wenn ich die ganze Hysterie der Staatsschutzbehörden darstellen wollte. Die nachfolgenden kurzen Auszüge sollen zeigen, dass wir damals keinen Grund zu der Annahme hatten, aus der Falle des Verleumdungsprozesses herauszukommen. Offensichtlich war bei den Staatsschutzbehörden schon im Vorfeld alles klar und die Urteile waren bereits gefällt. So lese ich in einem Gutachten des Bundesamtes für Verfassungsschutz vom 4. Oktober 1979 Folgendes:

Die in der DDR politisch engagiert gewesenen späteren Eheleute Rolf und Renate Kreibich, haben sich dem MfS wahrscheinlich aus ideologischen Beweggründen zur Verfügung gestellt.
Aus dem Vorleben der Eheleute lassen sich für eine Einschleusung typische Verdachtsmerkmale ableiten, wie sie hier aus den 50er und Anfang 60er Jahren üblich gewesenen Einschleusungsmethoden des MfS hinreichend bekannt sind, z. B.:
- *Westreisen vor der Übersiedlung (Kennenlernen westlicher Verhältnisse und event. Einsatzorte),*
- *Abbruch des Studiums wegen angeblicher politischer und sonstiger Schwierigkeiten (Vorbereitung eines legendierten Fluchtmotivs),*
- *Wohnort- und Ausbildungsplatzwechsel kurz vor der Übersiedlung (nachrichtendienstliche Ausbildung), u. a. m.*

Ein weiteres Indiz kann auch das Schriftbild von Renate Kreibich bei der Ausfüllung ihres Notaufnahmeantrags sein. Ihre Schreibweise (Blockschrift) ist mit der beim latenten Schriftverfahren identisch.

Falls die Flucht des Ludewig das MfS nicht zu einer Warnung an die Eheleute Kreibich und zu der Weisung veranlaßt hat, die geheimdienstliche Tätigkeit (vorübergehend?) einzustellen und alle verräterischen Hilfsmittel auszulagern, können die Eheleute auch heute noch nachrichtendienstliche Aufgaben erfüllen. Die Ehefrau dürfte bei der mutmaßlichen Verratstätigkeit für die Abwicklung des sogenannten Innendienstes zuständig gewesen sein.

Hierzu ist noch anzumerken, dass es während der gesamten Ermittlungen kein einziges Indiz gab, das auf eine konkrete geheimdienstliche Tätigkeit oder Aufgabe hinwies. Nicht einmal die »Quelle« Ludewig hat so etwas dargelegt oder jemals konkret behauptet. Seine Angaben entsprangen immer nur seinen Phantasien oder Mutmaßungen, die er aber in späteren Ermittlungen immer wieder zurücknahm, wenn er nach konkreten Handlungen von uns befragt wurde. Und das hatte sich alles in den Monaten vor der Hausdurchsuchung abgespielt. Man wusste also Bescheid.

Auf Seite 9 des Gutachtens des Bundesamtes für Verfassungsschutz ist dann die »Verdachtsperson Albert Fischer« an der Reihe:

Vielleicht hat Fischer die angebliche Flucht über ein Ostblockland auftragsgemäß vorgetäuscht, um nach dem Mauerbau den erschwerten Grenzübertritt glaubhafter zu machen. Sollte Fischer aber wirklich, evtl. mit Hilfe seiner Tochter und seines Schwagers, den Verdachtspersonen Rolf und Renate Kreibich also, 1968 über Drittländer in die Bundesrepublik gekommen sein, besteht der Verdacht einer Steuerung der Flucht durch das MfS.
Albert Fischer war den vorhandenen Erkenntnissen zufolge über die geheimdienstliche Verstrickung seiner Tochter und des Schwiegersohnes informiert. Eine im Dezember 1975 an die Quelle gerichtete Weihnachtskarte, in der er u. a. erklärt, nach seiner Pensionierung eine lebhafte Reisetätigkeit entwickelt zu haben, kann als Indiz für eine eigene geheimdienstliche Tätigkeit angesehen werden.

Zu meinem Bruder, der »Verdachtsperson Peter Fischer« führt der Verfassungsschutz folgendes aus:

Der gemeinsam mit Albert Fischer geflüchtete Sohn Peter, in der DDR als Entwicklungsingenieur im Flugzeugbau und in der Datenverarbeitung tätig gewesen, hat sieben Monate vor seiner Flucht die Arbeitsstelle gewechselt. Dieser Umstand ist – wie auch im Fall Rolf Kreibich – ein Indiz für eine Herauslösung eines IM/ÜK aus seinem gewohnten Tätigkeitsbereich zur Vorbereitung und Abdeckung der Übersiedlung.
In seiner Fluchtbegründung führt Peter Fischer an, ein Gegner des sowjetzonalen Regimes gewesen zu sein. Diese angebliche Abneigung hat ihn aber nicht davon abhalten können, 1950 der FDJ und 1955 der DSF (Deutsch-Sowjetische-Freundschaft) beizutreten und von 1964 bis 1967 im FDGB die Funktion eines Mitgliedes der Abteilungsgewerkschaftsleitung auszuüben.
Peter Fischer erklärt weiter, als parteiloser und politisch passiver Mensch keine Möglichkeit des beruflichen Vorankommens gesehen zu haben. Tatsächlich aber ist eine stetige Verbesserung seiner Position und seines Gehaltes von 300.- DMO [D-Mark Ost, R. K.] *im Jahre 1950 bis zu 1.150.- DMO im Jahre 1968 zu verzeichnen. Peter Fischer hat sich vom Elektrikerlehrling bis zum Entwicklungsingenieur und Geheimnisträger emporgearbeitet. Eine solche Karriere ist in der DDR nur mit staatlicher und politischer Förderung möglich und nur bei solchen Personen, die sich aktiv für den »umfassenden Aufbau des Sozialismus« einsetzen, über eine »gute politisch-moralische Grundhaltung« verfügen und zur »Verteidigung der Errungenschaften der DDR« bereit sind.*
Hinsichtlich der Flucht des Peter Fischer, die er zusammen mit seiner Familie und gemeinsam mit seinem Vater durchgeführt haben will, gilt das vorstehend zu Albert Fischer Gesagte entsprechend.

Selbst Rolfs Schwester Anita, die seit über zwanzig Jahren weit weg von jeder politischen Tätigkeit friedlich mit drei Kindern und ihrem Mann, einem leitenden Chemiker der

BASF, in Dossenheim bei Heidelberg lebte, wurde vom Verfassungsschutz zur »gefährlichen Verdachtsperson« gestempelt:

Bei der Diplomchemikerin Anita Müller, Schwester der Verdachtsperson Rolf Kreibich, einen Tag nach dem Bau der Mauer gemeinsam mit ihrer späteren Schwägerin, der Verdachtsperson Renate Kreibich, nach Berlin (West) geflüchtet, zeichnen sich ebenfalls Anhaltspunkte ab, die auf eine mögliche Einschleusung hindeuten können, z. B.:

- *Wohnorts- und Berufsveränderung ein halbes Jahr vor der Flucht*
- *keine echten Fluchtgründe.*

Auch Anita Kreibich dürfte von der geheimdienstlichen Verstrickung der Eheleute Kreibich Kenntnis haben.
Die Einschleusung der Anita Kreibich unterstellt, könnte sie innerhalb einer aus mehreren Spionagefällen bekannten sogenannten »Familienresidentur«, zunächst aus den Eheleuten Kreibich bestehend, dann vielleicht erweitert durch Albert und Peter Fischer, die Funktion einer »Residentin« ausgeübt haben oder noch ausüben. Für diese rein spekulative Auslegung gibt es allerdings keine konkreten Anhaltspunkte. Die Quelle Ludewig kennt Anita Kreibich nicht.

Die Oberstaatsanwaltschaft beim Kammergericht Berlin zog aus diesen gutachterlichen Stellungnahmen des Bundesamtes für Verfassungsschutz – unterzeichnet von Oberstaatsanwalt Bensen – dann folgenden Schluss:

Aufgrund der gutachterlichen Stellungnahme des Bundesamtes für Verfassungsschutz vom 4. Oktober 1979 ... ist davon auszugehen, daß die beiden Beschuldigten ihre geheimdienstliche Agententätigkeit auch jetzt noch ausüben.
Erfahrungsgemäß stützen sich Agenten östlicher Nachrichtendienste bei ihrer Arbeit auf Unterlagen und nachrichtendienstli-

che Hilfsmittel, die sie bei sich führen oder in den von ihnen benutzten Räumen pp. zu verwahren pflegen. Es ist deshalb die Vermutung berechtigt, daß die Durchsuchung zur Auffindung von Gegenständen führen wird, die für die weitere Untersuchung als Beweismittel von Bedeutung sein können oder der Einziehung unterliegen.
In den Verfahren der Staatsanwaltschaften bei den Oberlandesgerichten Koblenz und Stuttgart ... sind Durchsuchungsbeschlüsse gegen die dort Beschuldigten bereits erlassen worden.
(Bensen)
Oberstaatsanwalt

Das Kammergericht Berlin setzte dann mit Beschluss vom 10. März 1980 noch den i-Punkt drauf, indem der angekündigte Rundumschlag und die Gefahr, die von uns ausgehen würde, zu folgenden Anordnungen und Begründungen führte:

Auf Antrag der Staatsanwaltschaft bei dem Kammergericht wird die Durchsuchung beider Beschuldigten, ihrer Sachen einschließlich ihnen gehörender Kraftfahrzeuge, ihrer Arbeitsplätze sowie ihrer Hauptwohnung in Berlin 37, Goethestraße 37 c und ihrer Nebenwohnung in 6900 Heidelberg, Blütenweg 25, nebst den dazugehörenden Kellerräumen und sonstigen Nebengelassen gestattet. ... Eine die Beschuldigten weniger belastende Untersuchungsmaßnahme mit gleichen Erfolgsaussichten ist derzeit nicht gegeben. Ihre vorherige Anhörung hatte zu unterbleiben, weil durch die damit verbundene Warnung der Zweck der Durchsuchung hätte gefährdet werden können.

In einem ebenfalls aus der Zeit vor der Hausdurchsuchung stammenden Vermerk vom 10. März 1980 – unterzeichnet vom Ermittlungsrichter des Kammergerichts Siering – werden die fast gespenstisch anmutenden Voraussetzungen für den Gerichtsbeschluss begründet. Dort heißt es:

1.3 Da nach dem derzeitigen Stand der Ermittlungen zwar der Anfangsverdacht besteht, daß die Beschuldigten im Auftrag des MfS/DDR nach Berlin (West) »geflohen« sind, andererseits noch keine tatsächlichen Anhaltspunkte dafür vorhanden sind, daß die Beschuldigten eine gegen die Bundesrepublik Deutschland gerichtete geheimdienstliche Agententätigkeit wirklich ausgeübt haben, ist zu prüfen, ob der gleichfalls im Verfahrensrecht geltend gemachte Grundsatz »in dubio pro reo« dergestalt anzuwenden ist, für die weitere Prüfung sei zu unterstellen, die Beschuldigten seien überhaupt nicht im Sinne des ihnen erteilten Auftrages tätig geworden. Eine etwa eingetretene Strafverfolgungsverjährung würde weiteren strafprozessualen Maßnahmen gegen die Beschuldigten entgegenstehen. Der BGH hat in BGHSt. 18, 274 entschieden: sei nicht feststellbar, wann eine Tat begangen ist, so schlage der Zweifel, ob sie verjährt ist, zu Gunsten des Angeklagten aus. Diese Entscheidung kann auf das jetzige Studium des Ermittlungsverfahrens nicht übertragen werden. Es ist gerade Ziel eines Ermittlungsverfahrens aufzuklären, ob, wie und wann eine strafbare Handlung begangen worden ist. Daher kann am Anfang der Ermittlungen nicht deren mögliches Ergebnis vorweggenommen und unterstellt werden, die Tat sei in verfolgungsverjährter Zeit geschehen. Im übrigen dürfte eine reine Untätigkeit der Beschuldigten nach BGHSt 28, 169 nicht zur Beendigung des Dauerdelikts der geheimdienstlichen Agententätigkeit geführt haben, wozu vielmehr ein erkennbar endgültiger Abbruch der geheimdienstlichen Beziehungen erforderlich ist. (...)

1.4 Der Grundsatz der Verhältnismäßigkeit steht der beabsichtigten Durchsuchung auch bei Berücksichtigung der herausgehobenen Stellung des Beschuldigten Rolf Kreibich im politischen Leben von Berlin (West) und der Folgen für die Beschuldigten nicht entgegen. In Anbetracht der Art des Vorwurfs steht eine die Beschuldigten weniger belastende Untersuchungshandlung mit gleichen Erfolgsaussichten nicht zur Verfügung. Eine Anhörung der Beschuldigten vor Erlaß des Durchsuchungsbeschlusses

scheidet aus, weil hierdurch die Gefahr der Vernichtung von Beweismitteln heraufbeschworen werden würde. (...)
2. Der Antrag der StA / KG ist somit gerechtfertigt.

Neben den Gutachten von Bundeskriminalamt, dem Bundesamt für Verfassungsschutz und dem Bundesnachrichtendienst gab es glücklicherweise auch noch erfreuliche Stellungnahmen. So hatte die »Bundesanstalt für gesamtdeutsche Aufgaben« in ihrem Gutachten an den Staatsschutz – formal gerichtet an: »Der Polizeipräsident in Berlin – Direktion Spezialaufgaben der Verbrechensbekämpfung« vom 30. April 1980 minutiös aufgelistet, zu welchen Zeiten »mögliche Reisebewegungen zwischen dem Bundesgebiet und Berlin (West) und der DDR sowie Berlin (Ost)« stattfinden konnten. In diesem umfangreichen Gutachten wurden alle Reisemöglichkeiten seit dem Bestehen der DDR und der Bundesrepublik Deutschland im Jahre 1949 bis zum Inkrafttreten des Viermächteabkommens vom 3. April 1972 dargestellt. Auch die rechtlichen Grundlagen und die Abkommenstexte zwischen der Bundesrepublik Deutschland und der DDR werden eingehend zitiert.

Die Ausführungen reichen von der Erteilung von Interzonenpässen und Aufenthaltsgenehmigungen in der DDR vom 26. Mai 1952 (GBI S. 447) über die Bildung von »Komitees für gesamtdeutsche Fragen« im Frühjahr 1959 in allen Gemeinden der DDR, die über die beantragten Reiseanträge von DDR-Bürgern in die Bundesrepublik und Berlin (West) zu entscheiden hatten (und in der Regel negativ entschieden), bis zu den diversen Passierscheinabkommen nach dem Bau der Mauer am 13. August 1961. Seit dem 23. 8. 1961 konnten nur noch Westberliner, die in Ostberlin arbeiteten und einen entsprechenden Sonderausweis besaßen, nach Ostberlin gelangen. Außerdem war lediglich »friedlichen Bürgern von Westberlin« der Zugang zum »demokratischen Berlin« (gemeint war der Ostsektor von

Berlin) an speziell dafür festgelegten Übergangsstellen gestattet (»Anweisung des Ministeriums der DDR vom 22. 8. 1961«).

Erst die ab 1963 ausgehandelten Passierscheinabkommen zwischen dem Senat von Berlin (West) und der DDR – in DDR-Sprache: »zwischen der selbständigen politischen Einheit West-Berlin und der DDR« – öffneten diverse Besuchsfenster in die DDR zu fest umrissenen Zeiträumen.

Die erste Öffnung der Mauer in dieser Form erfolgte vom 19. Dezember 1963 bis zum 5. Januar 1964. Danach gab es zehn weitere solche Zeitfenster bis Juni 1972. Außerdem konnten ab 1964 Sondergenehmigungen in dringenden Familienangelegenheiten beantragt werden. Dazu zählten Geburten, Eheschließungen, lebensgefährliche Erkrankungen und Todesfälle.

Erst nach Abschluss des Viermächteabkommens vom 3. 9. 1971 und den »Vereinbarungen des Senats von Berlin und der Regierung der DDR über Reise- und Besuchsverkehr vom 20. 12. 1971 konnten nach dem Inkrafttreten des Viermächteabkommens ab April 1972 generell alle Westberliner auf Antrag nach der Erteilung einer Aufenthaltsgenehmigung in die DDR reisen.

Natürlich konnte ich beim Lesen dieses Gutachtens eine gewisse Genugtuung nicht unterdrücken, stimmten doch alle Zeitfenster mit meinen damaligen Angaben während der Ermittlungen beim Staatsschutz in Tempelhof im März 1980 zu meinen Reisen nach Ost-Berlin und Dresden überein. Nun erst, Ende April 1980, konnten sich auch die Staatsschützer in Tempelhof auf diesem Gebiet weiterbilden.

Ein weiteres Gutachten des Präsidiums der Bayerischen Grenzpolizei vom 2. Mai 1980, wiederum an das Polizeipräsidium Berlin, kam zu dem Ergebnis, dass unsere Angaben über die komplizierten Grenzkontrollen an der »bayerischen Grenze zur ČSSR« und an der »Grenze Österreich-ČSSR« – die Passkontrollen, Stempelwechsel, Visaabschnitte et cetera – alle richtig waren. Nun hatten sie es endlich schwarz auf weiß. Trotzdem verstehe ich nicht, heute noch weniger als damals, dass es in unserem Staat zulässig ist, dass der Staatsschutz Verdachtmomente, Mutmaßungen oder unbewiesenen Behauptungen, die »Quelle Ludewig« aufgestellt hat, den Beschuldigten gegenüber einfach als Tatsachen hinstellen durfte. So wurde beispielsweise das Ermittlungsverhör, dem sich mein Vater unterziehen musste, vom Staatsschutzbeamten wie folgt eingeleitet:

»Wir haben Erkenntnisse, daß ihr Schwiegersohn Rolf Kreibich sowie ihre Tochter Renate Kreibich mit dem MfS in Verbindung stehen. Ferner ist uns bekannt geworden, daß ihre verstorbene Ehefrau für das MfS tätig war. Was können Sie dazu sagen! « Ein weitere Vorhalt hatte folgende Formulierung: »Uns ist bekannt geworden, daß Ihre Frau als Kurier des MfS mehrmals nach West- Berlin fuhr und diese Reisen durch Ihre Besuche bei Ihrer Tochter abdeckte. Ist Ihnen davon bekannt?«

Beide Vorhalte beruhten nur auf Mutmaßungen von »Quelle« und entbehrten jeglicher Realität.

Die gefälschten Reisepässe und Visa

Nach der Hausdurchsuchung am 20. März 1980 hatten wir uns immer wieder gefragt: Warum wurde das Verfahren nicht sofort niedergeschlagen, nachdem wir der Staatsanwaltschaft die alten gefälschten Reisepässe und Visa-Abschnitte übergeben hatten?

Die Pässe hatten ja ganz offen bei Rolf im obersten Schreibtischfach gelegen. Als wir sie wenige Stunden nach unserem ersten Verhör dort noch liegen sahen, trauten wir unseren Augen nicht und dachten zunächst an eine Falle oder einen Trick. Gerade auch deshalb hatten wir die wichtigsten Dokumente unserer Flucht gleich am nächsten Morgen dem Staatsschutz übergeben.

Wir wussten jedoch nicht, dass bereits am Tage der gleichzeitig stattfindenden Hausdurchsuchungen in Berlin, Heidelberg, Dossenheim und Siegen, Rolfs Schwester Anita und ihr Mann, Dieter Müller, ihre ebenfalls aufgehobenen Reisepässe mit den Visa der ČSSR der Staatsanwaltschaft schon übergeben hatten. Danach wäre ein Abbruch der gesamten Staatsaktion – zumindest am darauffolgenden Tag – zwingend geboten gewesen.

Aus dem Dokument der Staatsanwaltschaft mit den kryptischen Zeichen »Pass brblxsg nr 150 2003 1820« und »01 rb klein c« vom 20. März 1980, also vom Tag der Hausdurchsuchung, geht eindeutig hervor, dass die Pässe so manipuliert wurden, dass eine »stasitypische Fälschung« durch die Prüfung beim Bundeskriminalamt ausgeschlossen werden konnte. Es war ja klar, dass eine einfache Lupe ausreichte, um unser dilettantisches Handwerk als solches zu erkennen.

Warum also wurde das Verfahren an dieser Stelle nicht abgebrochen oder wenigstens unterbrochen? Stattdessen wurden wochenlang hunderte von Asservaten begutachtet, beschriftet, ausgewertet, dokumentiert und weit über 100 Personen in Deutschland und der ganzen Welt als Zeugen befragt, verhört und belästigt.

Am 17. April 1980 hatte der BND sein Gutachten zu den von uns verfälschten Reisedokumenten im Auftrag des LKA Baden-Württemberg vom 25. März 1980 endlich rechtsverwertbar fertig. Es fiel natürlich eindeutig aus:

Wie bereits in den Einzelbefunden der Untersuchung dargestellt, handelt es sich bei beiden Pässen um verfälschte Dokumente. In beiden Dokumenten wurden die Lichtbilder ausgetauscht. Desweiteren ist mit an Sicherheit grenzender Wahrscheinlichkeit belegbar, daß die Eintragungen zur angeblichen ČSSR-Reise vom 26.07.68 mit dazugehörigem Visum durch relativ primitive

Fälschungsart manipuliert bzw. verfälscht wurden. Ein ND-Hintergrund konnte nicht belegt werden.
Im Zusammenhang mit ČSSR-Reisen wird auf folgenden Sachverhalt hingewiesen:
Ein Bundesbürger benötigte im Jahre 1968 zur Durchführung einer ČSSR-Reise folgende Dokumente:
– gültiger Reisepaß mit ČSSR-Visum als Stempeleintrag im Paß, zum Erhalt des Visums mußte ein 4faches Faltblatt »Gesuch um ein tschechoslowakisches Visum« ausgefüllt werden. Teil 1 wurde bei der Ein-, Teil 2 bei der Ausreise einbehalten. Teil 3 verblieb bei der Stelle, die den Antrag entgegen nahm. Teil 4 dient der Zoll- und Devisenkontrolle an der Grenze sowie als Nachweis über durchgeführten Zwangsumtausch. Ohne die notwendigen Vouchers oder ČEDOK-Schecks bei der Hotelbuchung, war der Reisende verpflichtet, zur Deckung seiner Aufenthaltskosten in der ČSSR an den Grenzübergangsstellen damals wahrscheinlich den Gegenwert von 5 US$ pro Person umzuwechseln. Bei Kfz-Reisen erhielt der Reisende außerdem eine hellgrünlichblaue Karte, die sogenannte »Motorfahrzeug-Evidenzliste« mit Angaben über Fahrer, Eigentümer des Kfz und die Mitreisenden.
Sämtliche o. a. Dokumente waren in der Regel zwingend vorgeschrieben. Fälle, in denen von dieser üblichen Praxis abgewichen wurde, sind nicht bekannt bzw. lediglich in nd-operativem Zusammenhang erfaßt worden.
R. Lehmann
RAR

Schlussbemerkungen der »Beschuldigten«

Ich konnte mich während meines Aktenstudiums im vergangenen Jahr noch gut daran erinnern, dass uns der Rechtsstaat in Gestalt des Ermittlers beim Staatsschutz in Berlin-Tempelhof nach Abschluss der Hauptermittlungen die Möglichkeit gab, eine Art abschließende Erklärung abzugeben. Als ich mich jetzt im Jahre 2005 diesen Stellen in den Ermittlungsakten näherte, fühlte ich mich beklommen. Was werden wir damals wohl zu Protokoll gegeben haben? Hatten wir uns einigermaßen in der Kontrolle gehabt?

Hier nun ungekürzt unsere damaligen Abschlussstatements. Wenn wir heute auch manches anders formulieren würden, bekennen wir uns doch noch immer zu den inhaltlichen Aussagen.

Die Erklärung von Rolf vom 17. April 1980 lautete:

Nach Beantwortung der mir hier vorgelegten Fragen möchte ich noch einige allgemeine Bemerkungen zum Gesamtvorgang machen. Ich möchte nicht verhehlen, daß wir, d. h. meine Familie und ich, über die Vorgänge, die zur Einleitung des Ermittlungsverfahrens geführt haben, tief betroffen sind, und daß wir uns persönlich, beruflich und politisch äußerst diskreditiert fühlen. Wir fühlen uns durch die gegen uns erhobenen Anschuldigungen in unserer Würde verletzt und hoffen, daß zumindest durch einen unverzüglichen Abschluß des Verfahrens, durch das eine volle und eindeutige Rehabilitierung erfolgt, weiterer Schaden von uns abgewendet wird.

Der Vorgang ist für uns besonders deshalb erschütternd, weil die verschiedenen Risiken, die wir persönlich eingegangen sind, um menschliche Bindungen aufrechtzuerhalten oder wieder herzustellen, in einer schmählichen Weise verdreht wurden bzw. durch offensichtliche Lügen in eine Grauzone gerückt werden sollten.

Die außergewöhnliche politisch und menschlich unerträgliche Situation im geteilten Deutschland und im geteilten Berlin ist die Ursache dafür, daß manch außergewöhnlicher Schritt im persönlichen Handeln erforderlich war.

Ich möchte aber betonen, daß einzig und allein das menschenfeindliche System der DDR dazu führen konnte, daß überhaupt solche Vorgänge wie die, die zu den derzeitigen Ermittlungen geführt haben, offenbar möglich wurden. Bei all unseren Handlungen haben wir insbesondere darauf strikt geachtet, daß nie-

mals andere Menschen belastet wurden, sondern im Gegenteil alle Möglichkeiten ausgeschöpft wurden, um persönliche Beziehungen wieder herzustellen. Wir sind besonders erschüttert darüber, daß durch eine einzige Person, die ich niemals in meinem Leben gesehen oder gesprochen habe, eine persönliche und politische Diskreditierung unserer Familie und meiner Person möglich wurde. Ich weise noch einmal mit aller Entschiedenheit jede Behauptung zurück, die darauf hinausläuft, daß ich in irgendeiner Weise und irgendeiner Form geheimdienstliche Agententätigkeit für einen Geheimdienst der DDR oder einen anderen Ostblockstaat betrieben haben soll.
Geschlossen
selbst diktiert, genehmigt und unterschrieben
Butzin, KHK
R. Kreibich

Und dies gab ich am 13. Mai 1980 zu Protokoll:
Ich erkläre, daß ich zu keinem Zeitpunkt meines Lebens von irgendeinem Nachrichtendienst angesprochen wurde noch für irgendeinen Nachrichtendienst gearbeitet habe. Alle von dem Zeugen Ludewig gemachten Vorwürfe in dieser Richtung sind unwahr. Ich hatte in meiner ersten Vernehmung spontan angegeben, daß ich Herrn Ludewig schon zu der Zeit, als ich noch in Dresden lebte, für eine suspekte und schillernde Figur hielt. Ich habe damals auch – anders als meine Eltern – den Kontakt zu Herrn Ludewig auf das Nötigste beschränkt. Maßgeblich waren damals für mich auch seine Beziehungen zum Staatssicherheitsdienst. Heute finde ich mich in meiner damaligen Einschätzung bestätigt. Ich kann auf Grund der Aussagen des Herrn Ludewig und auch seiner Selbstdarstellung das gegen uns geführte Ermittlungsverfahren nicht verstehen. Ich erwarte eine eindeutige Rehabilitierung meiner Familie.
Geschlossen
selbst diktiert, genehmigt und unterschrieben
Butzin, KHK
R. Kreibich

Angesichts unserer zunehmend ökonomisierten Gesellschaft ist es vielleicht nicht unbillig, auch einmal nach den Kosten einer solchen Ermittlung zu fragen. Wir können nur erahnen, welche Unsummen an Steuergeldern die Staatsmaschinerie in einem solchen Verfahren verschlungen hat. Immerhin waren fast ein Jahr lang folgende Behörden mit unserem Fall beschäftigt: die Generalbundesanwaltschaft beim Bundesgerichtshof, drei Staatsanwaltschaften in Berlin, Baden-Württemberg und Nordrhein-Westfalen bei den Oberlandesgerichten; drei Polizeipräsidien, drei Staatsschutzabteilungen und drei Direktionen für Spezialaufgaben der Verbrechensbekämpfungen in den drei Bundesländern; die Kammergerichte in Berlin, Koblenz und Stuttgart; das Bundesamt für Verfassungsschutz, der Bundesnachrichtendienst und das Bundeskriminalamt; die Bayerische Grenzpolizei und das Bayerische Polizeipräsidium; das Notaufnahmelager für DDR-Flüchtlinge, das Gesamtdeutsche Institut sowie zahlreiche weitere Bundes- und Landesbehörden, Informations- und Dokumentationseinrichtungen.

Weiterhin wurden acht Haus- und Dienstgebäude von je fünf bis siebzehn Beamten, zum Teil Spitzenbeamten der Polizei und Justiz, durchwühlt. Tausende Asservate wurden gesammelt, eingepackt, beschriftet, analysiert, untersucht, ausgewertet, systematisiert, registriert, dokumentiert, verglichen, zusammengestellt, protokolliert, nummeriert, repariert, zusammengepackt, zurückgeschickt.

Wir konnten feststellen, dass mindestens 120 Personen im In- und Ausland angeschrieben, angerufen, einbestellt, bereist, verhört, zu Nachforschungen und zur Einreichung von Dokumenten aufgefordert, verdächtigt und belästigt wurden. Hierbei wurden sogar Personen einbezogen, die uns gar nicht kannten und die auch wir nicht kannten.

Bedenkt man, dass mit dem Fall weitgehend Spitzenbeamte der Republik und Leitende Beamte der Länder und Behörden befasst waren und enorme Sach- und Reisekosten benötigt wurden, so scheint es kaum übertrieben, von Gesamtkosten in Millionenhöhe auszugehen, die natürlich vom Steuerzahler aufgebracht werden mussten.

Unsere Freunde und Bekannten

Mit besonderer Sensibilität erwartete ich damals natürlich die Reaktionen unserer Freunde und Bekannten. Ich habe damals mit fast kleinlicher Akribie auf jeden Tonfall und jeden zeitlichen Abstand ihrer Anrufe, Briefe, Karten oder Telegramme geachtet. Besonders die schnellen und spontanen Bekundungen von Solidarität waren ein Vertrauensvorschuss, den wir in diesen Stunden dringend brauchten. So schrieb Helmut Gollwitzer, der bekannte Professor für Evangelische Theologie und Mitstreiter bei der Errichtung der Reformuniversität, gleich am folgenden Tag an Rolf:

Für uns bleiben Sie der, der Sie für uns immer waren (und auch wegen der Rettungstätigkeit für die FU). Verlangen Sie hartnäckig eine Rehabilitierung, aber eine durchschlagende von dieser Staatsanwaltschaft, die so mit der Ehre der Bürger umspringt und treten Sie dann ungeniert auf als jemand, dem niemand an den Wagen fahren kann.

Unsere alten Freunde Regina und Winfried Ridder schrieben ebenfalls sofort:

Wie viele Eurer Freunde waren wir zutiefst bestürzt, als wir in den Medien von Euch hörten. Wir sind in diesen für Euch schweren Stunden bei Euch und den Kindern und hoffen auf ein gutes Ende ...

Drei von Rolfs ehemaligen engen Mitarbeitern aus dem Präsidialamt der Freien Universität, Detlef Borrmann, Traugott Klose und Peter Kunze, reagierten ebenfalls sofort:

Mit dem hilflosen Unmut, der einen in ähnlichen Situationen immer wieder befällt, haben wir erlebt, wie übel Dir und Deiner Frau von den Medien seit gestern Abend (!) mitgespielt wird. Ein »vager Verdacht« wird zu einer Aktion gemacht, deren eigentlicher Hintergrund nur allzu deutlich ist. So wird dann auch bei einer späteren Klärung der Angelegenheit bestenfalls eine Zweizeilenmeldung kommen, die die jetzige Publizität nicht annähernd erreicht.
In einer Situation, in der sich vielleicht manche Leute von Euch mit verlegenen Formalbegründungen abwenden, wollen wir Euch gern Mut zum Durchstehen dieser Sache machen.

Der damalige Vorsitzende des Personalrats des Berlin-Kollegs, Mathias Sommer, schrieb mir schon am 21. März die tröstlichen Zeilen:

Mit Entsetzen haben wir aus der Presse von Eurem Unglück gehört und mit Empörung die Details durch Ingeborg ... aber vielleicht kann es doch ein wenig erleichtern, wenn Du weißt, daß hier viele an Dich und Deine Familie denken ...

Meine liebe, langjährige Freundin Ingeborg Vogel war sofort da und leistete uns nicht nur Beistand, sondern übermittelte auch die Unterstützung und Solidarität der Kollegen.

Neben vielen Vertrauensbekundungen von SPD-Mitgliedern aus verschiedenen Abteilungen schrieb uns auch Petra Merkel, die heutige Bundestagsabgeordnete der SPD für Berlin-Charlottenburg:

Wir wünschen Dir, Deiner Familie und uns sehr, daß Ihr bald für Schlagzeilen in der Springer-Presse uninteressant werdet. Schlag-

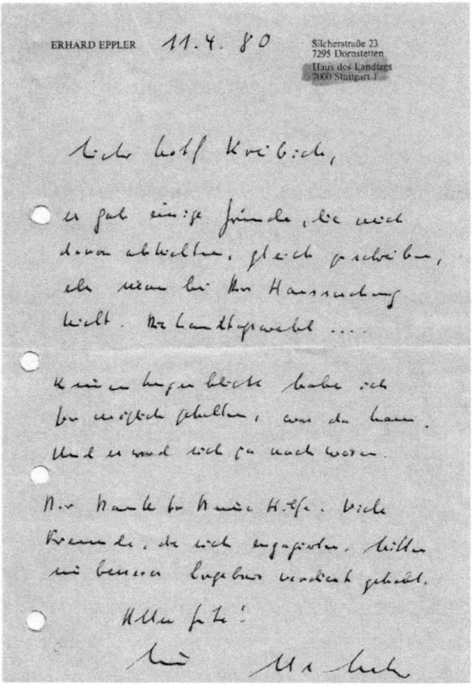

ERHARD EPPLER 11.4.80

Silcherstraße 23
7295 Dornstetten
Haus des Landtags
7000 Stuttgart 1

Lieber Rolf Kreibich,

Spontane Solidaritätsbekundung von Erhard Eppler

zeilen über Dich wollen wir nur in einem Fall sehen: nach Deiner erfolgreichen Kandidatur für den Bundestag!

Spontane Grüße und Hilfsangebote kamen auch von den späteren FU-Präsidenten Prof. Dr. Eberhard Lämmert und Prof. Dr. Johann Gerlach sowie von Ingrid Stahmer und Ilse Reichel, den Senatorinnen des Berliner Senats. Erhard Eppler und einige andere prominente Genossen schrieben ebenfalls solidarische und aufmunternde Briefe.

Die Aussage von Henning Gerlach, einem alten Schulfreund von Rolf aus der Grundschule in Dresden, erfreute uns besonders. Ich fand ihn in den protokollierten Ermittlungsgesprächen der Staatsschutzakten:

Aus der Presse habe ich entnommen, daß Kreibich bereits zu der Zeit, als er noch in der DDR wohnte, für den Staatssicherheitsdienst tätig gewesen sein soll. Das ist barer Unsinn. Kreibich hat ja fast keinen Schritt ohne mich unternommen. Ich war über seine privaten und sonstigen Verhältnisse umfassend orientiert. Ich fasse die ganze Sache als eine infame Verleumdung auf. Eine geheimdienstliche Tätigkeit seinerseits halte ich für völlig abwegig. Dazu ist Kreibich ein viel zu korrekter Mensch. Außerdem möchte ich erwähnen, daß Kreibich – ebenso wie ich – ein Kommunisten- und Russenhasser durch und durch war. Wir haben übrigens auch beide aktiv am 17. Juni 1953 mitgewirkt. (...) Rein gefühlsmäßig bin ich der Auffassung, daß jemand aus der DDR dem Kreibich eins auswischen wollte (Neid?).« (...)

Abschließend möchte ich nochmals betonen, daß ich die Anschuldigungen Herrn Kreibich gegenüber für völlig absurd halte, weil ich ihn sehr gut einschätzen kann.

Weitere Angaben kann ich nicht machen.

So habe ich Stunde um Stunde bei Rechtsanwalt Stübing verbracht und durchlebte – nach 25 Jahren – ein Wechselbad der Gefühle. Dann galt es, noch einmal intensiv über das Gelesene nachzudenken.

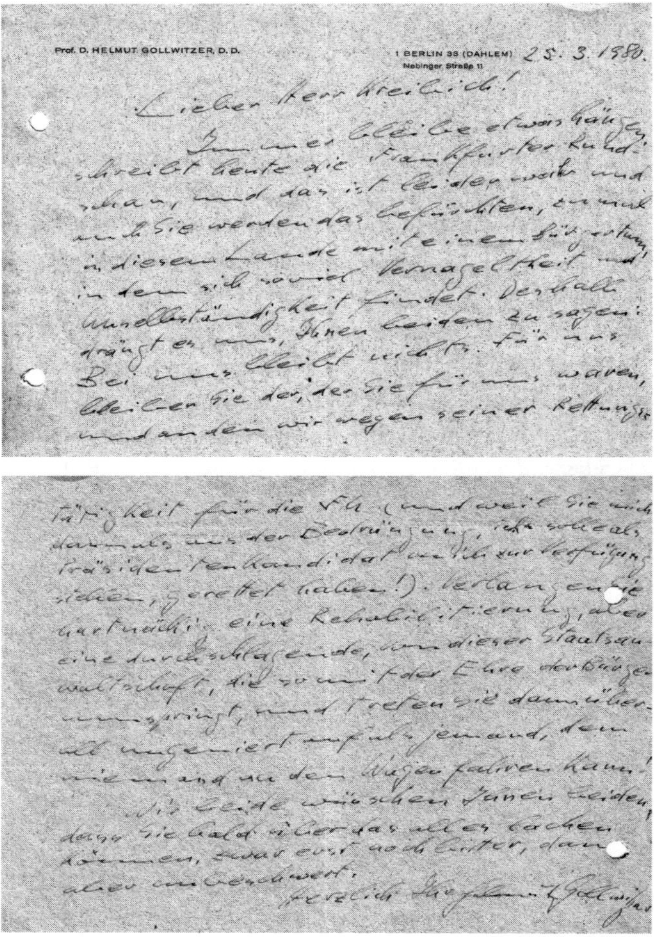

Brief von Helmut Gollwitzer:
»Lieber Herr Kreibich! Immer bleibe etwas hängen, schreibt heute die ›Frankfurter Rundschau‹, und das ist leider wahr und auch Sie werden das befürchten, zumal in diesem Lande mit einem Bürgertum, in dem sich so viel Vernageltheit und Unselbständigkeit findet. Deshalb drängt es uns, Ihnen beiden zu sagen: Bei uns bleibt nichts. Für mich bleiben Sie der, der Sie für uns waren ...«

8. NACHDENKEN ÜBER DAS »WARUM?«

Auch nach dem Studium der Akten stellte ich mir immer wieder die Frage: Warum das alles?

Warum hat uns die Staatsanwaltschaft im Sommer 1979 nicht einfach einmal angerufen? Warum hat uns der Staatsschutz nicht einmal einbestellt? Warum hatte man einen ganzen Spionagefall auf einen einzigen dubiosen Zeugen aufgebaut, der zudem noch selbst viele Jahre dem MfS gedient und »zu den höchsten Spitzen des (DDR-)Staates ausgezeichnete Kontakte« hatte?

Warum führte der erste Weg des »Zeugen« Ludewig im Westen zum Axel-Springer-Inlanddienst? Warum wurde die geplante Inszenierung des Falles durch »Quelle« im Axel-Springer-Verlag von der Staatsanwaltschaft nicht als Indiz für Unseriosität angesehen? Warum erfuhr der Axel-Springer-Verlag aus den Ermittlungsakten der Staatsanwaltschaft viel mehr als wir Beschuldigte und unsere Anwälte? Warum wussten die Zeitungen des Axel-Springer-Verlags schon Tage vor dem Überfall auf unser Haus, dass wir der Spionage verdächtigt wurden und am 20. März 1980 eine Hausdurchsuchung stattfinden würde?

Warum hatte man uns monatelang telefonisch abgehört? Warum hatte man während der gesamten Zeit der Vorermittlungen nicht einen einzigen Hinweis auf eine tatsächliche Spionageaktivität von uns für die DDR bekommen – auch nicht von der »Quelle« Ludewig – und trotzdem zum großen Schlag gegen uns ausgeholt? Warum waren die Gutachten des Bundesamtes für Verfassungsschutz, des Bundesnachrichtendienstes und des Bundeskriminalamts ausschließlich mit uns verdächtigenden und belastenden, frei konstruierten Inhalten und Mutmaßungen angefüllt? Warum wurde das Verfahren nicht nach wenigen Stunden abgebrochen, nachdem der große Flop bereits feststand?

Ich habe nur eine Erklärung: Es herrschte Kalter Krieg. Krieg – ob heiß oder kalt – hat immer nur sinnlose Ursachen und Folgen.

DANK

Wir haben Glück.
Fast alle Personen, die damals an der Flucht beteiligt waren, leben noch und sind uns nach wie vor familiär und freundschaftlich verbunden. Ihnen gilt mein großer Dank. Über ihr vorbehaltloses Einverständnis, ihre Namen nennen zu können, habe ich mich besonders gefreut.
Ich danke dem Verleger Wolf Jobst Siedler jr. für das außerordentlich hilfreiche und fruchtbare Lektorat.

Renate Kreibich, im Februar 2010